鉴定技术与思维艺术

工程造价鉴定及专家辅助人实务

JIANDING JISHU YU
SIWEI YISHU
GONGCHENG ZAOJIA JIANDING JI
ZHUANJIA FUZHU REN SHIWU

—

李红波　周仙兰/著

重庆大学出版社

内容提要

随着建筑行业法治化意识的增强，市场主体通过诉讼或者仲裁的方式来解决建设工程施工合同纠纷越来越普遍。其中施工合同纠纷大部分与造价相关，需要通过工程造价鉴定确定金额，解决争议。受制于思维理念和行业之间的差异，造价工程师对法律思维和程序意识不甚了解，出现"以审（结算审核）代鉴（造价鉴定）""以鉴（造价鉴定）代审（司法审判）"的情形；律师对造价专业和具体细节无法把控，出现"拳头打在棉花上""有理无法落地"的现实困境。

通过实践的探索，本书从"造价＋法律"视角，从"技术思维＋法律思维"出发，从工程造价鉴定的程序、法律问题和专业问题、鉴定意见结构化思维、鉴定意见书编写实务、造价专家辅助人实务等方面，配套实务案例进行全面总结。

本书适合于造价咨询公司的造价工程师、建设单位和施工单位的造价专业人员、专业律师、企业法务工作者以及建筑业的其他技术人员和管理人员，也适合于高校工程管理及相关专业师生以及其他有志于往"造价＋法律"方向探索发展的相关人员。

图书在版编目（CIP）数据

鉴定技术与思维艺术：工程造价鉴定及专家辅助人实务 / 李红波，周仙兰著. -- 重庆：重庆大学出版社，2024. 6. --（知行达工程管理丛书）. -- ISBN 978-7-5689-4549-3

I. D922.297

中国国家版本馆CIP数据核字第20240J7F68号

鉴定技术与思维艺术
——工程造价鉴定及专家辅助人实务
李红波　周仙兰　著
策划编辑：林青山
责任编辑：陈　力　　版式设计：林青山
责任校对：刘志刚　　责任印制：赵　晟

＊

重庆大学出版社出版发行
出版人：陈晓阳
社址：重庆市沙坪坝区大学城西路21号
邮编：401331
电话：（023）88617190　88617185（中小学）
传真：（023）88617186　88617166
网址：http://www.cqup.com.cn
邮箱：fxk@cqup.com.cn（营销中心）
全国新华书店经销
重庆升光电力印务有限公司印刷

＊

开本：787mm×1092mm　1/16　印张：12.75　字数：312千　插页：4开2页
2024年6月第1版　　2024年6月第1次印刷
印数：1—3 000
ISBN 978-7-5689-4549-3　定价：69.00元

无心插柳柳成荫

2022年初春后的一天，在与老朋友C君的一次闲聊中，C君提到近期他承办的某建设工程施工合同纠纷诉讼案件，工程造价鉴定征求意见稿出来了，当事人和他都感觉征求意见稿有问题，但是由于专业的限制，不能具体指出哪个地方存在问题，正为无法向法院提出有效的书面质证意见而感到苦恼。

我向C君提出，我可以帮忙看一看。C君便把征求意见稿的电子版发给了我，我在手机上大概浏览了一下，果然存在很多明显的专业问题，于是我和C君的闲聊变成了案件交流。交流之后，C君马上向当事人反馈，同时向当事人提出，建议当事人委托我作为该案件的专家辅助人，全程参与该案件的诉讼活动。

就这样，在一次不经意间的闲聊之后，开启了我和我们新成立的团队在建设工程施工合同纠纷诉讼案件中提供"造价＋法律"咨询服务之路。从最初的"造价专家辅助人"，代表当事人对鉴定意见发表质证意见；到后来的"诉讼案件全过程造价咨询"，作为当事人的专业顾问全程参与诉讼案件，从造价角度协助律师办理案件，共同维护当事人的合法利益；再到后来的"诉讼前评估"，作为独立的第三方，从造价和法律双视角出发，对具体项目进行综合评估，以帮助当事人正确地决策和未雨绸缪地布局。

也是在2022年，重庆法院增加了工程造价司法鉴定机构入库名册，我们提交了入库申请，很幸运地通过了审核，成为重庆法院司法鉴定机构名册成员。于是，我们作为鉴定人，陆陆续续地开展了相应的工程造价鉴定工作。

受益于多年前我在西南政法大学进修班学习时打下的法学基础，以及2021年通过国家法律职业资格考试建立的法律思维，同时我在实践中分饰多种角色，从不同的角度开展工作和理解问题，让我养成了同时多种思维并行又能随时切换身份的工作习惯。例如，我进行结算审核工作时，是接受建设单位的委托，从造价审减的角度思考问题；我进行结算创效咨询时，是接受施工单位的委托，从造价审增的角度开展工作；我进行争议评审工作时，是接受建设主管部门或者造价协会的安排，从专业解读的角度提供建议；我进行造价鉴定工作时，是接受人民法院的委托，从独立专业的角度进行判断；我进行造价专家辅助人工作时，接受当事人的委托，可能是原告也可能是被告，同时作为律师的助手，从最大化维护当事人合法权益的角度，有选择性和针对性地进行专业阐述和协助。

与此同时，随着不断深入地参与建设工程施工合同纠纷诉讼案件，我逐渐了解到，建设工程施工合同纠纷案件大部分为工程造价争议，而一旦涉及工程造价争议，绝大部分案件又需要通过工程造价鉴定确定具体金额。就如咱们建工律师所总结的，打建设工程诉讼案件，某种程度上就是打工程造价鉴定。

但是在实务中，受制于思维理念和行业之间的差异，工程造价人员是技术思维，缺乏法律思维和程序意识，因此出现"以审（结算审核）代鉴（造价鉴定）""以鉴（造价鉴定）代审（司法审判）"的情形。律师是法律思维，对造价专业和具体细节无法深入，在案件代理过程中一旦涉及工程造价鉴定，律师发表的意见会出现"拳头打在棉花上""有理无法落地"的现实困境。审判法官或者仲裁员是裁判思维，对造价概念和造价逻辑无法有效理解和全面掌控，因此出现依赖鉴定意见书的结论进行裁判，或者本来应该从法律角度主动进行裁判的事项，变相地转交给鉴定人从鉴定的角度进行了认定。正是由于上述的思维差异，导致当事人和各方参与主体，对目前建设工程施工合同纠纷案件中的工程造价鉴定，有着各自的意见和看法。各方都想尝试着去改变，但是各方又纷纷觉得是其他方的原因，是其他方不能理解自己一方所在行业的专业逻辑和相关要求，造成不能进行有效衔接和配合。

事物存在的背后，都有其内在因果关系。作为专业技术人员，我们应该坚持通过实践中的不断反思总结去寻求问题的解决之道，而不是仅仅跟随他人进行人云亦云的质疑。正基于此，作为一名造价工程师，我们尝试着从"造价＋法律"的视角，从"技术思维＋法律思维"出发，通过对实际案例的实施参与和总结沉淀，对工程造价鉴定进行了系统的梳理，形成了本书的内容。

希望通过我们微薄的努力，能够让工程造价人员对造价鉴定有一个系统的理解，促进造价鉴定工作的有效开展；能够让当事人和律师，对造价鉴定开展的逻辑和细节有一个整体的了解，在此之上有针对性地提出主张和进行代理，最大化维护自身的合法利益；能够让委托人增加对造价鉴定的相关概念、现实和局限，以及与法律相结合的相关问题等的相应认识，更有效地组织和委托造价鉴定，更精准地理解和应用造价鉴定意见进行审判或者裁定，笔者荣幸之至。

本书的形成，实属机缘巧合之下的无心插柳。感谢工程造价鉴定过程中造价前辈们的专业指导和经验传授，让我快速地从传统的结算审核视角过渡到造价鉴定视角；感谢案件参与过程中律师朋友们的帮助和支持，让我对法律理论思维和法律实务技能，有了更深的理解；感谢当事人的信任和委托，让我能参与建设工程施工合同纠纷诉讼案件，在实践中去获得经验和教训；感谢审判长和仲裁庭的允许，让我能在庭审现场，身临其境地感受现场专业的对抗和复杂问题的解决；感谢公司同事的全力配合和协助，让我能有更多的时间，在工作之余进行总结和撰写；感谢出版社编辑的辛苦付出，以及对我书写风格的长期包容理解……正是有了如此多友人们的参与和帮助，才能让无心之柳最终成长为郁郁葱葱之树。

由于笔者个人能力所限，对相关问题的理解和认识，会存在一定的局限性，或者有失偏颇、理解不当、解读不准确的地方，希望读者们批判性地看待本书的内容，同时也诚恳地欢迎读者朋友们批评指正，一起交流成长，让我们为造价与法律行业的跨界融合之路，提出一些新的思路和创意。

李红波

2024 年 2 月

目 录 MULU

第1章　工程造价鉴定的程序

第 3 章　鉴定意见结构化思维

第 4 章　鉴定意见书编写实务

第5章 造价专家辅助人实务

第1章 工程造价鉴定的程序

工程造价鉴定，是指鉴定机构接受人民法院或仲裁机构的委托，在建设工程诉讼或仲裁案件中，鉴定人运用工程造价方面的科学技术和专业知识，对工程造价争议中涉及的专门性问题进行鉴别、判断并提供鉴定意见的活动。[1]

工程造价鉴定属于准司法行为，有着特殊的程序要求。它有别于一般的建设工程项目结算审核，鉴定人在开展工程造价的鉴定工作时，需要对相关程序和要求有一个清晰的了解。

1.1 鉴定的委托

鉴定的委托，是指一方当事人提出鉴定申请，人民法院审查同意；或者当事人没有提出鉴定申请，人民法院向一方当事人进行鉴定释明后，当事人提出鉴定申请；或者人民法院依照职权要求进行鉴定等情形下，人民法院把相关鉴定事项委托给鉴定机构进行鉴定。

1.1.1 鉴定申请

在建设工程纠纷案件诉讼过程中，当事人双方都可以就查明事实的专门性问题向人民法院提出鉴定申请。

在实务中有两种情形，第一种情形是当事人一方主动向人民法院提出鉴定申请。例如当事人在提交的《民事起诉状》中，在提出诉讼请求的同时注明以鉴定为准；例如当事人在庭审过程中向审判长提出鉴定申请。

---

[1]　注：本书内容主要从建设诉讼案件视角进行阐述，后文涉及工程造价鉴定委托人的表述，根据情况，有时使用"委托人"，有时使用"人民法院"，有时使用"审判长"，如果是仲裁案件，可以相应参考，不再单独区分。

案例

某建设工程施工合同纠纷诉讼案件原告民事起诉状

原告：重庆××建设工程有限公司

  住所地：××

  统一社会信用代码：××

  法定代表人：×× 联系电话：××

被告：重庆××有限公司

  住所地：××

  统一社会信用代码：××

  法定代表人：×× 联系电话：××

诉讼请求：

1. 判令被告立即向原告支付拖欠的工程款××万元（暂定，最后以工程造价司法鉴定为准）；并支付自××年××月××日起至实际给付工程款之日止的工程垫资利息（按照月息××的标准计算）和逾期付款利息（按照同期全国银行间同业拆借中心公布的贷款市场报价利率（LPR）计算）；

2. 判令被告向原告支付为解决本次纠纷所产生的律师费、差旅费××元；

3. 判令被告承担本案诉讼费用、保全费用、保全担保费用、鉴定费用。

事实和理由

××年××月前后，被告重庆××有限公司向原告重庆××建设工程有限公司发出××总承包工程招标文件，邀请重庆××建设工程有限公司参与其建设的"××产业园总承包工程"的投标活动。重庆××建设工程有限公司遂按照重庆××有限公司的要求参与投标并中标，双方于××年××月××日签订了《××产业园建设工程施工合同》。合同约定由重庆××建设工程有限公司作为承包人，负责××产业园的建设施工。

应重庆××有限公司要求，××产业园于××年××月××日开工，于××年××月××日通过了竣工验收，并移交给重庆××有限公司。

在合同履行过程中，重庆××有限公司一直未按照合同约定及时支付预付款、进度款及工程款，导致重庆××建设工程有限公司长期垫资、存在资金占用损失。案涉工程竣工后，重庆××有限公司及时向重庆××有限公司提交了结算资料，但重庆××有限公司一直拒绝结算。

重庆××建设工程有限公司认为，重庆××有限公司的行为已严重违反了法律规定及合同约定，违背了诚实信用原则，侵犯了重庆××建设工程有限公司的合法权益，给重庆××建设工程有限公司造成了巨大的经济损失。

为维护自身的合法权益，特依据《中华人民共和国民法典》《中华人民共和国民事诉讼法》等相关规定，向贵院提起诉讼，请求依法判决重庆××有限公司支付拖欠原告的工程款，并承当相应的违约责任。

此致

重庆××人民法院

具状人：重庆××建设工程有限公司

××年××月××日

本案中，原告重庆××建设工程有限公司在民事起诉状中请求支付的工程款为暂定，具体以工程造价鉴定为准。案件进入到庭审过程中，原告可以主动向人民法院提出鉴定申请书面文件。被告重庆××有限公司收到起诉资料后，如果对原告重庆××建设工程有限公司提出反诉，并在反诉状中提出相应的诉讼请求，同时注明相关请求以鉴定为准，反诉和本诉在合并审理的过程中，被告重庆××有限公司可以作为反诉原告，主动向人民法院提出鉴定申请书面文件。

第二种情形是人民法院结合案件的审理情况，认为对工程造价、质量、修复费用等专门性问题需要鉴定的，向负有举证责任的当事人释明，当事人经人民法院释明后提交鉴定申请。

因此，在一般情况下，鉴定申请人是对工程造价的专门性问题负有举证责任的当事人。

案例

发包人起诉承包人返还超付工程款，承包人提出造价鉴定申请

某建设工程项目，发包人重庆××有限公司与承包人重庆××建筑工程有限公司签订施工合同。

项目施工完成后，发包人重庆××有限公司向人民法院起诉承包人重庆××建筑工程有限公司，提出如下诉讼请求：

1. 请求人民法院判令确认原告与被告签署的《建设工程施工承包合同》于××年××月××日解除。

2. 请求人民法院判令被告返还原告超付的工程款××元并承担资金占用损失（以××元为基数，从起诉之日起至付清之日止按全国银行间同业拆借中心公布的贷款市场报价利率计算）。

3. 请求人民法院判令被告向原告支付违约金××元。

4. 案件受理费、保全费由被告承担。

在本案庭审笔录中，与结算审核的相关内容如下：

审：被告，对原告委托中介机构××工程咨询有限公司对已完工程进行第三方审核，你们是否同意了的？

被告代理人：被告没有接到原告就已完工工程量委托第三方进行结算审核的通知。被告安排相关工作人员在××年××月××日到场是为磋商涉案项目施工合同解除后的

善后事宜，并不代表被告同意原告就已完工程量委托第三方进行结算审核。

审：被告，你对原告提供的已完工程量结算审核结论是否认可？如果对结论不予认可是否提起司法鉴定？

被告代理人：不认可，同意当庭向法庭提交司法鉴定申请。

审：法庭告知被告代理人，庭审结束之后向法庭提交司法鉴定申请书，在庭审后7日内向法庭提交司法鉴定的相应证据，逾期不提交视为放弃司法鉴定，是否清楚？

被告代理人：清楚。

庭审结束后，被告向人民法院提交司法鉴定申请书，具体内容如下：

司法鉴定申请书

申请人：重庆××建筑工程有限公司，住所地：××，统一社会信用代码：××。

法定代表人：××，执行董事。

被申请人：重庆××有限公司，住所地：××，统一社会信用代码：××。

法定代表人：××，董事长。

申请事项：

申请贵院委托司法鉴定机构对申请人与被申请人之间建设工程施工合同纠纷一案中，申请人已完成工程量的工程造价进行鉴定。

事实及理由：

申请人与被申请人曾签订《建设工程施工承包合同》就被申请人所有的××工程（位于重庆市××）进行施工，后双方在合同履行过程中就工程施工范围、已完工工程量、应付工程款金额等事实发生争议。目前，申请人与被申请人之间建设工程施工合同纠纷一案贵院已经立案受理，由于争议双方无法就工程价款达成共识；同时，申请人不认可被申请人自行委托的结算审核报告。为了查明本案事实，明确双方诉争的标的金额，申请人根据《中华人民共和国民事诉讼法》的有关规定，申请对本案建设工程施工合同所争议的申请人已完工工程量的工程造价进行鉴定，望予准许。

此致

重庆市××区人民法院

申请人：重庆××建筑工程有限公司

××年××月××日

本案中，虽然发包人作为原告向人民法院提起诉讼要求返还超付工程款，但是对于已完工程结算金额的举证责任在承包人。所以，人民法院在审理过程中，向承包人进行释明后要求承包人提出司法鉴定申请。承包人虽然属于被告一方，但是按照工程造价的举证责任，向人民法院提交了工程造价司法鉴定书面申请文件。

1.1.2 鉴定审查

鉴定审查，是指在一方当事人提出工程造价鉴定申请后，人民法院结合具体案情和相关法律法规的要求对鉴定申请进行审查，决定是否同意进行工程造价鉴定。

在实务中，有如下情形时，人民法院审查后可以不予委托鉴定。

情形一：通过生活常识和经验法则可以推定的问题。

例如，某建设工程项目施工合同约定结算方式为按照综合单价 A 元 /m^2 包干，面积以通过审查的设计施工图上所注明的建筑面积为准。该项目共有 3 个单体，对应设计施工图中的建筑图中所注明的建筑面积分别为 B_1、B_2、B_3，根据生活常识和经验法则，可以得出该项目施工合同结算金额为：$A \times (B_1+B_2+B_3)$ 元。在这种情形下，通过工程造价司法鉴定确定该项目的结算金额就不合理。

例如，某项目施工合同约定结算方式为按照综合单价 A 元 /m^2 包干，面积以设计施工图为基础，按照《建筑工程建筑面积计算规范》（GB/T 50353—2013，后文未注明之处，均指该版本）具体规定计算的结果作为结算面积。按照《建筑工程建筑面积计算规范》计算建筑面积需要使用到工程造价专业知识，同时设计施工图标注建筑面积对应的计算规则，与《建筑工程建筑面积计算规范》对建筑面积的计算规则不同，无法直接采用设计施工图标注的建筑面积进行简单累加计算。在这种情形下，通过工程造价司法鉴定确定该项目的结算金额，属于运用工程造价专业知识，对工程造价的专门性问题进行鉴别，应该进行工程造价司法鉴定。

情形二：与待证事实无关联的问题。

最高人民法院民事审判第一庭编著的《建设工程施工合同司法解释（二）理解与适用》一书中的举例说明如下：

人民法院确定的鉴定范围，主要根据当事人的申请，如果当事人的申请与待证事实无关联或者对待证事实无意义的，人民法院不予准许。比如某未完工工程，因发包人不按时支付进度款导致停工，承包人诉请工程款提起诉讼，并申请对工程造价进行鉴定。人民法院据此出具《鉴定委托书》，要求鉴定机构对实际完成的工程造价进行鉴定。在诉讼中，承包人不能要求鉴定机构在鉴定工程造价的同时，对停工损失一并鉴定，因为该事项与其诉讼请求无关。除非其增加诉讼请求，再就此部分向人民法院提出鉴定申请，人民法院认为有需要的，可再委托鉴定机构进行停工损失鉴定。

情形三：对证明待证事实无意义的问题。

例如，某建设工程项目施工合同约定按照施工图固定总价包干，该项目按照设计施工图全部施工完成并验收合格，一方当事人提出对该项目进行造价鉴定。由于该项目已经明确约定总价包干，这种情形下进行造价鉴定对于工程造价待证事实无意义，不应该再进行工程造价司法鉴定。

《最高人民法院关于审理建设工程施工合同纠纷案件适用法律问题的解释（一）》（法释〔2020〕25 号）第二十八条明确规定如下：

第二十八条　当事人约定按照固定价结算工程价款，一方当事人请求对建设工程造价进行鉴定的，人民法院不予支持。

如果该项目属于未施工完成，虽然施工合同约定固定总价包干，但是对于已完工程部分工程造价的确定事宜，就属于专门性问题，应该通过造价鉴定来确定已完工程部分的工程造价。

情形四：应当由当事人举证的非专门性问题。

情形五：通过法庭调查和勘验等方法可以查明的事实。

情形六：对当事人责任划分的认定。

情形七：法律适用问题。

例如，某建设工程项目施工合同约定固定总价包干，施工过程中发包人和监理单位向承包人出具了关于质量和安全的罚款单，同时承包人也办理了签证单，签证单上有明确的数量和金额。

一方当事人提出对该项目的结算金额进行造价鉴定。合同约定固定总价包干，该部分不能再进行工程造价鉴定。质量和安全的罚款单属于法律适用问题，人民法院可以根据法律进行相应判断适用，不需要通过工程造价鉴定确定。签证单上有明确的数量和金额，如果签证单总金额不大，人民法院也可以通过理解和法律适用后进行判断即可得出结论，不需要对签证单再进行工程造价鉴定确定；如果签证单上的金额表述不具体，或者需要使用工程造价专业知识进行二次计算，或者签证单的总金额比较大，人民法院无法通过简单的理解和法律适用进行判断，这种情况下人民法院可以对签证单部分委托进行工程造价鉴定。

情形八：拟鉴定事项所涉及技术和方法没有科学可靠性的。

根据《最高人民法院关于人民法院民事诉讼中委托鉴定审查工作若干问题的规定》（法〔2020〕202号）第一条第2款的规定：

一、对鉴定事项的审查

……

2. 拟鉴定事项所涉鉴定技术和方法争议较大的，应当先对其鉴定技术和方法的科学可靠性进行审查。所涉鉴定技术和方法没有科学可靠性的，不予委托鉴定。

如果拟鉴定事项所涉及的鉴定技术和方法没有科学可靠性的，人民法院不予委托鉴定。由于鉴定技术和方法的科学可靠性认定属于专业问题，人民法院可以委托第三方评价机构对鉴定技术和方法的科学可靠性进行审查，根据审查结果决定是否对鉴定事项进行委托鉴定。如重庆市高级人民法院发布的《对外委托鉴定工作管理规定（试行）》（渝高法〔2020〕48号）第三十条有类似的规定如下：

第三十二条　对于当事人争议较大、所涉及鉴定专业问题难以判定，审判组织可以将鉴定文书通过司法技术部门提交第三方评价机构审查。第三方评价机构根据人民法院的委托要求，对提交的鉴定意见进行专业技术审查，出具咨询意见。

情形九：一审已经委托鉴定二审就相同问题提出鉴定的。

在一审过程中，如果人民法院已经委托鉴定机构进行工程造价鉴定，在二审时当事人再次提出相应内容的工程造价鉴定申请，一般不能得到准许。如果当事人能提出如下相关情形的证据证明满足《建设工程造价鉴定规范》（GB/T 51262—2017）（以下简称"《造价鉴定规范》"）第 5.12.1 条关于补充鉴定的情形之一的，或者满足《最高人民法院关于民事诉讼证据的若干规定》（法释〔2019〕19 号）第四十条关于重新鉴定的情形之一的，经过审查符合条件的可以再次补充鉴定或重新委托鉴定。

5.12.1　有下列情形之一的，鉴定机构应进行补充鉴定：

①委托人增加新的鉴定要求的；

②委托人发现委托的鉴定事项有遗漏的；

③委托人就同一委托鉴定事项又提供或者补充了新的证据材料的；

④鉴定人通过出庭作证，或自行发现有缺陷的；

⑤其他需要补充鉴定的情形。

第四十条　当事人申请重新鉴定，存在下列情形之一的，人民法院应当准许：

（一）鉴定人不具备相应资格的；

（二）鉴定程序严重违法的；

（三）鉴定意见明显依据不足的；

（四）鉴定意见不能作为证据使用的其他情形。

存在前款第一项至第三项情形的，鉴定人已经收取的鉴定费用应当退还。拒不退还的，依照本规定第八十一条第二款的规定处理。

对鉴定意见的瑕疵，可以通过补正、补充鉴定或者补充质证、重新质证等方法解决的，人民法院不予准许重新鉴定的申请。

重新鉴定的，原鉴定意见不得作为认定案件事实的根据。

情形十：一审二审未申请鉴定，再审申请鉴定的。

根据 2022 年 3 月 22 日最高人民法院审判委员会第 1866 次会议通过的《最高人民法院关于适用〈中华人民共和国民事诉讼法〉的解释》第三百九十七条的规定："审查再审申请期间，再审申请人申请人民法院委托鉴定、勘验的，人民法院不予准许。"因此，一审和二审当事人未申请工程造价鉴定的，再审时申请工程造价鉴定不予准许。

人民法院可以对当事人的鉴定申请进行审查。作为另一方当事人，如果不同意进行工程造价鉴定，或者发现鉴定内容与庭审笔录中一方当事人主张的不一致时，可以按照上述情形并结合具体案情，向人民法院提出不同意进行工程造价鉴定或者调整鉴定内容的主张。最终是否进行工程造价鉴定或者调整鉴定内容，由人民法院决定。

案例

鉴定委托内容与庭审笔录不一致导致一方当事人处于不利

【案例背景】

某建设工程项目，施工合同约定为总价包干。该项目施工完成验收合格后，发包人与承包人一直未办理结算。承包人向人民法院提起诉讼，要求发包人支付剩余工程款 A 元。发包人向人民法院提起反诉，要求承包人退还多支付的工程款 B 元。

人民法院第一次庭审笔录部分内容如下：

审：涉及变更有无资料？

被告代（反诉原告）：有变更单，设计变更编号为 ××，变更取消了该项目夹层部分。

审：取消的夹层部分金额怎么计算？

被告代（反诉原告）：要鉴定计算。

审：被告方在本周内提交书面的鉴定申请，双方在下周 ×× 上午 ×× 在 ×× 区法院立案大厅鉴定室选择鉴定机构，双方是否听清楚？

原告代（反诉被告）：清楚。

被告代（反诉原告）：清楚。

审：双方还有无其他意见？

原告代（反诉被告）：无。

被告代（反诉原告）：无。

审：请双方阅笔录后确认系你们真实意思表达后签字。

休庭！

原告代理律师和被告代理律师在人民法院规定的时间，在鉴定室通过摇号选择确定鉴定机构，形成"选定鉴定机构情况表"书面资料，各方签字确认。

重庆市 ×× 区人民法院选定鉴定机构情况表				
			编号：（202×）渝 ×× 法委鉴字第 ×× 号	
送案单位	民事审判一庭	送案日期	×× 年 ×× 月 ×× 日	联系人	××
案号	（202×）渝 × 民初 ×× 号	案由	建设工程施工合同纠纷	联系电话	××
审判/执行	××	司法技术	××	纪检督察	××
当事人	××				
鉴定目的	1.×× 公司施工的 ×× 厂房钢结构因设计变更取消的夹层部分对应的工程造价应减少的金额。 2.×× 公司施工的 ×× 厂房竣工实际与设计施工图差异导致工程造价应减少的金额。				
选择鉴定机构情况	范围	重庆法院对外委托专业机构名册			
	地点	主城			
	方式	计算机点击随机			
选择结果	重庆 ×× 工程咨询有限公司（首选）			重庆 ×× 工程咨询有限公司（备选）	
当事人签字					

【案例解读】

在建设工程案件诉讼的庭审过程中，如果一方当事人提出对某事项进行造价鉴定，审判长当庭同意采纳之后，当事人一方在庭审之后向人民法院直接提交鉴定申请书面资料。这个时候当事人的鉴定申请书面资料是直接提交给审判长，审判长可能就不会把鉴定申请书面资料转交给另外一方当事人进行质证，而是直接把鉴定申请书面资料等转交给人民法院的司法技术部门，由司法技术部门根据鉴定申请书面资料等选定鉴定机构。

在这种情形下，会出现一方当事人鉴定申请书面资料中所载明的鉴定内容可能与庭审笔录中当事人提出的鉴定内容不一致。另外一方当事人在司法技术部门选定鉴定机构对"选定鉴定机构情况表"进行签字确认时，如果不详细阅读该"选定鉴定机构情况表"中的"鉴定目的"内容，同时把"鉴定目的"与庭审笔录的鉴定事项要求进行核实，直接草率签字同意，会给后期的诉讼活动带来严重的不利后果。

本案就存在上述情形，庭审笔录中一方当事人提出的是对取消夹层进行造价鉴定，审判长也当庭通过行为表示同意对取消夹层部分进行造价鉴定。但是在当事人庭审后提交的鉴定申请书面资料中，增加了"×× 公司施工的 ×× 厂房竣工实际与设计施工图差异导致工程造价应减少的金额"的鉴定内容。在司法鉴定技术部门组织的选定鉴定机构时，另外一方当事人的代理律师没有仔细核对"鉴定目的"，也有可能代理律师认为选定鉴定机构只是一个程序问题，不涉及法律实体问题，因此就没有关注内容而直接对"选定鉴定机构情况表"进行确认。

在司法实务中，鉴定机构选定后，司法技术部门会将相关鉴定资料移交给鉴定机构，鉴定机构根据鉴定内容和鉴定资料，确定相应的收费标准，向鉴定申请人发出鉴定交费通知书。鉴定申请人在收到交费通知书后交纳费用，鉴定机构即开始启动正式的鉴定工作。在上述流程中，乃至在鉴定征求意见稿出来之前，另外一方当事人可能还不知晓实际鉴定内容与庭审笔录中的鉴定内容出现了差异，除非鉴定机构要求当事人双方补充鉴定资料或者现场勘验或者过程对量时提出涉及鉴定内容的相关事宜时，另外一方当事人才可能会发现鉴定内容的变化。

例如本案，因为该项目是固定总价包干合同，而且已经验收合格，这就证明承包人已经按照设计图和合同内容完成了相应施工内容。被告提出的"×× 公司施工的 ×× 厂房竣工实际与设计施工图差异导致工程造价应减少的金额"，是被告认为实际施工与设计图有差异，属于工程质量的范畴，被告应单独提出质量鉴定申请，或者另案向承包人追究质量违约责任，而不应在本案的造价鉴定中提出上述的鉴定内容，造价鉴定机构也无资格对已经验收合格的工程进行质量偏差鉴定。同时被告提出增加的"竣工实际与设计施工图差异导致工程造价应减少的金额"鉴定内容表述方式也存在一定的诱导问题，容易让鉴定机构或者第三人潜意识地认为竣工实际做法比设计施工图要求低，肯定是导致工程造价的减少而不是增加。

该案原告在签署"选定鉴定机构情况表"时没有发现鉴定内容的变化，因此也就没有第一时间对鉴定内容提出异议，而是等到另一方当事人已经根据鉴定机构的交费通知交纳鉴定费，鉴定机构在开展鉴定工作的过程中通知双方当事人对现场进行勘验时，才获悉该案鉴定内容的变化。当原告再向审判长提出鉴定内容的异议时，因木已成舟，且很多事项和流程已经全面开展，审判长不会同意原告提出的异议，会维持经过当事人双方签字确认的鉴定内容，要求鉴定机构按照鉴定程序开展后续相应鉴定工作，推动诉讼程序的持续进行。

最终，鉴定机构出具的鉴定意见书中载明，因设计变更取消的夹层部分对应的工程造价应减少的金额为 A_1 元，竣工实际与设计施工图差异导致工程造价应减少的金额为 A_2 元，A_1+A_2 的和高于承包人诉讼请求中要求发包人支付的工程款 A 元。人民法院最终完全采纳了鉴定机构的鉴定意见：认为承包人应向发包人退还相应的工程款共计 A_1+A_2-A 元，向发包人支付退还工程款部分的资金利息，并承担相应的鉴定费和诉讼费。

本案中，承包人想当然地认为总价包干合同，合同约定的包干金额减去发包人已经支付的进度款，就是发包人欠付的工程款。因此，承包人在没有从"造价＋法律"的角度对本案资料进行充分诉前评估的前提下，贸然提出诉讼，一方面承包人丧失了和发包人通过友好协商解决剩余工程款支付事宜的机会，另外一方面承包人提出诉讼后自身又不重视诉讼活动，导致承包人在本案的诉讼活动中完败。承包人不仅没有收到自己认为发包人拖欠的工程款，反而向发包人退还了金额不菲的已收工程款，还额外承担了律师费、鉴定费、资金利息。甚至发包人还提出，不排除对竣工实际与设计施工图的差异部分，再单独向承包人追究其工程质量相关的违约责任。

情形十一：当事人在诉讼前对工程价款结算达成协议的。

根据《最高人民法院关于审理建设工程施工合同纠纷案件适用法律问题的解释（一）》（法释〔2020〕25号）第二十九条规定如下：

第二十九条　当事人在诉讼前已经对建设工程价款结算达成协议，诉讼中一方当事人申请对工程造价进行鉴定的，人民法院不予准许。

如果当事人双方在诉讼前已经签署了结算协议，对建设工程价款达成了一致意见，则人民法院不允许再对工程造价进行鉴定。如果双方虽然签署了结算协议，但是结算协议中只约定了相关的结算原则，没有对建设工程具体结算价款进行明确，该种情形不视为当事人对建设工程价款达成了一致意见，诉讼中一方当事人申请对工程造价进行鉴定的，人民法院准许鉴定。

情形十二：当事人在诉讼前共同委托第三方进行造价审核的。

《最高人民法院关于审理建设工程施工合同纠纷案件适用法律问题的解释（一）》（法释〔2020〕25号）第三十条规定如下：

第三十条　当事人在诉讼前共同委托有关机构、人员对建设工程造价出具咨询意见，诉讼中一方当事人不认可该咨询意见申请鉴定的，人民法院应予准许，但双方当事人明确表示受该咨询意见约束的除外。

在诉讼前，如果当事人通过委托第三方对工程造价进行审核，同时当事人双方明确表示同意以第三方审核结果作为结算依据的，如果第三方已经出具有效的咨询意见，诉讼中一方当事人申请对工程造价进行鉴定的，人民法院不予准许。

1.1.3　鉴定委托

1）鉴定的类别

在民事诉讼活动中，存在多种鉴定类别。如重庆市高级人民法院关于印发《对外委托鉴定工作管理规定（试行）》的通知（渝高法〔2020〕48号）中对鉴定类别说明如下：

第三条　根据审判工作需要，《名册》包括以下鉴定类别：

（一）由市司法行政部门登记管理的"四大类"鉴定类别（法医、物证、声像资料、环境损害）；

（二）工程造价鉴定类别；

（三）财务审计鉴定类别；

（四）工程质量鉴定类别；

（五）知识产权鉴定类别；

（六）产品质量、测绘等其他鉴定类别。

根据渝高法〔2020〕48号的规定，物证类鉴定包含如下类型：

①笔迹鉴定，鉴定检材上可疑（争议）笔迹是否××书写，或检材笔迹与样本笔迹是否同一人书写。

②印章印文鉴定，鉴定检材上可疑（争议）印文与样本印文是否同一印章所盖。

③文件上可见指纹鉴定，鉴定检材上可疑（争议）指印是否由××的指纹捺印形成。

④打印/复印文件鉴定，鉴定检材文件是否同机、同时形成；鉴定检材文件中的某页或某几页与其他文件页是否同机、同时形成。（同机：指同一台打印机或复印机）。

⑤伪造变造文书鉴定，鉴定检材文件是否存在伪造变造文书的情形。

⑥印章印文形成时间鉴定，鉴定检材上可疑（争议）印文的形成时间。

⑦指印形成时间鉴定，鉴定检材上可疑（争议）指印的形成时间。

⑧字迹书写时间鉴定，鉴定检材上可疑（争议）字迹的书写时间。

根据渝高法〔2020〕48号的规定，声像资料类鉴定包含如下类型：

序号	二级子类	三级子类		任务
1	声音鉴定类	（1）	录音真实性鉴定	鉴别是否经过后期剪辑修改
		（2）	语音同一性鉴定	说话人身份识别

续表

序号	二级子类		三级子类	任务
1	声音鉴定类	（3）	录音采集设备鉴别	确定录制器材
		（4）	音频降噪、增强处理	改善录音质量
		（5）	录音内容分析	内容辨听、分析、整理
		（6）	录音形成时间鉴定	
2	图片、视频（静态、动态图像）鉴定类	（1）	图像真实性鉴定	鉴别是否原始图像，是否经过编辑加工处理
		（2）	图像同一性鉴定	人、物的种属及同一认定
		（3）	图像相似性鉴定	多图像相似度分析鉴别
		（4）	图像采集设备鉴别	确定拍摄器材
		（5）	图像内容分析	记录行为、事件过程分析
		（6）	图像处理	图像降噪、去模糊化、增强等处理
		（7）	图像形成时间鉴定	
3	物证特种照相		显现固定潜指印、其他"斑痕"等痕迹物证	

工程造价鉴定包含如下类型：工程造价金额鉴定，包含施工完成项目的工程造价鉴定和对因质量不合格或者存在质量瑕疵工程等进行整改和修复费用的鉴定等；工期鉴定，包含实际工期天数的鉴定、工期延期天数的鉴定、工期延期损失的鉴定、工期抢工费用的鉴定等；索赔鉴定，包含索赔事项因果关系的鉴定，索赔损失的鉴定等。

工程质量鉴定包含如下类型：质量合格鉴定、质量不合格的因果关系鉴定、质量修复和整改鉴定、质量责任承担比例鉴定等。

在建设工程诉讼案件中，常见的鉴定类别是工程造价鉴定和工程质量鉴定，但是由于建设工程案件的复杂性和综合性，也会存在物证类鉴定和声像类鉴定与工程造价鉴定、工程质量鉴定等在某个建设工程诉讼案件中交叉出现的情形。同时，也经常会出现从鉴定事项表面上看是工程造价鉴定，但是其内涵却是工程质量鉴定。由于没有进行实质区分，造成工程质量鉴定和工程造价鉴定的混同，给案件审判带来程序上的风险和实体上的不公平。

例如，某外墙保温工程项目，承包人向人民法院提起诉讼，请求发包人支付欠付的工程款，在庭审过程中提出鉴定申请：申请对××项目外墙保温工程造价进行鉴定。

与此同时，发包人向人民法院提起反诉，请求承包人退还多支付的工程款，同时在反诉中提出如下鉴定申请：

对案涉××项目外墙保温工程，未按照施工合同约定及施工图要求的分层施工工艺、厚度等设计要求施工，设计施工图与现场实际未按图施工减少的具体工程内容、工程量、施工工艺次数等进行鉴定，同时对前述未按图施工减少部分按照合同约定进行造价鉴定。

从表面看，承包人提出的鉴定事项是实体项目的工程造价鉴定，发包人提出的鉴定事项是减少部分的工程造价鉴定，都属于工程造价鉴定类别，人民法院可以统一委托给工程造价鉴定机构进行鉴定。但是从实质上分析，发包人提出的"未按照施工合同约定及施工图要求的分层施工工艺、厚度等设计要求施工，设计施工图与现场实际未按图施工减少的具体工程内容、工程量、施工工艺次数等进行鉴定"，属于工程质量责任的范畴，对于该事项应先由质量鉴定机构进行工程质量鉴定，造价鉴定机构再根据质量鉴定结果进行相应的工程造价鉴定。如果人民法院把发包人提出的工程质量鉴定事项和工程造价鉴定事项混同，统一委托给工程造价鉴定机构鉴定，就会存在鉴定资格不合格、鉴定程序不合规的风险，也会因工程造价鉴定机构对工程质量事宜的评定不专业，造成实体上的不公平，进一步激发当事人双方的矛盾，不利于人民法院最终判决的定分止争。

2）鉴定的委托

工程造价的鉴定，一般由人民法院司法技术部门负责统一办理对外委托。有些省份和直辖市，是由该省市的高级人民法院司法鉴定技术处统一建立或者编制法院对外委托专业机构名册，该省市的各级人民法院需要委托鉴定时，均从该统一的名册中选择鉴定机构。有些省市是由各个地区的中级人民法院建立对外委托专业机构名册，该地区诉讼案件涉及的鉴定，需要从该地区的名册中选择鉴定机构。

对于鉴定委托时鉴定机构的选择，有三种方式。

第一种方式：采取当事人协商确定鉴定机构的方式。例如当事人双方直接选择某一专业机构作为鉴定机构；或者当事人双方各推荐数家鉴定机构，再从双方推荐的鉴定机构中随机选择或者摇号确定某家机构作为鉴定机构。

一般情况下，当事人协商确定的鉴定机构，应该在法院对外委托专业机构名册之中。如果当事人协商确定的鉴定机构在名册之外，人民法院司法技术部门应对该专业机构的资质、诚信、能力等进行程序性审查。

第二种方式：由司法鉴定技术部门采取点击计算机随机选择的方式。司法鉴定技术部门从法院对外委托专业机构名册中，通过计算机随机选择，确定1家专业机构和1家备用专业机构。如果鉴定事项在本省市人民法院对外委托专业机构名册中没有对应机构，司法技术部门可以从人民法院诉讼资产网其他省市法院专业机构名册中选择。

根据渝高法〔2020〕48号的规定，当存在如下情形时必须采取点击计算机方式随机选择专业机构：

第八条　有下列情形之一的，司法技术部门应当采取点击计算机方式随机选择专业机构：

（一）当事人双方协商不一致的；

（二）当事人双方均要求随机选择的；

（三）相对方当事人未到场参加选择的；

（四）发现当事人协商选择有可能损害国家利益、公共利益或他人合法权益等不适宜协商选择的情形。

因此，在建设工程案件诉讼实务中，如果存在当事人一方或者双方是国有企业和事业单位，或者上市公司的情形，在案件诉讼过程中需要进行工程造价鉴定，在确定造价鉴定专业机构时，尽量通过采取点击计算机随机选择的方式，如果采用当事人双方协商确定或者指定鉴定机构，对当事人则会存在一定的后期审计风险。

第三种方式：由司法鉴定技术部门直接指定专业机构作为鉴定机构。

根据渝高法〔2020〕48号的规定，当存在如下情形时司法技术部门可以直接指定专业机构作为鉴定机构。

第九条　有下列情形之一的，司法技术部门可直接指定专业机构：

（一）刑事诉讼中需鉴定的案件；

（二）法律法规规定应当由专门机构进行鉴定的案件；

（三）仅有1家可选择专业机构的案件；

（四）其他不适宜当事人协商选择或随机确定的案件。

直接指定专业机构的，司法技术部门应当说明理由并报分管院领导批准。

鉴定机构选择确定之后，人民法院司法技术部门会直接向鉴定机构发出正式的鉴定委托书，同时把鉴定资料等一并快递给鉴定机构。根据《造价鉴定规范》第3.2.2的要求：

3.2.2　委托人向鉴定机构出具鉴定委托书，应载明委托的鉴定机构名称、委托鉴定的目的、范围、事项和鉴定要求、委托人的名称等。

在实务中，一般鉴定委托书的具体内容如下：

重庆市××区人民法院
鉴定委托书

（2023）渝××法委鉴字第××号

重庆××咨询有限公司专业机构：

关于"××建设工程施工合同纠纷"一案，现根据案件审理需要，委托你单位对以下事项进行鉴定：

一、××；

二、××；

……

请委派具有专业知识和资格的人员进行鉴定，鉴定后及时出具书面鉴定意见一式××份。需补充相关材料的应及时通知法院，由法院通知负有举证责任的当事人补齐并经质证后提交。提供鉴定材料详见鉴定材料移交表。

司法技术部门督办人：××，联系电话：××

审判／执行部门承办人：××，联系电话：××

申请人（原告）：××，联系电话：××

被告：××，联系电话：××

（法院印章）

××年××月××日

鉴定要求：

1. 需延长鉴定时限的，应报委托法院决定。无故逾期未作出鉴定的，法院将取消委托，专业机构需全额退还鉴定费及相关费用。

2. 鉴定材料为原件的，鉴定过程中应当妥善保管，鉴定完毕后需退还法院。

3. 依法依规规定收取鉴定费，《鉴定交费通知》应当明确是否包括专业人员出庭作证费用。

4. 专业机构和专业人员应当自觉遵守法律法规中有关回避的规定。如专业机构对回避情形不能确定的，报委托法院决定。

5. 经当事人申请或人民法院决定，专业人员有出庭作证的义务，拒不出庭作证的，需退还鉴定费用。

6. 委托事项超出专业机构执业范围或能力的，应及时告知法院，由法院另行委托符合条件的专业机构鉴定。

在某些复杂的建设工程诉讼案件中，会同时存在多个鉴定事项，有时多个鉴定事项属于同一鉴定类别，有时多个鉴定事项属于不同的鉴定类别。对于多个鉴定事项的委托，有同时委托和分开委托两种方式。

例如，某生产车间建设项目，需要对生产车间的工程造价进行鉴定，同时对生产车间里面已经安装好的生产线设备价值进行鉴定。前者属于工程造价鉴定类别中的工程造价鉴定事项，后者属于财务审计鉴定类别的资产评估事项。某些造价咨询公司同时具有工程造价鉴定和资产评估的资格，人民法院可将上述两个不同鉴定类别的事项同时委托给某家鉴定机构进行统一鉴定，人民法院也可将上述两个不同鉴定类别的事项，委托给两家鉴定机构进行分别鉴定。

3）鉴定的接受

《造价鉴定规范》第 3.3.1 条规定如下：

3.3.1　鉴定机构应在收到鉴定委托书之日起 7 个工作日内，决定是否接受委托并书面函复委托人，复函（格式参见本规范附录 A）应包括下列内容：

1. 同意接受委托的意思表示；

2. 鉴定所需证据材料；

3. 鉴定工作负责人及其联系方式；

4. 鉴定费用及收取方式；

5. 鉴定机构认为应当写明的其他事项。

因此，在人民法院向鉴定机构发出鉴定委托书时，并不代表人民法院与鉴定机构之间带有准司法行为的委托合同马上成立。类似于建设工程施工合同的形成过程，人民法院发出的鉴定委托书只是要约，鉴定机构针对鉴定委托书的复函是承诺，只有鉴定机构的复函明确表示同意接受委托，鉴定委托才能成立和生效。

鉴定机构收到鉴定委托书之后，在实务中存在三种回函的情形。

第一种情形：鉴定机构完全同意接受鉴定委托书的内容。这种情形下鉴定机构的复函方式一般如下：

关于鉴定委托的复函

××鉴函〔2023〕第××号

致 <u>　××市×区人民法院　</u>：

我方收到贵方关于"××工程有限公司与××有限公司建设工程施工合同纠纷"一案〔案号：（2023）渝××民初××号〕进行工程造价鉴定的鉴定委托书〔鉴定委托号：（2023）渝××法委鉴字第××号〕，现回复如下：

1. 我方接受贵方的委托书，鉴定工作按照贵方要求和《建设工程造价鉴定规范》（GB/T 51262—2017）规定的程序进行。

2. 在鉴定过程中，遇有《建设工程造价鉴定规范》（GB/T 51262—2017）第3.3.6条规定情形之一的，我方有权终止鉴定，并根据终止的原因及责任，酌情退还有关鉴定费用。

3. 鉴定期限按《建设工程造价鉴定规范》（GB/T 51262—2017）规定的鉴定时间计算。如需延长，另向贵方申请。

4. 鉴定费用具体详见交费通知书。

5. 鉴定期间，贵方或申请人无故单方面取消鉴定委托或终止鉴定的，鉴定费将不予退还。

6. 联系方式：

鉴定负责人：××

联系电话：××

联系地址：××

特此函复。

××咨询有限公司

××年××月××日

注：本函一式二份，委托人一份，鉴定机构留底一份。

第二种情形：鉴定机构部分同意接受鉴定委托书的内容。这种情况下通常是一份鉴定委托书中出现了不同鉴定类别的事项，而鉴定机构只能实施鉴定委托书的某一鉴定类别事项。这种情形下，鉴定机构复函同意部分鉴定事项，另外，部分鉴定事项说明不能鉴定的理由，并向委托人给出该鉴定事项的相应建议。

案例

某砂石加工生产线项目鉴定

【案例背景】

某案件中，当事人A与当事人B签订合同。合同约定A负责修建某砂石加工生产线，B提供砂石原材料给A加工，A向B收取加工费，合同对B提供原材料加工的最低数量、加工单价、违约责任等均做了相关约定。

A按照约定修建好砂石加工生产线后，由于外部市场行情发生变化，B迟迟未能按照约定提供砂石原材料给 A 加工。A 向人民法院起诉解除合同，要求 B 赔偿修建砂石加工生产线的费用并承担相应的违约责任。

案件审理过程中，A 对砂石加工生产线建设的费用提出鉴定申请，法院同意了鉴定请求，鉴定技术部门通过随机点击计算机，从工程造价鉴定机构名册中选定某机构作为鉴定机构，在法院快递给鉴定机构的鉴定委托书中表述如下：

……现根据案件审理需要，委托你单位对以下事项进行鉴定：

一、对 ×× 项目的工程造价进行鉴定。

二、对 ×× 项目中现有生产线设备的价值进行鉴定。

【案例解读】

本案鉴定委托书中，出现了两个不同类别的鉴定事项，第一个事项属于工程造价鉴定的类别，第二个事项属于财务审计类别的资产评估鉴定。通常情况下，人民法院对于上述两个不同类别的鉴定事项应该选择不同的机构分别进行鉴定委托。

上述案例中，工程造价鉴定机构收到法院的鉴定委托书后，复函同意接受第一事项对 ×× 项目的工程造价进行鉴定，对于第二事项，对 ×× 项目中现有生产线设备的价值进行鉴定，回函中说明不属于工程造价鉴定的范畴，建议人民法院委托其他相应的资产评估鉴定机构进行鉴定。最终人民法院采纳了工程造价鉴定机构的意见，同意由其进行该案工程造价的鉴定，对于现有生产线设备的价值，人民法院另行委托其他相应鉴定机构进行鉴定。

第三种情形：鉴定机构拒绝鉴定委托书的委托。根据《造价鉴定规范》第 3.3.4 条和第 3.3.5 条的规定，当出现其中相应情形的，鉴定机构应当拒绝鉴定委托。

3.3.4　有下列情形之一的，鉴定机构应当自行回避，向委托人说明，不予接受委托：

1. 担任过鉴定项目咨询人的；

2. 与鉴定项目有利害关系的。

3.3.5　有下列情形之一的，鉴定机构应不予接受委托：

1. 委托事项超出本机构业务经营范围的；

2. 鉴定要求不符合本行业执业规则或相关技术规范的；

3. 委托事项超出本机构专业能力和技术条件的；

4. 其他不符合法律、法规规定情形的。

不接受委托的，鉴定机构应在本规范第 3.3.1 条规定期限内通知委托人并说明理由，退还其提供的鉴定材料。

例如，某工程造价鉴定机构收到某案件的鉴定委托书后，做出的复函如下：

关于退回鉴定委托的复函

×× 鉴函〔2023〕第 ×× 号

致　重庆市 ×× 区人民法院　：

我方收到贵方关于 "×× 与 ×× 建设工程施工合同纠纷" 一案进行工程造价鉴定的鉴

定委托书［鉴定委托号：(2023) 渝××法委鉴字第××号］，现回复如下：

根据鉴定委托书的约定，本案的鉴定范围为："重庆××区××号地块××期××号楼的室内外消防栓系统，消防自动喷淋灭火系统，火灾自动报警系统，消防联动系统，消防泵房内相应的内置系统，电气火灾漏电报警系统，消防电源监控系统，防火门监控系统，消防广播，风机卷帘水泵的强电系统，气体灭火系统，水炮系统，智能疏散系统，消防水及电的预留预埋的工程量及造价进行鉴定。"

上述鉴定范围对应为"安装工程"工程造价鉴定，我方进行工程造价鉴定的执业范围为"土木建筑工程"，贵方委托鉴定的事项超出了我方鉴定的执业范围。

根据《建设工程造价鉴定规范》(GB/T 51262—2017) 第3.1.1条和第3.3.5条的规定，我方将"××与××建设工程施工合同纠纷"一案的鉴定委托和鉴定资料退还贵方。

特此函复。

重庆××咨询有限公司

××年××月××日

注：本函一式二份，委托人一份，鉴定机构留底一份。

在实务中还会出现一种特殊情形，鉴定机构复函同意接受委托之后，在鉴定工作开展的过程中，出现了《造价鉴定规范》第3.3.6条的情形时，鉴定机构再次向委托人发函终止鉴定。

3.3.6 鉴定过程中遇有下列情形之一的，鉴定机构可终止鉴定：

1. 委托人提供的证据材料未达到鉴定的最低要求，导致鉴定无法进行的；

2. 因不可抗力致使鉴定无法进行的；

3. 委托人撤销鉴定委托或要求终止鉴定的；

4. 委托人或申请鉴定当事人拒绝按约定支付鉴定费用的；

5. 约定的其他终止鉴定的情形。

终止鉴定的，鉴定机构应当通知委托人（格式参见本规范附录B），说明理由，并退还其提供的鉴定材料。

例如，某建设工程项目施工合同纠纷案件，鉴定机构回函同意鉴定并提出需要补充鉴定资料的清单。在诉讼过程中委托人未能提供设计施工图或者竣工图，同时该项目也不能通过现场勘验的方式或者其他间接推导的方式计算相应的工程量，根据现有鉴定资料无法计算工程量，这种情形下鉴定机构可以向委托人发函进行相应说明后终止鉴定。

1.1.4 鉴定机构和鉴定人

工程造价鉴定的主体包含鉴定机构和鉴定人，其中接受鉴定委托的主体是鉴定机构，从事具体鉴定工作的是鉴定人。鉴定机构是一个正式的法人组织，鉴定人是一个具体的自然人。

一般情况下，成为鉴定机构需要具备三个基本条件。

第一个基本条件是具有相应的资质。工程造价咨询资质已经取消，因此进行工程造价鉴定只需要营业执照中的经营范围具有"工程造价咨询"即可。

　　第二个基本条件是加入相应的协会组织。工程造价鉴定机构一般需要加入当地的建设工程造价管理协会，接受行业协会的统一监督和指导。

　　第三个基本条件是申请加入人民法院司法技术部门统一建立的对外委托专业机构名册。一般情况下是造价咨询机构先进行申请并签署相关的廉洁规范执业承诺文件，经当地的建设工程造价管理协会初步审核后进行推荐，人民法院司法技术部门进行审核后确定入库。

　　例如，某省人民法院司法技术部门对于造价咨询机构申请入库，申请时需要鉴定机构和鉴定人分别签署相应的承诺书，具体如下：

××法院对外委托专业机构廉洁规范执业承诺书

　　一、我单位自愿作出以下庄严承诺：

　　我单位自愿申请入围《××法院对外委托专业机构名册》，自觉接受人民法院的指导、监督和管理。

　　二、我单位接受人民法院委托后，严格按照国家相关法律法规、《××市高级人民法院对外委托鉴定工作管理规定（试行）》及行业规范要求，严格执行鉴定时限、规范收费退费、履行出庭义务、保守工作秘密，在资质许可的执业范围内诚信执业、热情服务、尽职尽责、客观公正、准确高效地完成鉴定工作，恪守职业道德和执业纪律，切实维护当事人的合法权益。

　　三、我单位接受人民法院委托后，经审查发现委托事项超出执业范围或实际执业能力的，应及时向委托法院说明情况，保证不超范围执业或转委托。鉴定意见应当附鉴定人签署的承诺书，并依据国家法律法规完成本次鉴定活动。

　　四、我单位对人民法院委托的鉴定业务不得挑肥拣瘦，无正当理由不得拒绝委托，出于客观原因暂时不能接受委托的，应提前书面告知委托法院。

　　五、我单位对人民法院提供的鉴定材料原件，在鉴定中应当妥善保管，不得丢失、更改、毁损，鉴定完毕后连同鉴定文书一并原样退还。如需损耗鉴定材料，必须征得委托法院的同意。

　　六、我单位不得违反法律规定和廉洁要求向人民法院索要案件委托以及采取请客送礼等不正当手段争夺案源，不得向人民法院工作人员行贿，不得接受案件当事人及相关人员的财物和其他消费，自觉接受人民群众监督。

　　七、我单位未经委托法院同意，不得私自会见案件当事人及其委托代理人，不得私自接受当事人提供的任何鉴定材料，遇有回避情形的应主动向委托法院申请回避。

　　八、我单位应主动、及时向人民法院报告机构信息变更情况以及行业主管部门或行业协会对本机构的处罚情况。

　　九、我单位应安排专人负责登录××法院对外委托鉴定一体化平台系统，并能及时准确录入、扫描、上传、发送相关鉴定信息及资料。

　　十、其他应当遵守的规定及应当履行的义务。

　　以上承诺，我单位将严格履行，如有违反，自愿接受市高院处罚（责令纠正、暂停委托、从《名册》中除名）及承担相关法律责任。

承诺人：（法定代表人签名）（公章）
××年××月××日

鉴定人承诺书

　　本人接受人民法院委托，依据国家法律法规完成本次司法鉴定活动，承诺如下：

　　一、自觉遵守法律法规以及行业管理规定，恪守职业道德和工作纪律，向人民法院提供翔实、科学、客观、公正的鉴定意见；

二、自觉遵守有关回避的规定，及时向人民法院报告可能影响鉴定意见的各种情形；

三、廉洁自律，不接受当事人及其请托人提供的财物、有价证券和安排的宴请、旅游、娱乐等消费活动；

四、保守鉴定活动中知悉的国家秘密、商业秘密和个人隐私，不利用鉴定活动中知悉的国家秘密、商业秘密获取利益，不向无关人员泄露案情及鉴定意见；

五、遵循科学、客观、独立、公正和诚实信用原则，保证在鉴定活动中不徇私舞弊、弄虚作假、损害社会公共利益和他人合法权益；

六、妥善保管、保存、移交相关案件材料，不因自身原因对涉鉴材料造成污损、遗失；

七、勤勉尽责，认真分析、判断专业问题，配合人民法院收集、提取、勘验相关材料，独立进行检验、测算、分析、评定并形成鉴定意见，对鉴定意见的真实性、合法性、准确性、及时性负责，保证不出具虚假或误导性意见；

八、自觉履行鉴定人出庭作证义务，协助人民法院做好鉴定意见的解释以及调解、涉诉信访等工作。

本人（机构）已知悉违反上述承诺应当承担的民事、刑事责任和行政处罚以及行业部门、人民法院给予的相应处理。

承诺人：（签名）

××年××月××日

一般情况下，成为鉴定人需要具备三个基本条件。

第一个基本条件：鉴定人应取得相应的职业资格证书，对于工程造价鉴定，鉴定人应该取得一级造价工程师职业资格证书。

第二个基本条件：鉴定人应将职业资格证书注册在一个鉴定机构进行执业，但不能同时在两家及以上鉴定机构中进行执业。《全国人民代表大会常务委员会关于司法鉴定管理问题的决定》第八条规定如下："……鉴定人应当在一个鉴定机构中从事司法鉴定业务。"当鉴定人具有多个职业资格证书时，例如具有一级造价工程师、一级建造师和监理工程师等，相应的资格证书应该统一注册在一家鉴定机构进行执业。

对于工程造价鉴定人职业资格证书注册情况，可以登录住房和城乡建设部建立的"全国建筑市场监管公共服务平台（四库一平台）"，详细查询鉴定人职业资格证书注册情况以及相关执业证书的有效期等。

第三个基本条件：鉴定人的执业资格应该与申请鉴定的内容相匹配。《全国人民代表大会常务委员会关于司法鉴定管理问题的决定》第九条规定如下："……鉴定人和鉴定机构应当在鉴定人和鉴定机构名册注明的业务范围内从事司法鉴定业务……"。一级造价工程师专业分为土木建筑工程、交通运输工程、水利工程和安装工程四个专业，鉴定人应该在自己具备的专业执业范围内从事工程造价鉴定工作。

在工程造价鉴定的具体实务中，对于某一鉴定事项，鉴定机构委派鉴定人形成鉴定组织，在鉴定组织的构成上有数量上和资格上的要求。

对于鉴定组织的鉴定人数量构成，《造价鉴定规范》第3.4.3条、第3.4.4条的规定如下：

3.4.3 鉴定机构对同一鉴定事项，应指定两名及以上鉴定人共同进行鉴定。

对争议标的较大或涉及工程专业较多的鉴定项目，应成立由三名及以上鉴定人组成的鉴定项目组。

3.4.4　鉴定机构应按照工程造价执业规定对鉴定工作实行审核制。

根据上述规定，对于某一工程造价鉴定事项，鉴定组织的构成上至少需要两名鉴定人，再加上一名审核人，至少需要三名鉴定人员，这三名鉴定人员均需为一级造价工程师。除此之外，根据工作需要，鉴定机构可以安排非一级注册造价工程师的专业人员作为鉴定人的辅助人员，例如二级造价工程师，参与工程造价鉴定的辅助性工作。

在实务中，对于"……同一鉴定事项，应指定两名及以上鉴定人共同进行鉴定。"中的"同一鉴定事项"存在两种理解方式。

第一种理解方式，"同一鉴定事项"理解为一个鉴定委托当中包含的内容均为同一鉴定事项，不区分鉴定内容的专业差别。

例如，某鉴定委托书的鉴定事项委托如下："对案涉 ×× 工程造价进行鉴定。"该案包含土建工程和安装工程两个专业内容。按照上述理解方式，该案土建工程和安装工程两个专业内容属于同一鉴定事项，因此该案鉴定组织中只需要具备一名土木建筑工程一级造价工程师和一名安装工程一级造价工程师，再加上一名鉴定审核人员，共计三名一级造价工程师就达到了《造价鉴定规范》要求的鉴定人最低数量要求。

第二种理解方式，"同一鉴定事项"理解为一个鉴定委托当中包含的内容为一个专业范围时为同一鉴定事项，如果包含的内容为多个专业范围时，为多个鉴定事项，要区分鉴定内容的专业差别。

例如，某鉴定委托书的鉴定事项委托如下："对案涉 ×× 工程造价进行鉴定。"该案包含土建工程和安装工程两个专业内容。按照上述理解方式，该案土建工程内容属于一个鉴定事项，安装工程属于一个鉴定事项，因此该案鉴定组织中需要两名土木建筑工程一级造价工程师和两名安装工程一级造价工程师，再加上一名鉴定审核人员，共计需要五名一级造价工程师才能达到《造价鉴定规范》要求的鉴定人最低数量要求。

在鉴定实务中，工程造价鉴定机构在面临多专业的鉴定事项委托时，行业通常做法是按照第一种理解方式进行鉴定人员配备。《造价鉴定规范》对于每次鉴定至少需要配备两名鉴定人的考虑，其实质是避免单一鉴定人可能产生的鉴定质量风险和鉴定执业风险。按照第一种理解方式，表象是每次鉴定至少需要两名鉴定人规避上述风险，但是其背后的实质却是一个专业只有一名鉴定人，导致了事实上的单一鉴定人可能产生的鉴定质量风险和鉴定执业风险。第二种理解方式，虽然深刻理解和响应了《造价鉴定规范》条款的核心实质，但是由于鉴定人数要求得过高，一方面就如俗语所说，一个和尚挑水喝，两个和尚抬水喝，三个和尚没水喝，鉴定人数量上去了，但是鉴定的实际效果并不一定能达到鉴定规范设计的初衷。另一方面，鉴定人数的过高要求，在实际中又很难实现，不具有实践意义上的有效性。

根据 2022 年 12 月 2 日司法部发布的《司法鉴定机构内部复核工作规定（试行）》（司

规〔2022〕3号）第五条的规定：

第五条 司法鉴定人完成鉴定后，司法鉴定机构应当指定具有相应资质的人员对鉴定程序和鉴定意见进行复核；涉及复杂、疑难、特殊技术问题或者重新鉴定的鉴定事项，可以组织三名以上的专家进行复核。有条件的司法鉴定机构可以组建内部复核部门，专责开展本机构内部复核工作。复核人应当符合下列要求：

（一）拥护中国共产党的领导，拥护社会主义法治，认真负责，专业精通，经验丰富，责任心强；

（二）一般为本机构具有相应资质的鉴定人，必要时也可从专家库或者相关机构邀请相关专家等担任；

（三）执业范围或专业特长应当涵盖复核鉴定事项对应的专业领域，但非本案鉴定人；

（四）专业技术职称或者从事相关司法鉴定业务年限一般不低于本案鉴定人；

（五）符合法律、法规、规章关于回避的规定；

（六）按照有关规定应当具备的其他要求。

其中，鉴定复核人的执业范围或专业特长应当涵盖复核鉴定事项对应的专业领域，但非本案鉴定人。如果鉴定复核人在不同时具备多个专业一级造价工程师注册证书的情况下。如果按照"同一鉴定事项"的第二种理解方式，严格执行上述司法部文件的规定，那么对于上述案例，该案鉴定组织中需要两名土木建筑工程一级造价工程师和两名安装工程一级造价工程师，再加上一名土木建筑工程一级造价工程师鉴定审核人员和一名安装工程一级造价工程师鉴定审核人员，即需要六名一级造价工程师才能达到鉴定规范要求的鉴定人最低数量要求，这在鉴定实务中就不合理。

对于鉴定组织的鉴定人资格构成，一方面鉴定人需要具备与鉴定事项对应的职业资格，即与鉴定事项对应专业类别一致的一级造价工程师。另一方面对于鉴定复核人的资格，根据2022年12月2日司法部发布的《司法鉴定机构内部复核工作规定（试行）》（司规〔2022〕3号）第五条的说明："专业技术职称或者从事相关司法鉴定业务年限一般不低于本案鉴定人"，也就是说鉴定复核人的专业技术职称要高于鉴定人，鉴定人是一级造价工程师，对应的是中级职称，因此鉴定复核人一般需要是高级职称。

除此之外，当存在重新鉴定的情形时，接受重新鉴定委托的鉴定人的职业资格或技术职称，应相当于或高于原委托的鉴定人。同时根据《司法鉴定程序通则》（司法部令第132号）第三十二条的规定，重新鉴定的鉴定人中至少有一名具有相关专业高级专业技术职称。

第三十二条 重新鉴定应当委托原司法鉴定机构以外的其他司法鉴定机构进行；因特殊原因，委托人也可以委托原司法鉴定机构进行，但原司法鉴定机构应当指定原司法鉴定人以外的其他符合条件的司法鉴定人进行。

接受重新鉴定委托的司法鉴定机构的资质条件应当不低于原司法鉴定机构，进行重新鉴定的司法鉴定人中应当至少有一名具有相关专业高级专业技术职称。

1.2　鉴定的收费

鉴定机构属于独立的法人机构，鉴定机构受人民法院的委托进行工程造价鉴定，需要按照相关主管部门的政策文件要求并结合一定的市场化竞争因素，收取相应的工程造价鉴定费。工程造价鉴定的收费主要包含三方面，分别是鉴定的标的、收费的标准、费用的交纳。

1.2.1　鉴定的标的

1）鉴定标的的确定

工程造价鉴定的标的是指鉴定收费的基数，鉴定标的的高低直接决定鉴定收费的多少。根据各地发布的工程造价咨询服务收费标准，工程造价鉴定的计费基础，也就是标的，是指"鉴定工程造价"。对于"鉴定工程造价"的理解和确定，在实务中存在如下七种情形。

第一种情形：根据起诉状中的诉讼请求直接确定。

例如，某建设工程施工合同纠纷案件，原告的上诉状表述如下：

××年××月××日，原告与被告就××项目签订《外墙保温及真石漆专业分包工程》。合同签订后，原告施工。××年××月，原告所做工程完工。××年××月××日，经双方结算，工程款为3 818 859.4元和保证金为5万元。截至××年××月××日，被告已付工程款3 001 600元，尚欠工程款817 259.4元以及保证金5万元未退。为了维护原告合法权益，特向贵院起诉。

根据起诉状的表述，本案被告已付工程款3 001 600元，尚欠工程款817 259.4元，鉴定工程造价标的为3 001 600+817 259.4=3 818 859.4元。保证金5万元不属于工程造价鉴定的范围，不应作为工程造价鉴定的标的。

第二种情形：根据起诉状中的诉讼请求＋庭审笔录综合确定。

例如，某建设工程施工合同纠纷案件，原告的起诉状表述如下：

诉讼请求：

1.被告向原告支付工程款8 230 039.9元，并向原告支付利息（从××年××月××日起以8 230 039.9元为基数，按照中国人民银行同期一年期贷款基准利率计算至工程款付清时止）。

2.诉讼费由被告负担。

事实和理由：被告××与原告××于××年××月××日与原告签订了《重庆××项目施工合同》（以下简称"合同"），合同约定了承包范围、工程价款计算标准、支付时间、违约责任等。原告按照合同约定和被告的要求按质按量按时完成了工程，且该工程已于××年××月××日竣备，合同约定的付款条件已成就，但经原告多次催收，被告至今尚欠原告工程款 8 230 039.9 元。合同约定发生争议向工程所在地人民法院起诉，原告为维护自身合法权益，诉至贵院，望支持为感！

同时，该案的庭审笔录中相关表述如下：

审：现在开始法庭调查。现由原告陈述诉讼请求、事实和理由。

原告：1.被告支付工程款 8 230 039.9 元，并向原告支付利息（从××年××月××日起以 8 230 039.9 元为基数，按照中国人民银行同期一年期贷款基准利率计算至工程款付清时止）。

2.诉讼费由被告负担。

事实与理由与起诉状一致。

审：被告答辩。

被告：我司已经向原告支付 28 879 920 元。同时根据我司对被告的结算情况，工程款现已超付，同时原告未按照施工合同约定履行相应施工义务和质量维修义务，我们不应再支付工程款。

根据起诉状的表述，原告认为被告尚欠付工程款 8 230 039.9 元，但是没有提出被告已经支付工程款的金额，根据庭审笔录被告提出已经支付工程款 28 879 920 元，则可以根据起诉状的诉讼请求和庭审笔录综合确定，本案工程造价鉴定的标的为 8 230 039.9+28 879 920=37 109 959.9 元。

第三种情形：根据起诉状中的诉讼请求 + 鉴定资料综合确定。

例如，某建设工程施工合同纠纷案件，原告起诉状中的诉讼请求为要求被告支付剩余工程价款 500 万元，并同时支付相应资金利息。起诉状中未明确该项目的总工程价款，但是在由原告提供的鉴定资料中有一份原告单方面编制的结算书，结算书载明的工程造价为 5 000 万元，本案工程造价鉴定的标的为 5 000 万元。

在实务中，有时结算书中会包含相关索赔费用，如果索赔费用不在鉴定范围内，那么鉴定的标的需要扣除结算书中的索赔金额。

第四种情形：根据起诉状中的诉讼请求进行折算计算。

例如，某建设工程劳务承揽合同纠纷案件，原告起诉状中的诉讼请求明确该案劳务总金额为 1 000 万元，被告已经支付劳务费 600 万元，请求被告向原告支付剩余劳务费 400 万元，并同时支付相应资金利息。

根据工程造价咨询服务收费标准，工程造价鉴定的计费基础是指"鉴定工程造价"。根据住房和城乡建设部发布的国家标准《工程造价术语标准》（GB/T 50875—2013）第 2.1.1 条说明：

2.1.1　工程造价

工程项目在建设期预计或实际支出的建设费用。

根据住房和城乡建设部、财政部发布的《建筑安装工程费用项目组成》（建标〔2013〕44 号）的说明："建筑安装工程费用项目按费用构成要素组成划分为人工费、材料费、施工机具使用费、企业管理费、利润、规费和税金。"

因此，劳务费只属于工程造价的一部分，确定工程造价鉴定的计费标的时，对应的是工程造价，应该把劳务费进行折算计算。

本案鉴定机构出具的工程造价鉴定交费通知书中说明如下：

1. 根据重庆市 ×× 区人民法院于 ×× 年 ×× 月 ×× 日移交的鉴定资料，按照类似项目测算，该类项目劳务费占工程造价的比例为 35% 左右，因此本案按照类似项目的劳务费占比，折算本项目计算工程造价鉴定费的基数为：1 000/35%=2 857.14 万元……

在工程造价鉴定实务中，对于某些劳务工程项目的造价鉴定，如果仅按照劳务费本身作为鉴定标的计算工程造价鉴定费，对工程造价鉴定机构不合理。因为虽然只计算劳务费，但是鉴定机构在开展工作时，同样是需要按照正常的造价计算流程计算全部的工程量和对应的价格，只是最终把其中的劳务费单独根据合同约定梳理出来，工作量一点儿没有减少，反而会增加工作量，但是收费基数却大幅度减少。

对于劳务工程项目的工程造价鉴定，如果完全按照工程造价咨询服务收费标准规定的工程造价作为计费基数，对于原告劳务单位也不合理。因为劳务单位只提供了劳务施工，也只请求支付劳务费，进行劳务费鉴定时却要将劳务费对应的工程造价作为基数支付鉴定费，也明显超出了劳务单位的朴素认知。甚至在某些极端情形下，劳务单位请求支付剩余百万元左右的劳务费，但是进行劳务费鉴定时，根据工程造价计算却要支付数十万元的工程造价鉴定费，这明显是不合理的。

因此，现行的工程造价咨询服务收费标准，是基于施工合同或者工程总承包合同为前提的，对于工程项目劳务承揽合同或者劳务分包合同施工争议，工程造价咨询服务收费标准不一定完全适用，需要在工程造价鉴定实务中，各方结合实际情况，进行一定的变通或者调整处理。例如，在重庆市建设工程造价管理协会和重庆市土木建筑学会工程造价分会于 2021 年 12 月份编制的《重庆市建设工程造价鉴定执业指引》（试行）"第五章鉴定注意事项"中关于鉴定收费相关表述如下："劳务费鉴定主要是人工费及部分机械费、周转材料费，可按人工费占造价的比例换算成工程造价后作为计算鉴定费的基数。"

第五种情形：根据起诉状中的诉讼请求 + 鉴定资料进行估算计算。

例如，某建设工程施工合同纠纷案件，原告起诉状的相关表述如下：

诉讼请求

判令被告向原告赔偿损失 A 元以及资金占用利息〔以损失金额为基数，按全国银行间同业拆借中心公布的贷款市场报价利率（LPR）计算，暂计至 ×× 年 ×× 月 ×× 日为 ×× 元，详见附表〕（全部损失金额以鉴定意见为准）；

本案受理费、保全费等全部诉讼费用由被告承担。

事实和理由

××年××月，被告××公司（下称××公司）作为发包人对××工程项目进行公开招标。原告××建筑工程有限责任公司（下称××建）中标并与××公司签订《××工程施工合同》（下称《施工合同》），约定承包工程范围为××段，合同总价为××元。

××年××月××日，××公司向××建发送《关于暂停实施××段工程建设内容的通知》，要求暂停实施××段工程施工，后再次明确暂停实施范围为××段工程。

××年××月××日，××公司向××建发送《关于取消实施××段工程相关事宜的通知》，明确取消上述暂停实施路段工程。

××年××月××日，××建向××公司发送《关于部分解除××段工程施工合同的函》，主张解除取消段工程对应的合同权利义务关系，并提请××公司配合就取消段少量已施工内容办理结算、协商处理因此产生的全部损失。××公司于当日签收，且未对合同部分解除提出异议，但双方就损失赔偿金额磋商一致。

××建认为，案涉《施工合同》为双方真实意思表示，合法有效，双方均应当严格遵守。××公司单方取消部分工程已经构成违约，该取消段工程对应的合同权利义务经××建通知已经于××年××月××日解除。同时，××建在签署合同之后，按照合同约定履行了自身义务，基于整体工程实施的必要作了投入和安排，××公司单方违约造成××建履约保函手续费、意外保险费、投标预算和施工方案编制咨询费、企业管理费、临时设施费、违约责任、利润等损失，各项损失合计约 A 元（全部损失最终金额以鉴定意见为准）。以损失金额为基数，按全国银行间同业拆借中心公布的贷款市场报价利率（LPR）计算利息，暂计至××年××月××日为 B 元（详见附表），与损失合计 C 元。对此，××公司应当予以赔偿。

现××建特根据《施工合同》专用条款第××条等相关约定及《民法典》第八百零四条等相关规定提起本案诉讼，请求贵院尽快查明本案事实，判如所请，以减少××扩大损失。

本案中，原告的诉讼请求，是因被告取消工程内容给原告造成的损失，损失金额包含履约保函手续费、意外保险费、投标预算和施工方案编制咨询费、企业管理费、临时设施费、违约责任、利润等损失。

根据《造价鉴定规范》第5.8.5条的规定：

5.8.5　因发包人原因，发包人删减了合同中的某项工作或工程项目，承包人提出应由发包人给予合理的费用及预期利润，委托人认定该事实成立的，鉴定人进行鉴定时，其费用可按相关工程企业管理费的一定比例计算，预期利润可按相关工程项目报价中的利润的一定比例或工程所在地统计部门发布的建筑企业统计年报的利润率计算。

根据上述规定，对于发包人取消工作内容的管理费和预期利润进行鉴定时，均需要对取消工作内容的造价先进行确定，再从确定的取消造价内容中，根据当地定额计价文件中管理费和利润的取费标准，或者根据投标报价中管理费和利润的费率，或者根据统计部门发布的统计利润率标准等，确定具体的管理费和预期利润金额。

在这种情况下，本案工程造价鉴定的标的就不是诉讼请求中的损失赔偿金额 A 元，而是取消段的工程造价。如果鉴定资料中没有关于取消段工程造价具体金额的表述，鉴定机构可以根据诉讼请求和鉴定资料的相关情况，对取消段工程造价进行估算，以估算的取消段工程造价金额作为本案工程造价鉴定的计费标的。

第六种情形：根据起诉状中的诉讼请求 + 鉴定方法进行计算。

例如，某建设工程施工合同纠纷案件，施工合同约定为总价包干 A 元，双方在施工过程中解除合同。原告起诉提出已经施工完成内容工程造价为 B 元，被告实际支付 C 元，被告还应支付工程款 $B-C$ 元，同时支付相应的资金利息。

固定总价施工合同项目，对于已经施工完成内容工程造价的鉴定，存在如下几种鉴定情形：

鉴定情形一，双方当事人签订了结算协议，对已经施工完成内容按照结算协议的约定进行结算。

在这种情况下，本案工程造价的鉴定标的就是原告起诉状中提出的已经施工完成内容工程造价 B 元。

鉴定情形二，双方当事人没有签订结算协议，对已经施工完成内容工程造价的鉴定存在如下几种鉴定方法：

①原来固定总价合同签订时有工程量清单附件，已经施工完成内容工程造价 = 已完工程量 × 合同清单单价。这种鉴定方法下，工程造价的鉴定标的就是原告起诉状中提出的已经施工完成内容工程造价 B 元。

②原来固定总价合同签订时没有工程量清单附件，已经施工完成内容工程造价 = 根据已完工程量执行当地定额文件计算金额。在这种鉴定方法下，工程造价的鉴定标的就是原告起诉状中提出的已经施工完成内容工程造价为 B 元。

③原来固定总价合同签订时没有工程量清单附件，已经施工完成内容工程造价 =（已完工程量执行当地定额文件计算金额 / 整个项目执行当地定额文件计算金额）× 施工合同签约固定总价 A 元。在这种鉴定方法下，工程造价的鉴定标的就是原告起诉状中提出的施工合同签约固定总价 A 元，或者也可以认为工程造价鉴定标的是该项目执行当地定额文件计算金额（根据类似项目预估计算）。

④原来固定总价合同签订时没有工程量清单附件，已经施工完成内容工程造价 = 施工合同签约固定总价 A 元 - 未完工部分工程量执行当地定额文件计算金额。在这种鉴定方法下，工程造价的鉴定标的可以是原告起诉状中提出的已经施工完成内容工程造价 B 元，也可以是未完工部分工程量执行当地定额文件计算金额（根据类似项目预估计算）。

在实务中，对已经施工完成内容工程造价进行鉴定时，如果双方没有签订对应的结算协议，鉴定机构在接受鉴定委托时，无法确定最终会使用哪种鉴定方法进行鉴定。在诉讼过程中，人民法院有可能根据具体情况，要求鉴定机构按照其中某一种方法进行鉴定，也有可能会要求鉴定机构按照四种方法进行鉴定，分别给出对应的鉴定结果。

一般情况下，工程造价鉴定机构向鉴定申请人发出交费通知书，鉴定申请人交纳鉴定费之后，后期工程造价鉴定机构不能再要求鉴定申请人再次交纳鉴定费，除非鉴定申请人增加诉讼请求，导致鉴定范围增加时可以增加鉴定费。这样就会存在一个实务悖论，如果鉴定机构按照某种鉴定方法确定一个工程造价鉴定标的，诉讼过程中实际采用的是另外一种鉴定方法，而该种方法对应的造价鉴定标的又远高于前面鉴定方法对应的工程造价鉴定标的。这种情形下，如果鉴定人向委托人提出增加造价鉴定费，获得支持的可能性非常小。但是如果不增加造价鉴定费，实际鉴定方法对应的工作量又会远远超出原来鉴定方法，导致鉴定人本身工作的意愿性非常低，抵触性很大，而造价鉴定机构的鉴定人一般执行基本工资＋绩效工资的薪酬模式，绩效工资与实际收费金额直接联系，这就会导致鉴定人的绩效工资与实际工作内容发生偏离，进而给鉴定工作的推进带来诸多潜在风险和不利因素。

因此，工程造价鉴定机构在收到鉴定委托书后，对鉴定资料要进行一个初步评估。如果鉴定人根据鉴定经验，评估该项目存在多种鉴定方法，而且不同的鉴定方法工作量差异非常大，鉴定计费标的也不一样，鉴定人可以在鉴定交费通知书中做出不同鉴定方法的鉴定标的和鉴定金额说明，同时注明目前暂按照某鉴定方法的鉴定标的计费。如果在实际鉴定过程中，委托人根据审判情况要求采用的鉴定方法与鉴定机构前期收费的鉴定方法不一致，可以根据实际情况进行相应调整。

第七种情形：根据鉴定申请书（委托书）中的鉴定范围进行计算。

例如，某建设工程施工合同纠纷案件，施工合同约定总价包干金额为 1 亿元，施工过程中出现设计变更，对应金额为 1 000 万元。原告在起诉状中提出，本项目结算造价为 1.1 亿元，被告已经支付 8 000 万元，诉讼请求被告支付欠付工程款 3 000 万元，并支付相应的资金利息。

在鉴定申请书中，如果原告提出只针对设计变更 1 000 万元进行工程造价鉴定，人民法院经审核同意，在鉴定委托书中的鉴定范围说明为：设计变更对应的工程造价。

根据鉴定申请书（委托书）中的鉴定范围说明，本案工程造价鉴定的标的为 1 000 万元。

根据《最高人民法院关于审理建设工程施工合同纠纷案件适用法律问题的解释（一）》（法释〔2020〕25 号）第三十一条的规定：

第三十一条 当事人对部分案件事实有争议的，仅对有争议的事实进行鉴定，但争议事实范围不能确定，或者双方当事人请求对全部事实鉴定的除外。

当事人对部分案件事实有争议的，仅对有争议的事实进行鉴定，工程造价鉴定的标的对应为争议事实对应的工程造价。但是如果确定争议事实的造价，需要对其他部分内容或者整个项目的工程量和造价进行重新计算和拆分的，那么工程造价鉴定标的对应就是"争议部分事实对应造价＋其他部分内容对应造价"或者"整个项目的工程造价"。

2）鉴定标的的变更

根据诉讼案件的具体推进，工程造价鉴定的标的也会发生变更，主要分为直接变更、间接变更、审判变更。

①直接变更，是指原鉴定申请人增加或者减少诉讼请求、被告反诉原告提出反诉的诉讼请求等导致鉴定标的发生变更。

例如，某建设工程施工合同纠纷案件，鉴定范围为设计变更对应的工程造价。在诉讼过程中，鉴定申请人增加诉讼请求，要求原告对某索赔事项赔偿损失，具体索赔损失金额以鉴定为准。这种情形下工程造价鉴定标的增加索赔损失鉴定，新增的鉴定标的鉴定申请人需要单独交纳鉴定费。

例如，某建设工程施工合同纠纷案件，鉴定范围为该项目工程造价 + 某索赔事项的索赔损失。在诉讼过程中，鉴定申请人减少诉讼请求，不再主张某索赔事项的索赔损失。这种情形下工程造价鉴定标的减少了索赔损失鉴定，但是对于减少索赔损失鉴定标的的对应的鉴定费，鉴定机构一般不予退还。

例如，某建设工程施工合同纠纷案件，鉴定范围为该项目工程造价。诉讼过程中被告向法院提出反诉，反诉原告赔偿某损失，具体损失以鉴定为准。这种情形下工程造价鉴定标的增加索赔损失鉴定，新增的鉴定标的由反诉原告作为鉴定申请人单独交纳鉴定费。

②间接变更，是指实际鉴定过程中使用的鉴定方法，与鉴定费交纳时计算的鉴定方法不一致导致鉴定标的变更，或者是鉴定机构按照某一鉴定方法出具鉴定意见之后，委托人根据庭审情况等要求鉴定人按照其他的鉴定方法重新出具鉴定补充意见。对于前者，鉴定标的的变更一般不再对鉴定费进行调整，具体如前述"第六种情形：根据起诉状中的诉讼请求 + 鉴定方法进行计算"中相关案例所示。对于后者，委托人指定的鉴定方法需要鉴定人额外花费很大工作量去重新计算工程量和计价等来确定新鉴定方法对应的工程造价，这种情形下，鉴定机构可以与委托人协商，以鉴定标的变更为由适当增加工程造价鉴定费。如果委托人指定的鉴定方法只需要鉴定人根据原有鉴定方法计算出的相关工程量和计价等进行重新拆分和组合就可以得出相应的工程造价，这种情形下，鉴定机构不能以鉴定标的的变更为由增加工程造价鉴定费。

③审判变更，是指审判长在审判过程中，根据具体情况直接调整鉴定的内容。

例如，某建设工程施工合同纠纷案件，施工合同约定为总价包干，鉴定标的为设计变更对应部分的工程造价。审判长在审判过程中，发现该项目设计变更均为重大设计变更，对原有结构类型进行了重大调整，只进行设计变更部分造价鉴定会导致事实上的结果不公正，审判长向当事人双方提出释明，要求对整个工程项目进行工程造价鉴定。这种情形下，审判长审判过程中直接调整鉴定范围，由此导致鉴定标的的变化造成工程造价鉴定费增加的，应按照新的造价鉴定标的计算工程造价鉴定费。

1.2.2　收费的标准

在工程造价鉴定过程中，涉及三部分费用，分别是工程造价鉴定费、现场勘验费和鉴定人出庭费。

对于工程造价鉴定费，分为两种计算方式，分别是费率计取方式和工时计取方式。

费率计取方式，是指以鉴定工程造价作为取费基数，乘以一定的取费费率计算后得出相应工程造价鉴定费。工程造价鉴定费按照费率计取方式计算时，又分为定额计价模式和清单计价模式两种情形，两者的取费费率虽然不一样，但均是按照鉴定工程造价分阶梯对应不同的取费费率进行计算。

取费费率一般是按照各地发布的工程造价咨询服务收费标准计算，按照费率计取方式计算出来的工程造价鉴定费不下浮，某些地区也允许按照工程造价咨询服务收费标准计费后进行下浮，但是下浮率不能超过一定比例。

例如，重庆市高级人民法院发布的《对外委托鉴定工作管理规定（试行）》（渝高法〔2020〕48号）中所附工程造价鉴定收费文件说明如下：

一、工程造价咨询服务收费属经营服务性收费，实行政府指导价管理。

二、收费项目及标准

（一）工程造价咨询服务收费采用定额计价或者清单计价两种计费方式，具体标准见附表1和附表2。工程造价咨询服务单位可以根据业主委托的工作量大小、咨询服务项目的难易程度等具体情况，在附表规定的标准内向下浮动，但下浮不得超过20%。

......

附表一 工程造价咨询服务收费项目及标准（定额计价方式）

序号	收费项目	计费基数	收费标准				
			500万元以下	501万～1000万元以内	1001万～5000万元以内	5001万～1亿元以内	1亿元以上
—	—	—	—	—	—	—	—
4	工程造价纠纷鉴定	鉴定工程造价/%	1.8	1.5	1.2	1.0	0.8
—	—	—	—	—	—	—	—

附表二 工程造价咨询服务收费项目及标准（清单计价方式）

序号	收费项目	计费基数	收费标准				
			500万元以下	501万～1000万元以内	1001万～5000万元以内	5001万～1亿元以内	1亿元以上
—	—	—	—	—	—	—	—
5	工程量清单工程造价纠纷鉴定	鉴定工程造价/%	1.6	1.3	1.1	0.9	0.6
—	—	—	—	—	—	—	—

假定该项目工程造价鉴定标的为 1 亿元，按照定额计价方式，工程造价鉴定费为：

500×1.8%+（1 000–500）×1.5%+（5 000–1 000）×1.2%+（10 000–5 000）×1.0%=114.5 万元。

按照清单计价方式，工程造价鉴定费为：500×1.6%+（1 000–500）×1.3%+（5 000–1 000）×1.1%+（10 000–5 000）×0.9%=103.5 万元。

工时计取方式，是指对于某些特殊工程造价鉴定项目，鉴定标的无法确定，或者按照鉴定标的和对应的取费费率计算得出的工程造价鉴定费与实际情况相差太大，导致工程造价鉴定费不合理时，鉴定机构可以对鉴定项目进行工作量预估，分析需要投入的人力情况，统计出相应的工日数量，按照对应的工日单价标准进行计算之后得出工程造价鉴定费。

例如，四川省造价工程师协会于 2022 年 12 月份制定的《四川省工程造价咨询服务收费参考标准（试行）》中，关于人工工日单价参考标准如下表 ×× 所示：

表 ××　工程造价咨询服务人工工日单价参考标准

工程技术人员资格等级	人工工日单价（元 / 工日）	职称调整系数
一级注册造价工程师	3 985	正高级工程师：2.0 高级工程师：1.3 其他专业人员：1.0
二级注册造价工程师	2 988	
其他工程造价技术人员	2 391	

说明：

①人工工日单价包括参与工程造价咨询业务的造价人员和其他管理人员、服务人员的薪酬，以及工程造价咨询企业经营管理等应获得的除薪酬外的其他所有收入，按工日计算（或分摊）。

②工程造价专业技术人员具有高级职称的，应乘以相应"职称调整系数"。

③具有一级建造师、监理工程师等职业资格者参加工程咨询服务的，按一级注册造价工程师标准执行。

现场勘验费，没有具体的收费文件标准。鉴定人可以根据鉴定资料预判现场勘验的工作量，根据工作量确定一项实际费用单独计算，在鉴定交费通知书中单独注明。

鉴定人出庭费用，是指根据当事人的申请，要求鉴定人对鉴定意见参与庭审质证时所发生的费用，主要包含鉴定人的交通费、餐饮费、住宿费和误工补贴。

例如，根据重庆市高级人民法院发布的《对外委托鉴定工作管理规定（试行）》（渝高法〔2020〕48 号）第十四条的规定：

第十四条　专业机构应当依法依规收取鉴定费用，并向人民法院司法技术部门发送《鉴定交费通知》，《鉴定交费通知》包括鉴定事项、收费项目、收费标准、收费金额、结算方式、交费期限等内容，同时应当明确是否包括鉴定人出庭费用。申请人、专业机构未约定出庭费用的，经人民法院通知，鉴定人出庭作证的，出庭费用参照《重庆市高级人民法院关于证人出庭作证费用相关事宜的通知》（渝高法〔2012〕330 号）执行。

根据《重庆市高级人民法院关于证人出庭作证费用相关事宜的通知》（渝高法〔2012〕330 号）第二条的规定：

二、规范证人出庭费用标准。刑事诉讼证人出庭费用包括交通费、住宿费和就餐费，交通费一般以证人常住地到法院距离并根据案情需要选择乘坐交通工具凭票给予报销，住宿费和就餐费参照当地财政部门制定的差旅费相关标准执行。民事诉讼证人出庭作证费用包括上述费用和误工损失等费用，交通费、住宿费、就餐费参照上述标准报销，误工损失分为两种情况：出庭证人有工作单位的，按工作单位人事管理部门出具的证人日工资标准的书面证明材料，必要时兼顾该证人近三个月个人收入纳税证明载明的工资收入，以及实际误工天数计算给予误工损失；无工作单位的，按证人经常居住地社会平均工资标准按实际误工天数计算给予误工损失。无工作单位的刑事诉讼证人出庭，确需给予误工损失费的，参照上述标准执行。

1.2.3 费用的交纳

鉴定机构收到人民法院的鉴定委托书后，根据案件情况计算出鉴定费，向鉴定申请人发出交费通知书。例如某案件鉴定机构向鉴定申请人发出的交费通知书如下：

工程造价鉴定交费通知书

重庆××工程有限公司：

我公司（重庆××工程咨询有限公司）接受重庆市××区人民法院的委托，对"重庆××工程有限公司与重庆××有限公司建设工程合同纠纷"一案进行工程造价鉴定。重庆市××区人民法院指定贵方为交费人，现将相关事项通知如下：

根据重庆市××区人民法院提供的《鉴定委托书》《民事诉状》《鉴定申请书》《庭审记录》等相关内容，本次工程造价鉴定的标的为：××元。参照《重庆市高级人民法院对外委托鉴定工作管理规定（试行）》（渝高法〔2020〕48号）计算该案件工程造价鉴定费用为××元，大写：××〔鉴定费用计算详见附表1；该鉴定费用未包含鉴定人出庭费用，如需鉴定人出庭质证，出庭费用参照《重庆市高级人民法院关于证人出庭作证费用相关事宜的通知》（渝高法〔2012〕330号）执行〕。

请自接到通知后7个工作日内交纳费用或支付到我司账户，逾期不交费的，将做退案处理，感谢贵方的合作及支持。

我方账户信息如下：

账户名：［重庆××工程咨询有限公司］

账　号：［××］

开户行：［××］

重庆××工程咨询有限公司

××年××月××日

鉴定申请人不能分批次交纳鉴定费，应该一次性足额交纳工程造价鉴定费。鉴定申请人和鉴定机构不能私下约定在鉴定意见书出具后，鉴定申请人再交纳相应鉴定费，如果出现这种情形，会导致对另外一方当事人在程序上和实质上的不公正，继而会存在人民法院可能会认定这种情形下出具的鉴定意见书不予采用的风险，同时鉴定机构要退还相应的鉴定费。

鉴定申请人如果是公司，应该从公司账户向鉴定机构交纳鉴定费；鉴定申请人如果是个人，应该从个人账户或者银行柜台实名向鉴定机构转账支付鉴定费。如果鉴定申请人的账户被冻结，鉴定申请人可以向鉴定机构出具委托代交鉴定费的证明文件，委托第三人向鉴定机构交纳鉴定费。

根据《最高人民法院关于人民法院民事诉讼中委托鉴定审查工作若干问题的规定》（法〔2020〕202 号）第 12 条规定，如果该案件为公益诉讼或者鉴定申请人符合法律援助条件的，鉴定申请人可以申请暂缓或者减免交纳鉴定费用。

12. 人民法院应当向当事人释明不按期预交鉴定费用及鉴定人出庭费用的法律后果，并对鉴定机构、鉴定人收费情况进行监督。

公益诉讼可以申请暂缓交纳鉴定费用和鉴定人出庭费用。

符合法律援助条件的当事人可以申请暂缓或减免交纳鉴定费用和鉴定人出庭费用。

根据《最高人民法院关于民事诉讼证据的若干规定》第三十一条规定：

当事人申请鉴定，应当在人民法院指定期间内提出，并预交鉴定费用。逾期不提出申请或者不预交鉴定费用的，视为放弃申请。

鉴定申请人应该在指定的时间内交纳工程造价鉴定费，否则会面临鉴定机构退案，人民法院认为鉴定申请人放弃鉴定申请，并由此承担相应的不利后果。

鉴定申请人交纳的工程造价鉴定费为预交性质，人民法院审理完成案件，在最终的生效判决书中会明确注明当事人双方承担工程造价鉴定费的金额。在实务中，人民法院对于工程造价鉴定费的承担判定上，常见的有三种情形。

第一种情形，人民法院判定由提出鉴定申请的当事人全额承担。这种情形主要是基于该案的工程造价确定属于鉴定申请当事人的举证责任，或者是项目施工过程中，鉴定申请当事人应该按照施工合同约定主动报送结算书和与相对方核对确认工程造价，但是鉴定申请当事人没有履行该义务或者拖延履行该义务导致工程造价不能确定。

第二种情形，人民法院判定由当事人双方平均承担。这种情形主要是当事人双方对于施工过程中工程造价的确定都存在一定的过错，而且无法确定双方过错的大小，因此采用公平原则对工程造价鉴定费进行平均分担。

第三种情形，人民法院判定当事人按照比例承担。这种情况主要是根据当事人一方提出的造价主张，根据造价鉴定意见书的支持比例和工程款支付获得支持比例等作为考虑因素，确定当事人各自的鉴定费用承担比例。

对于鉴定人出庭接受质证的费用，一般是由提出鉴定人接受质证的当事人交纳相应的鉴定人出庭费用，如果当事人双方都提出了鉴定人接受质证时，由当事人双方按照鉴定人出庭费用平均交纳。

根据《诉讼费用交纳办法》第六条和第二十九条的规定：

第六条　当事人应当向人民法院交纳的诉讼费用包括：（一）案件受理费；（二）申

请费；（三）证人、鉴定人、翻译人员、理算人员在人民法院指定日期出庭发生的交通费、住宿费、生活费和误工补贴。

诉讼费用由败诉方负担，胜诉方自愿承担的除外。部分胜诉、部分败诉的，人民法院根据案件的具体情况决定当事人各自负担的诉讼费用数额。

结合上述规定，鉴定人出庭费用属于诉讼费，不属于工程造价鉴定费，应由败诉方负担。在诉讼实务中，由于鉴定人出庭费用相比建设工程施工合同纠纷案件的诉讼费、鉴定费、工程款等，属于微乎其微的存在，因此人民法院做出的判决书中有时对鉴定人出庭费用的承担问题不做描述，也就是谁交纳鉴定人出庭费用就默认谁承担该费用，当事人双方也很少对鉴定人出庭费用的承担问题提出异议。

在实务中，如果出现某些特殊情形时，鉴定机构需要全额退还或者部分退还已经收取的鉴定费。

例如，《造价鉴定规范》第3.8.3条关于鉴定费用退还的情形规定如下：

3.8.3 未经委托人同意，鉴定人拒不出庭作证，导致鉴定意见不能作为认定事实的根据的，支付鉴定费用的当事人要求返还鉴定费用的，应当返还。

例如，《最高人民法院关于人民法院民事诉讼中委托鉴定审查工作若干问题的规定》（法〔2020〕202号）关于鉴定费用退还的情形规定如下：

11. 鉴定意见书有下列情形之一的，视为未完成委托鉴定事项，人民法院应当要求鉴定人补充鉴定或重新鉴定：

（1）鉴定意见和鉴定意见书的其他部分相互矛盾的；

（2）同一认定意见使用不确定性表述的；

（3）鉴定意见书有其他明显瑕疵的。

补充鉴定或重新鉴定仍不能完成委托鉴定事项的，人民法院应当责令鉴定人退回已经收取的鉴定费用。

13.……

鉴定人未按期提交鉴定书的，人民法院应当审查鉴定人是否存在正当理由。如无正当理由且人民法院准许当事人申请另行委托鉴定的，应当责令原鉴定机构、鉴定人退回已经收取的鉴定费用。

14. 鉴定机构、鉴定人超范围鉴定、虚假鉴定、无正当理由拖延鉴定、拒不出庭作证、违规收费以及有其他违法违规情形的，人民法院可以根据情节轻重，对鉴定机构、鉴定人予以暂停委托、责令退还鉴定费用、从人民法院委托鉴定专业机构、专业人员备选名单中除名等惩戒，并向行政主管部门或者行业协会发出司法建议。鉴定机构、鉴定人存在违法犯罪情形的，人民法院应当将有关线索材料移送公安、检察机关处理。

……

1.3　鉴定的依据

鉴定的依据，是鉴定机构进行鉴定工作的基础，是鉴定机构形成鉴定意见的前提。鉴定依据包含两部分内容，一部分是鉴定人自己准备和收集的鉴定依据，另一部分是当事人提交的相关证据材料。

鉴定人自己准备和收集的鉴定依据，主要是指适用于鉴定项目的相关法律、法规、规章和规范性文件；与鉴定项目相关的工程计量计价标准和定额文件；与鉴定项目同时期、同地区、相同或类似工程的技术经济指标以及各类生产要素的价格。

当事人提交的相关证据材料，是指当事人向委托人提交的证据材料，并经过当事人质证之后，由委托人移交给鉴定人的相关证据材料。该部分鉴定的依据，主要包含证据的提交、证据的质证、证据的补充、证据的梳理、证据的采用等五个方面的内容。

1.3.1　证据的提交

一般情况下，当事人先把证据材料提交给委托人，委托人组织当事人双方进行质证之后，再由委托人把经过质证的证据材料以及起诉状（仲裁申请书）、反诉状（仲裁反申请书）及答辩状、代理词、质证记录、庭审笔录等材料一起移交给鉴定机构。实务中委托人通常把证据材料邮递给鉴定机构，当证据材料多且不方便邮递时，委托人会通知鉴定机构去现场接收证据材料。鉴定机构如果是现场接收证据材料，应开具接收清单，如果证据材料是原件的需要特别注明。

当事人不能直接把证据材料提交给鉴定机构，鉴定机构也不能接受委托人之外的其他人提交的证据材料。在某些特殊的情形下，委托人要求当事人直接向鉴定机构提交证据材料的，鉴定人应该按照《造价鉴定规范》第 4.3.1 条、第 4.3.2 条、第 4.3.3 条、第 4.3.4 条、第 4.3.5 条、第 4.3.6 条的规定执行。

4.3.1　鉴定工作中，委托人要求当事人直接向鉴定机构提交证据的，鉴定机构应提请委托人确定当事人的举证期限，并应及时向当事人发出函件（格式参见本规范附录 G）。要求其在举证期限内提交证据。

4.3.2　鉴定机构收到当事人的证据材料后，应出具收据，写明证据名称、页数、份数、原件或者复印件以及签收日期，由经办人员签名或盖章。

4.3.3　鉴定机构应及时将收到的证据移交委托人，并提请委托人组织质证并确认证据的证明力。

4.3.4　若委托人委托鉴定机构组织当事人交换证据的，鉴定人应将证据逐一登记，当事人签领。若一方当事人拒绝参加交换证据的，鉴定机构应及时报告委托人，由委托人决定证据的交换。

4.3.5 鉴定人应组织当事人对交换的证据进行确认。当事人对证据有无异议都应详细记载，形成书面记录，请当事人各方核实后签字。并将签字后的书面记录报送委托人。若一方当事人拒绝参加对证据的确认，应将此报告委托人，由委托人决定证据的使用。

4.3.6 当事人申请延长举证期限的，鉴定人应告知其在举证期限届满前向委托人提出申请，由委托人决定是否准许延期。

1.3.2 证据的质证

证据的质证，是指当事人、诉讼代理人在委托人的主持下，一方当事人对另一方当事人出示的证据，就其真实性、合法性、关联性以及证明力的有无、大小进行说明和辩驳的过程。

根据《最高人民法院关于适用〈中华人民共和国民事诉讼法〉的解释》（法释〔2015〕5号）第一百零三条的规定：

证据应当在法庭上出示，由当事人互相质证。未经当事人质证的证据，不得作为认定案件事实的依据。当事人在审理前的准备阶段认可的证据，经审判人员在庭审中说明后，视为质证过的证据。

因此，未经过质证的证据，不能作为鉴定的依据，当鉴定机构收到的证据材料存在未经质证的情形，鉴定机构应及时提请委托人明确质证及证据认定情况。

1.3.3 证据的补充

证据的补充，是指鉴定机构收到委托人移交的证据材料后，通过对证据材料的分析，并结合鉴定工作的开展，需要当事人补充证据材料的情形，鉴定机构可以提请委托人向当事人转达要求补充证据的函件。例如，某鉴定机构向委托人提交证据补充函件如下。

提请委托人补充证据的函

×× 鉴函〔2023〕第 ×× 号

致　重庆市 ×× 区人民法院　：

我方于 ×× 年 ×× 月 ×× 日收到贵方关于"重庆 ×× 工程有限公司与四川省 ×× 集团有限公司建设工程合同纠纷"一案（鉴定委托号：〔2023〕渝 ×× 法委鉴字第 ×× 号）进行工程造价鉴定的委托。

收到委托书后我们仔细查阅现有资料后提出如下意见：

现有资料：民事起诉状、司法鉴定申请书、讯问笔录、×× 专业工程施工合同、×× 专业工程施工合同补充协议（一）、进度计量报表（第 ×× 期、第 ×× 期、第 ×× 期）。根据现有资料无法计算出委托事项所涉及的工程造价。鉴于本项目鉴定工作的需要，请通知原被告双方补充提交如下证据（请注明证据认定情况）：

1. 设计施工图、竣工图（请提供 CAD 图纸电子版刻盘和纸质版图纸）；
2. 图纸会审纪要、设计变更单、技术洽商单等；

　　3. 工程签证单、往来函件、核价单、会议纪要等;

　　4. 施工组织设计;

　　5. 开工报告、竣工报告;

　　6. 工程验收记录、工程验收报告;

　　7. 实际施工楼栋和施工范围的具体说明;

　　8. 其他与本案相关的结算技术经济资料。

　　烦请贵方通知原被告双方当事人提交上述资料,以便鉴定工作的开展,以免鉴定工作发生偏差而影响鉴定质量。后续鉴定过程中如有其他需要提供的资料,我方将及时以补充函件的形式向贵方提出。

重庆××工程咨询有限公司

××年××月××日

　　注:本函一式二份,委托人一份,鉴定机构留底一份。

1.3.4　证据的梳理

　　证据的梳理,是指鉴定机构收到委托人移交的证据材料后,对证据材料结合质证情况进行详细梳理,便于后期鉴定工作有针对性地高效开展。

　　例如,某鉴定机构对某项目证据材料梳理后,形成表 1.1。

表 1.1　证据材料质证情况梳理表

序号	证据类别	资料名称	资料提供人	接收时间	是否质证	质证时间	质证情况			证据认定	资料重点内容摘录
							真实性	合法性	关联性		
—	—	—	—	—	—	—	—	—	—	—	—

　　其中,证据类别是指当事人的陈述、书证、物证、视听资料、电子数据、证人证言、鉴定意见和勘验笔录等。

　　资料名称是指每个证据类别下对应某份具体证据的名称。

　　资料提供人,是指资料的原始提供人,例如原告、被告、委托人以及第三方机构或人员等。

　　接收时间,是指鉴定机构收到证据材料的具体时间。

　　质证时间,是指某份证据材料接受质证完成的具体时间。

　　质证情况,是指一方当事人对该份证据材料的真实性、合法性和关联性的质证意见,以及举示该证据的当事人对对方质证的反驳和说明等意见。

　　证据认定,是指委托人对某份证据效力认定的情况。

　　资料重点内容摘录,是指鉴定人在阅读该份证据的过程中,对涉及与造价鉴定相关重点内容进行摘录和说明,便于后期工作开展。

1.3.5 证据的采用

证据的采用，是指鉴定机构在鉴定工作开展过程中，对于委托人移交的证据材料，在鉴定过程中进行采用和应用，从而以此作为鉴定的依据。对证据材料进行质证，是当事人双方的实体权利。对证据材料的认定和采信，是委托人的权力。对证据材料的采用是鉴定机构专业鉴定权的行使范畴。通常情况下，证据材料的质证是程序基础，证据材料的认定和采信是法律前提，证据材料的采用是专业适用结果。

鉴定人对于证据材料的具体采用，存在如下三种情形。

情形一：证据材料应该采用的情形。

根据《造价鉴定规范》第4.7.2条的规定：

4.7.2 经过当事人质证认可，委托人确认了证明力的证据，或在鉴定过程中，当事人经证据交换已认可无异议并报委托人记录在卷的证据，鉴定人应当作为鉴定依据。

根据上述规范规定，对于委托人确认了证明力的证据材料，以及当事人认可的证据材料，鉴定人应当采用作为鉴定的依据。

例如，某建设工程施工合同纠纷案件的庭前会议（证据交换）笔录如下：

庭前会议（证据交换）

时间：××

地点：第××审判庭

是否公开审理：××；旁听人数：××。

审判员：××

法官助理：××

书记员：××

案由：建设工程合同纠纷

原告：重庆××工程有限公司，住所地××，统一社会信用代码××。

法定代表人：××，执行董事兼总经理。

委托诉讼代理人：××，重庆××律师事务所律师，特别授权。

被告：重庆××公司，住所地××，统一社会信用代码××。

法定代表人：××，执行董事兼总经理。

委托诉讼代理人：××，重庆××律师事务所律师，一般授权。

委托诉讼代理人：××，男，汉族，居民身份证号码××，系公司员工，一般授权。

审：对双方出庭人员身份有无异议？

原代：没有。

被代：没有。

审：原被告双方对对方出庭人员身份均无异议，经审核，今天到庭当事人符合法律规定，准予参加本案诉讼。

审：原告重庆××工程有限公司与被告重庆××公司建设工程合同纠纷一案，本案由××区人民法院依法适用普通程序审理，由××区人民法院审判员××独任审理，由法官助理××协助办案，由书记员××担任法庭记录。

审：因鉴定机构要求对补充鉴定材料提供质证意见，今天由法官助理××受审判员××委托组织双方对移送鉴定材料进行质证。

　　审：本院庭前已向双方送达举证通知书并附重庆××工程造价咨询有限公司《关于鉴定委托及补充鉴定材料的复函》明确了你们应补充提交的鉴定材料，该补充鉴定材料所列 9 项材料，双方是否如期完整提供？

　　原代：我们只提供了图纸和工程量收方单，第 2 项结算全套资料我方未能提供，对应的工程量建议按照图纸计算。第 3 项是按照图纸计算，没有详细文件资料。第 4 项提供了，第 7 项我们没有，第 8 施工组织设计没有；第 9 项我们没有，已经移交重庆市建设委员会档案馆，也未去调取，故未能在举证期限内提交。

　　被代：我方提交了第 1、4、5、6 及 7 其中部分。详见我方提交鉴定资料清单及光盘（书面答辩状、外墙保温做法、1-4# 楼保温范围、E 户型大洋房保温范围图、节能设计交底记录、小洋房户型保温范围图、图纸会审、施工组织设计、构造做法、应扣款资料等）。

　　审：对双方提供的资料发表质证意见。

　　原代：应扣款资料均不认可，除应扣款资料外其余资料真实性无异议。

　　被代：对原告提交的资料无异议。

　　审：关于双方提供的图纸光盘是否需要当庭播放？

　　原代：不需要。

　　被代：不需要。

　　审：双方当事人对事实还有无补充？

　　原代：没有。

　　被代：没有。

　　审：本院已向你们送达举证通知书，你们未按举证通知书如期完成举证，相应不利后果均由你们双方自行承担，双方是否清楚？

　　原代：清楚。

　　被代：清楚。

　　审：由于本案涉及鉴定，休庭，核对笔录无误后签字退庭。

　　根据上述证据交换的庭前会议笔录可以得知，原告除对被告提交证据材料中的应扣款资料不认可外，其余资料的真实性无异议；被告对原告提交的证据材料全部无异议，因此鉴定机构对于被告提交的全部证据材料（除应扣款资料外，包含光盘内容）和原告提交的全部证据材料应采用作为鉴定的依据。

　　情形二：证据材料不应该采用的情形。

　　根据《最高人民法院关于人民法院民事诉讼中委托鉴定审查工作若干问题的规定》（法〔2020〕202 号）第二条的规定：

　　二、对鉴定材料的审查

　　……

　　4. 未经法庭质证的材料（包括补充材料），不得作为鉴定材料。

　　当事人无法联系、公告送达或当事人放弃质证的，鉴定材料应当经合议庭确认。

　　……

　　根据上述规定，未经质证的证据材料，鉴定机构不应该采用作为鉴定的依据。同时，委托人如果确认了证据材料无证明力的，鉴定机构也不应该采用作为鉴定的依据。

情形三：证据材料根据情况区分采用的情形。

根据《造价鉴定规范》第4.7.3条的规定，具体如下文所示，对于当事人质证时对证据真实性提出异议的，鉴定人应该根据委托人的认定结果决定是否采用作为鉴定依据。如果委托人未做出认定的，可以对该证据材料暂时采用作为鉴定依据，在鉴定意见书中单列相应的鉴定意见。

4.7.3 当事人对证据的真实性提出异议，或证据本身彼此矛盾，鉴定人应及时提请委托人认定并按照委托人认定的证据作为鉴定依据。

如委托人未及时认定，或认为需要鉴定人按照争议的证据出具多种鉴定意见的，鉴定人应在征求当事人对于有争议的证据的意见并书面记录后，将该部分有争议的证据分别鉴定并将鉴定意见单列，供委托人判断使用。

根据《造价鉴定规范》第4.7.6条的规定，具体如下文所示，对于同一事项的相同证据一方当事人提出异议，或者当事人对证据提出异议但是未能提出否认该证据的相反证据的，鉴定人应该根据委托人的认定结果决定是否采用作为鉴定依据。如果委托人未做出认定的，可以对该证据材料暂时采用作为鉴定依据，在鉴定意见书中单列相应的鉴定意见。

4.7.6 同一事项当事人提供的证据相同，一方当事人对此提出异议但又未提出新证据的；或一方当事人提供的证据，另一方当事人提出异议但又未提出能否认该证据的相反证据的，在委托人未确认前，鉴定人可暂用此证据作为鉴定依据进行鉴定，并将鉴定意见单列，供委托人判断使用。

1.4　现场的勘验

现场勘验，是指在委托人的组织见证下，鉴定人对鉴定项目的标的物进行的现场勘验活动。现场勘验可以由当事人向委托人提出申请，或者鉴定机构向委托人提出申请，委托人同意组织实施。

1.4.1　勘验的目的

从现场勘验的效果上来分析，现场勘验有两个目的。

第一个目的是通过现场勘验调查收集证据。

例如，在工程造价鉴定过程中，如果缺乏设计施工图或者相应签证收方资料，导致工程量无法计算，鉴定人可以通过现场勘验确定相关工程量，作为鉴定工程量计算的依据。

第二个目的是通过现场勘验核实已有证据。

例如，在工程造价鉴定过程中，当事人对设计施工图注明的某些装饰装修做法现场是否施工、对某些材料型号和品牌是否按照施工合同约定执行、对相关签证收方注明的工作内容是否发生等存在争议，鉴定人可以通过现场勘验，重点核实相关争议事项的实际情况，在查清事实的基础上对相关证据材料进行专业分析和专业计算。

1.4.2　勘验的实施

作为鉴定人，在参与现场勘验的实施时，需要重点关注勘验的时间、勘验的内容、勘验的方式和勘验的结果。

对于勘验的时间，存在两个时间节点。第一个时间节点是鉴定人收到鉴定资料，在初步熟悉鉴定资料之后进行现场勘验。这时鉴定人主要是为了全面准确地了解鉴定项目实际情况和有效开展鉴定工作，避免鉴定工作方向的失偏继而导致后期出现重复性和无效的工程量计算计价工作。第二个时间节点是鉴定人在完成造价鉴定的计量计价工作，并与当事人进行了相关的核对工作之后进行现场勘验。这时相关争议事项或者需要核实的事项基本上都已全部梳理出来，鉴定人可以针对具体问题进行有针对性的现场勘验。

对于勘验的内容，鉴定人可以根据鉴定工作的需要，提前把需要勘验的内容进行梳理。现场勘验的内容可以分为如下五大类型：

类型一：设计施工图表述不清晰，需要现场核实的内容。例如，设计施工图注明住宅公共过道天棚为石膏板吊顶，但是未表述吊顶高度，因此需要现场勘验确定吊顶的高度。

类型二：设计施工图可以不注明，但是从造价计算角度需要额外获得的相关具体做法、尺寸、型号、工艺等内容。例如，设计施工图建筑图注明住宅电梯前室内墙贴面砖，但是对于砖的尺寸规格未注明。从造价的角度，不同内墙面砖尺寸对应着不同的造价，因此需要现场勘验确定内墙面砖的尺寸。

类型三：现场实际施工情况，主要包含是否按照设计施工图和合同相关约定施工。

类型四：实际施工完成的内容。例如，对于某些工程项目，承包人只完成部分施工内容，对实际施工完成的内容进行现场勘验确定。

类型五：当事人对相关事项存在争议，而且该内容也能通过现场勘验明确的内容。例如，当事人对某项目天棚是否施工腻子存在争议，天棚腻子是否施工可以通过现场勘验确定。

如果当事人对相关事项存在争议，但是该争议事项不能通过造价鉴定人现场勘验明确，或者需要经过第三方专业机构检测或者现场勘验才能确定的，则该争议事项不应该作为造价鉴定勘验的内容。

例如，当事人双方对某项目防水卷材实际是否施工存在争议。由于防水卷材属于隐蔽工程施工，无法直接通过现场勘验明确，因此对于当事人的该项争议不能作为现场勘验内容。

例如，当事人双方对混凝土楼板的施工质量存在争议。一方当事人认为混凝土楼板厚度没有达到设计要求，钢筋搭接和布置间距没有按照设计要求施工，需要按照实际施工情况对工程造价进行相应的折减。对于施工质量问题，需要经过第三方专业机构检测才能确定，造价鉴定人和造价鉴定机构没有相应资质，也没有受到委托人的单独委托，因此不能对上述争议事项采取楼板钻芯或者钢筋扫描的勘验方式进行现场勘验。

因此，对工程造价鉴定的现场勘验，是指造价鉴定人能通过现场的"望闻问切"等一般常规的观察、测量和询问，以及凭借相应的专业知识进行判断和确定的内容。对于需要采取相关专业仪器设备进行检测测量，或者采取破坏式的方式进行勘验的，或者是需要具有专业资质要求的人员和机构进行勘验的内容，均不属于造价鉴定中的鉴定人勘验内容范畴。造价鉴定人要避免把传统的造价审计中经常使用地钻芯确认实际施工厚度、开挖隐蔽工程确认实际做法等方式，在造价鉴定的现场勘验中使用，会出现程序违规或者资质不匹配或者超出鉴定权范畴开展工作等责任风险。同时在《造价鉴定规范》第4.6.3条中，对此也有相应的要求。

4.6.3 鉴定项目标的物因特殊要求，需要第三方专业机构进行现场勘验的，鉴定机构应说明理由，提请委托人、当事人委托第三方专业机构进行勘验，委托人同意并组织现场勘验，鉴定人应当参加。

对于勘验的方式，应该由委托人组织实施，鉴定人和当事人或者当事人的代理人参加。一方当事人拒绝参加现场勘验的，不影响现场勘验的进行，具体见《造价鉴定规范》第4.6.4条的规定。

4.6.4 鉴定机构按委托人要求通知当事人进行现场勘验的，应填写现场勘验通知书(格式参见本规范附录J)，通知各方当事人参加，并提请委托人组织。一方当事人拒绝参加现场勘验的，不影响现场勘验的进行。

对于勘验的结果，鉴定人应现场制作相应的勘验笔录，并经勘验各方签字确认。某些项目由于现场勘验内容多，现场勘验完成时鉴定人可以先制作一份简单记录的勘验笔录经各方确认，后期再使用相应的文字、图表、说明、影像资料等形成详细的勘验记录，提供给当事人双方反馈意见。这样就通过现场草签勘验记录和正式详细的书面勘验记录，形成完整的勘验记录资料。对于勘验笔录，具体见《造价鉴定规范》第4.6.5条和第4.6.6条的规定。

4.6.5 勘验现场应制作勘验笔录或勘验图表，记录勘验的时间、地点、勘验人、在场人、勘验经过、结果，由勘验人、在场人签名或者盖章（格式参见本规范附录K）。对于绘制的现场图表应注明绘制的时间、方位、测绘人姓名、身份等内容。必要时鉴定人应采取拍照或摄像取证的方式，留下影像资料。

4.6.6 当事人代表参与了现场勘验，但对现场勘验图表或勘验笔录等不予签字，又不提出具体书面意见的，不影响鉴定人采用勘验结果进行鉴定。

1.5　鉴定的核对

鉴定的核对，是指在鉴定人先自行按照鉴定依据计算出相应的工程造价鉴定结果，再邀请当事人双方针对工程造价鉴定结果一起进行核对，同时在核对过程中听取当事人的意见，便于鉴定人及时地了解当事人双方的争议焦点，在帮助化解争议的同时避免发生鉴定结果错误，提高工程造价鉴定意见书的质量。

在实务中，鉴定的核对分为两种形式，分别是直接核对和间接核对。

直接核对，是指鉴定机构在核对前向当事人发出《邀请当事人参加核对工作函》，具体如下文所示，邀请当事人来鉴定机构针对鉴定结果进行面对面核对，当事人不参加核对工作的，不影响鉴定工作的进行。

邀请当事人参加核对工作函

××鉴函（20××）××号

致：××和××（当事人双方）

根据委托人重庆市××人民法院的委托，我方正在进行××项目的工程造价鉴定工作。由于鉴定工作的需要，请贵方派员携带委托书参加××项目的造价核对工作，具体核对安排如下：

1. 核对地点：重庆××工程造价咨询有限公司（详细地址：略）

2. 核对时间：

××公司，核对时间为××年××月××日到××年××月××日，核对期约需要××天。

××公司，核对时间为××年××月××日到××年××月××日，核对期约需要××天。

如贵方在上述时间不能派员参加造价核对工作，不影响鉴定工作的进行，但将承担相应的法律后果。

鉴定机构：××

××年××月××日

注：本函一式四份，委托人一份，当事人双方各一份，鉴定机构留底一份。

一般情况下，鉴定机构会采取先邀请一方当事人进行核对，与该当事人核对完成后，再邀请另一方当事人进行核对，尽量避免同时邀请当事人双方一起进行核对。三方一起核对效果不佳，工作效率低下，还容易激化矛盾。

间接核对，是指鉴定机构把完整的工程造价鉴定结果，以及相应的建模算量计价底稿等文件，统一整理汇总后把电子版分别发给当事人双方。由当事人双方在鉴定机构工程造价鉴定结果完整底稿的基础上，自行进行检查和核对，对有问题和有异议的地方形成详细的书面意见反馈给鉴定机构。鉴定机构收到当事人的书面反馈意见后，逐条核对，有问题的地方鉴定机构直接进行修改和调整。

在工程造价鉴定工作中，推荐鉴定机构采用间接核对的方式。一方面便于当事人完整地理解鉴定计算过程和计算分析逻辑，也便于当事人针对性地提出反馈意见，通过提供翔实完整的成果文件更容易获得当事人的认可。另一方面，间接核对的效率更高，双方当事人收到完整的成果文件后，可以自行逐项核实，避免了直接核对时间上的限制。最后，间接核对的方式，当事人双方是在一个统一的版本上进行核对，避免了直接核对分开进行的信息传递差异，同时也能让当事人双方冷静且有针对性地思考，避免直接核对过程中的情绪化、情感化带来的矛盾争议和激烈冲突。

对于当事人来说，如果鉴定机构采取间接核对的方式，要提醒鉴定机构提供完整的工程造价鉴定计算底稿文件。当事人核对完成后形成的书面反馈性意见，表述要具体清晰，相关依据和论述要严谨，同时具有针对性，便于鉴定人收到反馈意见后能及时理解问题的所在，并且能根据反馈意见进行相应的成果文件调整。

例如，某项目当事人收到鉴定机构的鉴定成果文件，进行核对后形成如下核对反馈意见。

关于××项目工程造价核对反馈意见

××机构：

针对贵机构提供的××项目工程造价成果文件，我方在进行详细逐项核对后，提出如下核对意见。

一、关于工程量计算部分核对意见

1.1# 楼梯柱工程量计算有误

（1）鉴定计算结果

现计量模型中未绘制梯柱，未计算梯柱相应的工程量，具体如下图××所示（图略）。

（2）我方主张依据论述

根据1# 楼楼梯图纸，1# ～3# 楼梯在首层部分均存在梯柱，具体如下图××所示（图略）。

根据2008重庆市建筑工程计价定额第六章计算规则第二节现浇构件第五部分第一条说明，整体楼梯包括休息平台、平台梁、斜梁及楼梯的连接梁，未包含梯柱，故梯柱应该按柱规则单独进行计量计价。

（3）我方主张计算结果

根据设计图纸所示，本项目一共存在10根梯柱（TZ1），其中1.2 m 高8根、2.7 m 高2根，截面尺寸为200×400，即楼梯柱工程量为：

$$0.2×0.4×1.2×8+0.2×0.4×2.7×2=1.2 \text{ m}^3$$

二、关于工程计价部分核对意见

1.增值税税率计算有误

（1）鉴定计算结果

目前鉴定计算结果中，计价文件全部按10%税率计算增值税金，具体如下图××所示（图略）。

（2）我方主张依据论述

根据"渝建发〔2016〕35号"文件规定，2016年5月1日起，建设工程开始按增值税模式进行计税，其增值税率为11%；

根据"渝建〔2018〕195号"文件规定，2018年5月1日起，建设工程增值税税率按10%执行；

本项目竣工验收资料显示，本项目开工时间为2016年8月23日，基础工程验收时间为2017年4月25日，主体结构验收时间为2018年9月19日，砌体验收时间为2018年9月19日，抹灰验收时间为2018年11月28日。

综上所述，本项目横跨两个计税时间段，应按不同时间段进行计税。

（3）我方主张

按施工实际进度完成情况或形象进度情况分两个计税计算跨度，按照相应文件规定的不同税率进行相应的增值税金计算。

1.6　意见的出具

鉴定意见，是鉴定的结果文件。根据意见书出具的时间先后顺序，鉴定意见书可以分为征求意见稿、正式意见书、补充意见书三种类型。

征求意见稿，是指鉴定机构在完成鉴定工作，出具正式鉴定意见之前，先向委托人和当事人发出征求意见稿，便于委托人和当事人就征求意见稿发表意见，有利于提高正式鉴定意见书的质量。因此在《造价鉴定规范》和人民法院相关管理文件中，对于征求意见稿的程序问题，均有相关的规定。对于征求意见稿的份数，一般四份即可，当事人双方、委托人和鉴定机构各保留一份。对于征求意见稿的签章事宜，没有特别明确的要求，可以按照正式意见书的要求，鉴定人和审核人全部签字加盖执业印章同时盖鉴定机构公章，或者征求意见书只盖鉴定机构公章。

例如，《造价鉴定规范》第 5.2.5 条，关于征求意见稿的规定如下：

5.2.5　鉴定机构在出具正式鉴定意见书之前，应提请委托人向各方当事人发出鉴定意见书征求意见稿和征求意见函（格式参见本规范附录 M），征求意见函应明确当事人的答复期限及其不答复行为将承担的法律后果，即视为对鉴定意见书无意见。

例如，重庆市高级人民法院发布的《重庆市高级人民法院关于建设工程造价鉴定若干问题的解答》（渝高法〔2016〕260 号）第 21 条的规定如下：

21. 人民法院对鉴定人出具的初步鉴定意见如何处理？

鉴定人在出具正式鉴定意见前，应当出具初步鉴定意见，征求人民法院和当事人的意见。

收到初步鉴定意见后，人民法院应当及时向当事人送达，并要求当事人在一定期限内提交书面意见。当事人应当就鉴定意见与鉴定事项是否相符、计价原则和计价方式是否科学、鉴定依据是否合法、鉴定意见是否存在错漏等提出意见。当事人提交书面意见后，人民法院认为有必要的，可以组织当事人、鉴定人进行听证，听取当事人、鉴定人的意见。

人民法院将当事人提交的书面意见、听证意见反馈给鉴定人后，鉴定人应当结合当事人提交的书面意见、听证意见对初步鉴定意见进行修正，并及时出具正式的鉴定意见。

正式意见书，是指鉴定机构收到当事人对征求意见稿的反馈意见后，鉴定人对当事人反馈意见提出的问题或者异议逐一进行复核、修改完善，直到对未解决的异议都能答复时，鉴定机构根据鉴定委托书的要求，向委托人出具正式的鉴定意见书。一般情况下，鉴定委托书中对正式鉴定意见书的数量有说明，鉴定机构根据鉴定委托书的说明出具相应份数的正式鉴定意见书。如果鉴定委托书对鉴定意见书的数量没有说明，可以参照《司法鉴定程序通则》（司法部令第 132 号，2016 年 5 月 1 日起施行）第三十九条的规定执行：

第三十九条　司法鉴定意见书应当一式四份，三份交委托人收执，一份由司法鉴定机构存档。司法鉴定机构应当按照有关规定或者与委托人约定的方式，向委托人发送司法鉴定意见书。

但是对于某些建设工程施工合同纠纷诉讼案件，当存在多个原告或者多个被告，或者有第三人存在的情况下，需要在鉴定委托书要求的基础上，根据当事人及诉讼案件参与人的实际情况制作相应数量的正式意见书。

对于正式意见书，需要严格按照鉴定规范的要求，鉴定人和鉴定审核人进行签字并加盖执业印章，同时加盖鉴定机构的公章和骑缝章。

正式意见书对于当事人双方关于征求意见稿的异议，需要逐条回复，认为异议成立应当修改的，注明修改的情况和位置，其他具体要求在《造价鉴定规范》第 5.2.7 条、5.2.8 条、5.2.9 条中有明确说明。

5.2.7　当事人对鉴定意见书征求意见稿仅提出不认可的异议，未提出具体修改意见，无法复核的，鉴定机构应在正式鉴定意见书中加以说明，鉴定人应作好出庭作证的准备。

5.2.8　当事人逾期未对鉴定意见书征求意见稿提出修改意见，不影响正式鉴定意见书的出具，鉴定机构应对此在鉴定意见书中予以说明。

5.2.9　鉴定项目组实行合议制，在充分讨论的基础上用表决方式确定鉴定意见，合议会应作详细记录，鉴定意见按多数人的意见作出，少数人的意见也应如实记录。

补充意见书，是指正式意见书出具后，出现相关情形，需要对正式鉴定意见书进行补充、修正和完善，鉴定机构进行补充鉴定后，向委托人出具补充意见书。根据《造价鉴定规范》第 5.12.1 条的规定以及《最高人民法院关于人民法院民事诉讼中委托鉴定审查工作若干问题的规定》（法〔2020〕202 号）第 11 条的规定，存在如下七种需要补充鉴定并出具补充鉴定意见书的情形。

第一种情形：委托人增加新的鉴定要求的。

在鉴定机构出具鉴定意见书之后，委托人经过庭审情况，并结合当事人双方对鉴定意见书的质证情况，认为需要增加新的鉴定要求的，委托人可以要求鉴定机构按照新的鉴定要求做出相应的补充意见。

例如，某建设工程诉讼案件，当事人一方委托的工程造价专家辅助人在庭审过程中对鉴定意见书发表的质证意见如下：

二、本案合同文件对承包范围约定存在重大争议，鉴定人未按照规定提请委托人决定适用条款而直接出具单一鉴定意见，不符合《造价鉴定规范》规定。

本案建设工程施工合同协议书第六条明确约定如下：

六、合同文件构成

......

在合同订立及履行过程中形成的与合同有关的文件均构成合同文件组成部分。

在本案合同订立过程中的招标文件明确载明：

4.1 本次招标范围包括为完成××产业园所有单体建筑的主体、装饰、安装工程施工图中注明的除消防、钢结构防火涂料、外门窗、砌体墙外墙保温与涂料饰面等明确专业分包与甩项内容，具体招标范围详见本招标文件第三章承包内容和范围及技术标准和要求。

同时根据招标文件第三章关于承包内容和范围的说明，本项目承包范围明确不含大面积的挖土方、园区配套工程、砌体墙外保温、外立面涂料、外门窗、消防工程、钢结构防火涂料、基础超过2米深度以上的挖土、建筑装饰装修中的业主室内楼面墙面天棚粉刷等。（具体详见招标文件说明）

在本案施工合同协议书中，工程承包范围载明：

6. 工程承包范围：

土建、钢结构、彩钢板、门窗、保温、涂料、给排水、电气、暖通、消防等，详见专业合同条款。

上述合同文件对承包范围的约定存在重大争议，鉴定意见书中鉴定机构对鉴定意见书征求意见稿异议的回复中也明确指出，本项目计价争议的关键点是"承包范围的问题"。

根据《造价鉴定规范》第5.3.5条的规定：

5.3.5 鉴定项目合同对计价依据、计价方法约定条款前后矛盾的，鉴定人应提请委托人决定适用条款，委托人暂不明确的，鉴定人应按不同的约定条款分别作出鉴定意见，供委托人判断使用。

工程承包范围属于对工程造价有重大影响的计价依据，鉴定人没有按照《造价鉴定规范》的规定，将合同文件中关于承包范围的不同约定提交委托人决定适用条款，而是直接出具单一鉴定意见，违反了《造价鉴定规范》的规定。

根据《最高人民法院关于人民法院民事诉讼中委托鉴定审查工作若干问题的规定》（法〔2020〕202号）第11条的规定：

11. 鉴定意见书有下列情形之一的，视为未完成委托鉴定事项，人民法院应当要求鉴定人补充鉴定或重新鉴定：

（1）鉴定意见和鉴定意见书的其他部分相互矛盾的；

（2）同一认定意见使用不确定性表述的；

（3）鉴定意见书有其他明显瑕疵的。

本鉴定意见书对合同文件承包范围约定存在的重大争议没有提请委托人决定适用条款，而直接出具单一鉴定意见，属于鉴定意见书有明显瑕疵。根据上述规定，鉴定机构应该按照《造价鉴定规范》的要求进行补充鉴定或者重新鉴定。

该项目为总价包干合同，发包人和承包人在施工过程中解除合同，因此总价包干范围对工程价款结算金额有着非常重大的影响。如果委托人通过庭审质证，认为工程造价专家辅助人的质证意见成立，可以要求鉴定机构以施工合同约定的固定造价包干对应基础为招投标文件约定的承包范围进行补充鉴定，做出相应的补充鉴定意见书，供委托人进行参考。

第二种情形：委托的鉴定事项有遗漏的。

如果鉴定意见书对于委托人委托的鉴定事项有遗漏，不管是鉴定人自己发现，或者是当事人双方提出，或者是委托人发现等，只要存在委托的鉴定事项有遗漏，对于遗漏的事项需要进行补充鉴定，形成相应的补充鉴定意见书。

例如，某建设工程诉讼案件，当事人一方委托的工程造价专家辅助人在庭审过程中对鉴定意见书发表的质证意见如下：

> **××产业园施工图与招标图之间的差异部分应该按照变更原则计算后**
> **进入确定性意见**
>
> 根据××与××于××年××月××日签订的"终止建设工程施工合同协议书"关于工程结算原则的约定：
>
> ……变更原则为：以原招标图纸作为变更基础，与实际的施工图对比做变更内容……
>
> 招标图纸作为变更基础，结合招投标情况，招标图纸对应的实际范围为"招标图纸＋招标答疑"。例如"××产业园招标答疑"第××条约定如下：
>
> 8. 钢结构彩钢板墙体内外侧压型钢板确定多厚？
>
> 答：内外侧压型钢板厚度从 0.6 cm 厚调整为 0.5 cm 厚。
>
> 在这种情况下，虽然招标图纸所示内外侧压型钢板厚度为 0.6 cm，但是招标答疑把招标图纸的厚度由 0.6 cm 厚调整为 0.5 cm 厚，因此结算时应该按照施工图注明的压型钢板厚度与招标答疑确定的 0.5 cm 厚进行比对，作为变更计价的基础。
>
> 因此，对于××产业园施工图与招标图之间的差异部分，应该逐一比对后按照施工合同约定变更计价原则，执行相应定额按实计算后进入确定性意见。目前鉴定意见书对该部分事项未处理，属于鉴定事项有遗漏，应对该部分进行补充鉴定。

第三种情形：委托人就同一委托鉴定事项又提供或者补充了新的证据材料的。

鉴定人出具鉴定意见书后，在对鉴定意见书的质证过程中，或者后续庭审过程中，当事人双方向法院提交了新的证据材料。委托人认为新的证据材料有效，而且又与工程造价相关的，委托人可以要求鉴定人根据新的证据材料进行补充鉴定，出具补充鉴定意见书。

第四种情形：鉴定人通过出庭作证，或自行发现有缺陷的。

鉴定人出具鉴定意见书之后，在对鉴定意见书的质证过程中，当事人双方提出相关质证意见，鉴定人核实属实的，或者鉴定人自行发现鉴定意见书的相关缺陷和其他瑕疵的，鉴定人可以在自行对相关地方进行修改后，出具补充意见书。

第五种情形：同一认定意见使用不确定性表述的。

在鉴定意见书中，如果对于某一认定意见，鉴定意见书的表述不确定的，需要进行补充鉴定，出具补充意见书。

第六种情形：鉴定意见和鉴定意见书的其他部分相互矛盾的。

在鉴定意见书中，如果鉴定意见和其他部分的内容表述相互矛盾，或者相互冲突，则鉴定人需要进行补充鉴定，出具补充鉴定意见书。

例如，某建设工程诉讼案件，当事人一方委托的工程造价专家辅助人在庭审过程中对鉴定意见书发表的质证意见如下：

> ××公司在对鉴定意见书征求意见稿的异议中提出，鉴定范围漏计因工程总量减少造成的人材机及成本摊销增加费用，鉴定意见书回复：依据《建设工程施工合同》《补充协议》

《终止建设工程施工合同协议书》约定执行，具体如下图所示（图略）。

根据《终止建设工程施工合同协议书》第二条工程结算原则的第 6 条约定：

6. 其他因工程总量减少造成的人材机成本摊销增加，双方另行酌情商量。

鉴定意见书明确回复工程总量减少造成的人材机及成本摊销增加费用执行《终止建设工程施工合同协议书》约定，而《终止建设工程施工合同协议书》明确约定该部分费用需要单独计算，目前鉴定意见书中对该部分费用未进行相应计算。

因此，鉴定意见书的上述情形属于根据《最高人民法院关于人民法院民事诉讼中委托鉴定审查工作若干问题的规定》（法〔2020〕202 号）第 11 条的规定中"鉴定意见和鉴定意见书的其他部分相互矛盾的"的情形，应视为未完成委托鉴定事项，鉴定机构应按照相应要求进行补充鉴定或者重新鉴定。

第七种情形：鉴定依据采用不当、鉴定数据错漏的。

在鉴定意见书中，如果存在鉴定依据采用不恰当，或者相关鉴定数据存在错误或者遗漏的，鉴定人应进行补充鉴定，出具补充鉴定意见书。

与补充鉴定意见书不同的是对鉴定意见书进行补正，当鉴定意见书出现某些轻微瑕疵但是该瑕疵对鉴定意见没有影响的，鉴定机构可以对鉴定意见书进行补正，具体见《造价鉴定规范》第 6.2.3 条的规定：

6.2.3　应委托人、当事人的要求或者鉴定人自行发现有下列情形之一的，经鉴定机构负责人审核批准，应对鉴定意见书进行补正：

1. 鉴定意见书的图像、表格、文字不清晰的；

2. 鉴定意见书中的签名、盖章或者编号不符合制作要求的；

3. 鉴定意见书文字表达有瑕疵或者错别字，但不影响鉴定意见、不改变鉴定意见书的其他内容的。

对已发出鉴定意见书的补正，如以追加文件的形式实施，应包括如下声明："对××字号（或其他标识）鉴定意见书的补正"。鉴定意见书补正应满足本规范的相关要求。

如以更换鉴定意见书的形式实施，应经委托人同意，在全部收回原有鉴定意见书的情况下更换。重新制作的鉴定意见书除补正内容外，其他内容应与原鉴定意见书一致。

在补充鉴定意见书对应的补充鉴定之外，如果鉴定过程中，由于鉴定人在鉴定资格、鉴定程序、鉴定依据、鉴定结论等方面存在某些缺陷，当事人有充足理由时可以请求委托人重新鉴定。重新鉴定委托人一般应该委托原鉴定机构之外的其他鉴定机构和鉴定人进行实施。对于重新鉴定的情形，具体详见《最高人民法院关于修改〈关于民事诉讼证据的若干规定〉的决定》（法释〔2019〕19 号）第四十条规定。

第四十条　当事人申请重新鉴定，存在下列情形之一的，人民法院应当准许：

（一）鉴定人不具备相应资格的；

（二）鉴定程序严重违法的；

（三）鉴定意见明显依据不足的；

（四）鉴定意见不能作为证据使用的其他情形。

存在前款第一项至第三项情形的，鉴定人已经收取的鉴定费用应当退还。拒不退还的，依照本规定第八十一条第二款的规定处理。

对鉴定意见的瑕疵，可以通过补正、补充鉴定或者补充质证、重新质证等方法解决的，人民法院不予准许重新鉴定的申请。

重新鉴定的，原鉴定意见不得作为认定案件事实的根据。

1.7　鉴定的出庭

鉴定的出庭，是指鉴定人出庭作证，即当事人向委托人提出鉴定人出庭的申请后，委托人向鉴定人发出通知，鉴定人在庭审质证环节，对自己作出的鉴定意见，从鉴定依据、鉴定方法、鉴定步骤、鉴定意见和鉴定过程等相关问题进行解释和说明，同时在法庭上当面回答委托人、当事人（含当事人委托的专家辅助人）的提问行为。

根据《造价鉴定规范》第3.8.3条的规定：

3.8.3　未经委托人同意，鉴定人拒不出庭作证，导致鉴定意见不能作为认定事实的根据的，支付鉴定费用的当事人要求返还鉴定费用的，应当返还。

因此，鉴定人要高度重视鉴定人的出庭事宜，如果存在法定事由不能出庭作证的，需要提前向委托人申请，经得委托人的同意之后，可以采取书面形式答复当事人的质询。对于鉴定人法定不能出庭的事由，具体可以参加《民事诉讼法》第七十六条的规定：

第七十六条　经人民法院通知，证人应当出庭作证。有下列情形之一的，经人民法院许可，可以通过书面证言、视听传输技术或者视听资料等方式作证：

（一）因健康原因不能出庭的；

（二）因路途遥远，交通不便不能出庭的；

（三）因自然灾害等不可抗力不能出庭的；

（四）其他有正当理由不能出庭的。

如果当事人申请鉴定人出庭，为了提高庭审质证的效果，鉴定人应该在开庭前向委托人提出申请，要求当事人把需要鉴定人回答的问题或者对鉴定意见书有异议的内容提前梳理后提交给鉴定人。鉴定人在出庭前提前做好相应的准备工作，熟悉相关内容和准备相关资料，在出庭作证时依法、客观、公正和有针对性地回答与鉴定事项有关的问题。鉴定人在出庭作证时，对当事人提出的与鉴定事项无关的问题，在经过委托人允许的情况下，可以不予回答。

鉴定人在出庭时，应该随身携带鉴定人的身份证明，包括身份证、一级造价工程师注册证书、专业技术职称证书等文件，在委托人要求核实身份时主动出示。

一般情况下，鉴定人可以参加鉴定意见书质证环节的出庭作证，不能参加整个建设工程诉讼案件的审理过程。因此，鉴定人在出庭作证时，如果委托人没有提示，可以主动向委托人提出，诉讼案件审理时先在庭审现场的外面等候，等到庭审进行到鉴定意见书质证环节，委托人通知鉴定人进场时再进入庭审现场参加质证。因为如果鉴定人参与了整个庭审过程，很容易受到当事人庭审活动中的相关发言和情绪影响，导致做出一些不客观和带有外在环境影响下的质证意见回复，给建设工程诉讼案件最终公平公正的结果带来一些不利影响。

第2章 法律问题和专业问题

在工程造价鉴定的实务中，对于法律问题和专业问题的准确理解和区分，是工程造价鉴定工作有效开展的基础，甚至在一定程度上决定着工程造价鉴定结果在实质上是否公平公正。

对于工程造价鉴定过程中法律问题和专业问题的概念和描述等，在相关法律条文和鉴定规范中，都没有明确的说明和解释。重庆市建设工程造价管理协会和重庆市土木建筑学会工程造价分会于2021年12月份编制的《重庆市建设工程造价鉴定执业指引》（试行）在"第五章 鉴定注意事项"中对工程造价鉴定法律问题和专业问题进行了如下的表述：

3. 以鉴代审

以鉴代审是鉴定过程中特别要注意避免的行为，在鉴定过程中一定要清楚哪些是法律问题、哪些是专业问题。对于由于鉴定资料、合同理解等出现的认知差异，应以分析说明的形式客观阐述鉴定人意见的依据，由委托人根据相关法律和证据决定是否采信以及采信程度。

法律问题和专业问题的理解与判断，贯穿整个工程造价鉴定过程，需要引起造价鉴定人员的高度重视。由于《造价鉴定规范》和相关文件没有对造价鉴定的法律问题和专业问题进行明确而又详细的规定与要求，因此，本章节通过从造价鉴定工作实务中进行总结，并结合《造价鉴定规范》要求，以及相关法律法规的规定等，对造价鉴定法律问题和专业问题的理解与适用等进行分析和阐述。

2.1 法律问题的理解

工程造价鉴定中涉及需要对当事人真实意思的探究和判断，对事实真相的还原和认定，以及需要做出相应法律适用、价值判断乃至利益衡平的事项，这些都属于法律问题。

例如，《造价鉴定规范》关于总价合同解除造价鉴定的规定如下：

5.10.7 总价合同解除后的争议，按以下规定进行鉴定，供委托人判断使用：

1. 合同中有约定的，按合同约定进行鉴定；

2. 委托人认定承包人违约导致合同解除的，鉴定人可参照工程所在地同时期适用的计价依据计算出未完工程价款，再用合同约定的总价款减去未完工程价款计算；

3. 委托人认定发包人违约导致合同解除的，承包人请求按照工程所在地同时期适用的计价依据计算已完工程价款，鉴定人可采用这一方式鉴定，供委托人判断使用。

关于"合同中有约定的，按照合同约定进行鉴定"中"合同"的理解，从字面意思理解，"合同"是指发包人和承包人双方签订的施工合同，但是从法律问题的角度，如果该项目存在多份合同，那么此处的合同约定是指探明了当事人真实意思和实际履行的合同约定。如果该项目为经过招投标程序签订的合同，那么此处的合同是指适用黑白合同规则之后的合同约定。如果法律法规对合同的效力等进行了相应法律规制，那么此处的合同是指经过法律适用和价值判断之后的合同约定。在某些极端情况下，明显存在重大过失和显失公平等的，那么此处的合同有可能是需要经过利益平衡之后的合同约定。

在工程造价鉴定实务中，常见的法律问题有：鉴定的范围确定、鉴定的资料提供、事实的认定、行为的效力、因果的确定、证据的判断、合同的理解、鉴定的方法和法律的适用等。

2.1.1　鉴定的范围

在建设工程诉讼过程中，与工程造价相关的范围有五个，分别是诉求请求的范围、庭审笔录的范围、鉴定申请的范围、鉴定委托的范围、实际鉴定的范围。

诉讼请求的范围，是指原告当事人在诉讼请求中提出的范围。庭审笔录的范围，是指在庭审过程中可能会对诉讼请求的范围进一步明确或者说明，可能存在范围变大或者减小的情况。鉴定申请的范围，是指当事人一方在鉴定申请书中提出鉴定申请的范围。鉴定委托的范围，是指经过鉴定审查后委托人出具的鉴定委托书中注明的范围。实际鉴定的范围，是指鉴定意见书中实际鉴定的范围。通常情况下，诉讼请求的范围≥庭审笔录的范围≥鉴定申请的范围≥鉴定委托的范围≥实际鉴定的范围。

当庭审笔录的范围或者鉴定申请的范围大于诉讼请求的范围时，需要当事人增加诉讼请求，与此同时涉及诉讼费的补交等事宜。

例如，某建设工程施工合同诉讼案件中，原告在民事起诉状中提出如下诉讼请求：

判令被告立即向原告支付拖欠的工程款 5 000 万元（暂定，最后以司法造价鉴定为准）……

在鉴定申请书中，鉴定申请人原告提出对该案的工程造价进行鉴定，同时注明鉴定范围包含对工期延期导致的停工窝工损失费用进行鉴定。

委托人在鉴定委托书中注明的鉴定范围为"对案涉工程造价进行鉴定"。

鉴定过程中，鉴定人认为停工窝工损失不属于鉴定范围。原告认为停工窝工损失属于工程造价的范畴同时也在鉴定申请中进行了说明，应该进行鉴定。被告认为诉讼请求为工程款，停工窝工损失不在工程造价鉴定范围而且也不在诉讼请求范围之列，原告应该单独增加诉讼请求。在这种情况下，导致的诉求请求和鉴定范围的相关争议等，属于法律问题。

在理想情况下，鉴定委托的范围与鉴定意见书中实际鉴定的范围应该是一致的，但是也会出现不一致导致需要进行法律问题的判断。

例如，某建设工程施工合同诉讼案件，属于总价包干合同，发包人与承包人在施工途中解除合同，签订了解除合同协议，解除协议中结算原则约定如下：

1. 已完工程部分按照实际完成工程量根据施工合同所附综合单价按实计算。

2. 由于工程量减少导致的人材机成本摊销增加以及相应的管理费和措施费摊销增加费用，双方协商处理。

鉴定意见书中对已完工程部分进行了鉴定，对于由于工程量减少导致的人材机成本摊销增加以及相应的管理费和措施费摊销增加费用没有鉴定，认为该费用属于双方协商的范围，不属于鉴定的范围。承包人认为鉴定委托书中注明的是对案涉工程造价进行鉴定，双方在解除协议的结算原则中对工程量减少导致的人材机成本摊销增加以及相应的管理费和措施费摊销增加费用进行了约定，结算时要考虑，因此属于鉴定的范围，不能由于双方未协商一致就不进行鉴定。发包人认为对工程量减少导致的人材机成本摊销增加以及相应的管理费和措施费摊销增加费用，属于双方协商的适当补偿范围，不属于工程造价鉴定的范围，如果双方没有协商一致，就可以不补偿。在这种情况下，鉴定委托的范围涉及工程造价的理解，以及对结算原则中约定的内容是否一定属于工程造价鉴定的范围等，导致实际鉴定范围与鉴定委托范围不一致，属于法律问题。

2.1.2　鉴定的资料

工程造价鉴定的委托人是人民法院或者仲裁机构，因此，鉴定人只能向委托人提出根据工程造价鉴定的需要，涉案项目需要提供哪些具体的鉴定证据材料。对于具体的鉴定证据材料由哪一方当事人提供，或者当事人双方都提供？当某一鉴定证据材料当事人不能提供时，由谁承担举证不能的不利后果等，属于法律问题，应该由委托人进行判断或者认定。

例如，某建设工程诉讼案件，在工程造价鉴定过程中，对于马凳筋工程量的计算，鉴定人向委托人提出，要求提供施工组织设计或者签证收方资料。

如果该案件的被告是建设单位，原告是施工单位，那么委托人一般会要求由原告提供施工组织设计或者签证收方资料。如果原告不能提供上述资料体现马凳筋的具体型号做法和布置要求，那么鉴定人无法根据有效的鉴定资料计算马凳筋的工程量和工程造价，鉴定意见书中可能不会计算马凳筋的工程量和工程造价。

如果该案件的被告是施工单位，原告是劳务分包单位，那么委托人可能会要求当事人双方分别提供相应的鉴定证据资料。如果被告不能提供施工组织设计，原告提供了现场马凳筋施工的影像资料，由于施工组织设计根据规定是属于施工单位应该制作和报送审批的相关资料，施工组织设计中一般会对马凳筋的型号做法和布置要求等进行相应描述。被告能够提供施工组织设计，而且根据常识，被告施工单位应该是有施工组织设计文件的，而原告劳务分包单位是没有施工组织设计文件的。在这种情况下，鉴定人就不能以原告未提供有效的鉴定资料导致马凳筋工程量无法计算，因此在鉴定意见书中不计算马凳筋的工程量。鉴定人应将马凳筋证据资料提供涉及的举证责任分配问题及时向委托人提出，由委托人对该证据资料提供涉及的举证责任分配法律问题进行认定后，再根据委托人的认定结果进行相应的造价鉴定。

在 2019 年 12 月 27 日江苏省高级人民法院审判委员第 35 次全体委员会议讨论通过的《建设工程施工合同纠纷案件委托鉴定工作指南》第 9 条明确规定如下：

9.［人民法院确定事项］下列事项，鉴定机构可以要求委托法院予以明确：

……

（七）鉴定所需材料缺失，需要明确举证不能责任承担的；

……

2.1.3　事实的认定

对于工程造价鉴定基于的相关案件事实的认定，属于法律问题，应该由委托人进行认定。

例如，某建设工程诉讼案件，承包人只施工了部分内容，在承包人已经施工完成的分部分项工程内容中，有的分部分项工程有施工过程验收资料，有的分部分项工程内容没有施工过程验收资料。对于没有施工过程验收资料的分部分项工程的工程质量是否合格这一事实的认定，属于法律问题，应该由委托人认定。鉴定人根据委托人认定的结果来确定该部分没有施工过程验收资料的分部分项工程是否需要进行计算，并形成相应的鉴定意见。

由河南省高级人民法院和河南省人民检察院主办的期刊《公民与法》（审判版），在 2023 年第 11 期和 2023 年第 12 期，分别刊登了《建设工程施工合同纠纷事实查明的思路与方法》（一）和《建设工程施工合同纠纷事实查明的思路与方法》（二），从审判的视角，详细梳理了事实查明和认定的审查思路与方法，具体如下图所示。

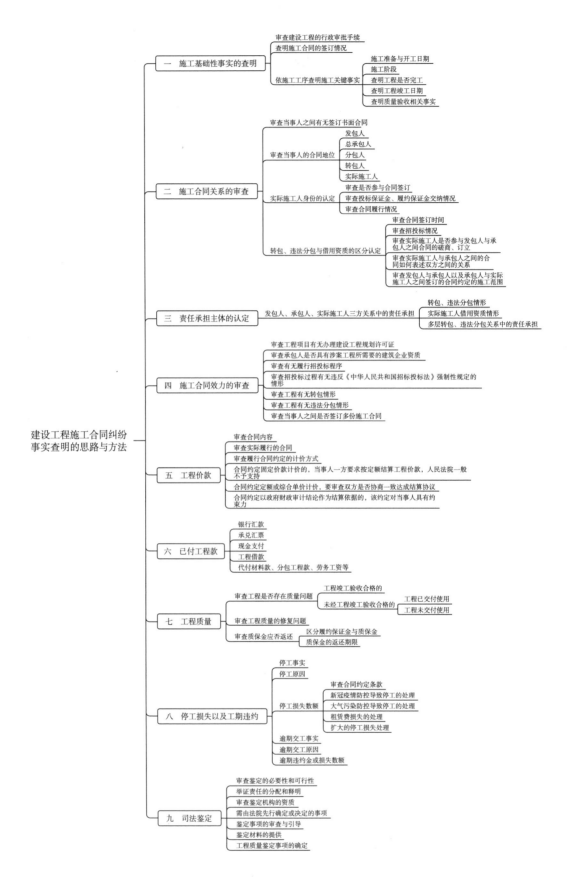

2.1.4　行为的效力

行为的效力，是指当事人双方在施工合同的履约过程中，实际发生的某些行为是否对当事人双方产生约束力，继而对工程造价的鉴定结果产生影响，对于该行为效力的判断属于法律问题，应该由委托人进行认定。

例如，某建设工程施工合同约定按照定额文件进行计价。根据当地的定额文件，既可以将该项目理解为应该按照二类工程取费，也可以理解为应该按照一类工程取费。在实际施工过程的月度产值报表中，承包人是按照一类工程取费计算的，发包人在约定产值审批中只签字确认了审批确认的进度总金额，对于是否按照一类工程取费等未进行明确说明同意或者不同意。在工程造价鉴定过程中，承包人认为通过施工过程月度产值报送和审批这一行为，可以得出该项目应该按照一类工程取费，该行为对双方具有约束力。发包人认为虽然收到了月度产值和进行了审核，但是并没有明确同意该项目按照一类工程取费，本项目应该按照二类工程进行取费计算。因此，对于本案施工过程中产值报送和审批这一行为，是否能对当事人双方产生同意按照一类工程取费的效力，应由委托人进行认定，鉴定人根据委托人对该行为的效力认定结果来进行相应计算，并形成相应的鉴定意见。

2.1.5　因果的确定

某一事实的发生是否是导致另一事实产生的原因，或者某一结果的发生是否是因另外一件事实导致，事实和事实彼此之间是否存在因果关系的确定，继而导致相关责任承担的确定等属于法律问题，应该由委托人进行判断。

例如，《造价鉴定规范》第 5.8.3 条关于暂停施工索赔费用鉴定的相关规定如下：

5.8.3　当事人对暂停施工索赔费用有争议的，鉴定人应按以下规定进行鉴定：

1. 合同中对上述费用的承担有约定的，应按合同约定作出鉴定；

2. 因发包人原因引起的暂停施工，费用由发包人承担，包括：对已完工程进行保护的费用、运至现场的材料和设备的保管费、施工机具租赁费、现场生产工人与管理人员工资、承包人为复工所需的准备费用等；

3. 因承包人原因引起的暂停施工，费用由承包人承担。

根据《造价鉴定规范》的规定，对暂停施工损失费用的鉴定，应该先由委托人对暂停施工的原因进行判断，鉴定人根据委托人对因果关系确定的结果进行相应鉴定。

2.1.6　证据的判断

在庭审的举证、质证环节，当事人双方会对对方提交证据材料的三性（也就是真实性、合法性和关联性）进行质证。当一方当事人对另一方当事人证据材料的真实性和合法性提出异议时，应由委托人对该证据材料的真实性和合法性进行认定，鉴定人根据委托人认定的结果进行鉴定。

例如，《造价鉴定规范》第4.7.3条关于当事人对证据材料的真实性提出异议时的规定如下：

4.7.3　当事人对证据的真实性提出异议，或证据本身彼此矛盾，鉴定人应及时提请委托人认定并按照委托人认定的证据作为鉴定依据。

如委托人未及时认定，或认为需要鉴定人按照争议的证据出具多种鉴定意见的，鉴定人应在征求当事人对于有争议的证据的意见并书面记录后，将该部分有争议的证据分别鉴定并将鉴定意见单列，供委托人判断使用。

重庆市建设工程造价管理协会和重庆市土木建筑学会工程造价分会于2021年12月编制的《重庆市建设工程造价鉴定执业指引》（试行）在"第三章　鉴定工作指引"的"第三节　鉴定实施"中表述如下：

1. 资料分析

将委托人移交的鉴定资料分类整理，根据质证笔录将资料分为无争议资料、有争议资料。

经质证后无异议的资料，鉴定人可直接使用；

经质证后有争议的资料，分不同情形确定处理方式：

（1）当事人对鉴定资料的真实性、合法性提出异议，或鉴定资料本身彼此矛盾，鉴定人应及时提请委托人认定，并按照委托人认定的鉴定材料作为鉴定依据；如委托人未及时认定，或委托人认为需要鉴定人按照争议的鉴定资料出具多种鉴定意见的，鉴定人将该部分有争议的鉴定资料分别鉴定并将鉴定意见单列，供委托人判断使用。

……

2.1.7　合同的理解

对合同的理解，主要涉及合同整体效力的认定、合同条款效力的认定、合同文件解释的顺序、相关条文理解争议、合同条款矛盾的适用等问题，均属于法律问题，应由委托人进行认定，鉴定人根据委托人认定的结果进行鉴定。

例如，《重庆市高级人民法院关于建设工程造价鉴定若干问题的解答》（渝高法〔2016〕260号）第13条对合同或者合同条款的效力、合同条文的理解规定如下：

13. 建设工程造价鉴定中，鉴定人认为需要对合同或者合同条款的效力、合同条文的理解、证据的采信等问题作出认定的，应当如何处理？

建设工程造价鉴定中，鉴定人应当对与建设工程造价相关的专门性问题出具鉴定意见。鉴定人在鉴定中认为需要对合同或者合同条款的效力、合同条文的理解、证据的采信等法律性问题作出认定的，应当向人民法院提交书面意见，并说明理由，由人民法院作出认定。人民法院对相关问题作出认定后，应当书面答复鉴定人。

人民法院认为暂时难以对合同或者合同条款的效力、合同条文的理解、证据的采信等法律性问题作出认定，需要在庭审后结合其他证据作出综合认定的，可以要求鉴定人出具多种鉴定意见或者将有争议的事项予以单列。

例如，《造价鉴定规范》第 5.3.5 条对合同条款矛盾的适用规定如下：

5.3.5　鉴定项目合同对计价依据、计价方法约定条款前后矛盾的，鉴定人应提请委托人决定适用条款，委托人暂不明确的，鉴定人应按不同的约定条款分别作出鉴定意见，供委托人判断使用。

在工程造价鉴定实务中，当存在"黑白合同"，或者招投标文件与施工合同约定不一致，或者施工过程中补充协议的约定与施工合同条款约定存在实质性变更等情形，这时会导致出现整体合同效力或者部分合同条款效力认定对工程造价鉴定结果有重大影响，作为鉴定人需要及时将该问题向委托人提出，避免贸然做出鉴定意见而出现不利的影响，导致处于被动的局面。

例如，某建设工程施工项目，发包人采取邀请招标的方式，发出招标文件邀请五家投标人投标，经过发包人自己内部评标，发包人选定某投标人作为中标人，发出了中标通知书，并与该投标人签订了施工承包合同。

发包人在招标文件中约定如下：投标人根据施工图按照当地定额文件自行确定下浮率进行报价，结算时根据投标人的投标下浮率根据定额文件按实计算。

投标人编制了投标报价书，根据定额文件进行组价后投标报价为 1 亿元，根据招标文件规定，投标人投标报价下浮率为 7%，下浮后的投标报价为 0.93 亿元。

发包人和承包人在施工合同中约定如下：本项目采取固定总价包干，包干总价为 0.9 亿元，施工过程中发生的变更部分，对变更部分执行定额文件及同期造价信息价格（造价信息没有价格的采取市场价格）计算后下浮 10%。结算价 = 固定总价 ± 变更 + 签证 ± 其他。

该项目施工完毕，由于存在工程款争议，承包人向人民法院起诉发包人支付拖欠工程价款，人民法院委托鉴定机构对工程造价进行鉴定。鉴定人在鉴定过程中，认为施工合同专用条款中明确对本项目合同文件的优先顺序进行约定如下：合同协议书、合同专用条款、合同通用条款、招投标文件、技术标准和要求、图纸、已标价工程量清单和预算书、其他合同文件，同时本项目为发包人邀请招投标，因此鉴定人直接按照施工合同约定的结算原则，在固定总价 0.9 亿元的基础上，对变更按照定额计算后下浮 10%，再对相关签证等进行计算后，得出相应鉴定意见。

在对鉴定意见书的庭审质证过程中，原告承包人对鉴定意见书提出如下质证意见：

　　关于鉴定人直接按照施工合同结算原则进行鉴定的鉴定方法有误，应按照招投标文件的约定作为结算工程价款的依据，即根据定额文件按实计算后下浮 7% 进行结算，具体理由如下：

1. 根据司法解释的精神，即便当事人在合同中约定了合同文件优先顺序导致合同与招投标文件不一致的，仍然应当以招投标文件作为结算工程价款的根据。

首先，《最高人民法院关于审理建设工程施工合同纠纷案件适用法律问题的解释（一）》（法释〔2020〕25号）第二十二条的规定：

第二十二条　当事人签订的建设工程施工合同与招标文件、投标文件、中标通知书载明的工程范围、建设工期、工程质量、工程价款不一致，一方当事人请求将招标文件、投标文件、中标通知书作为结算工程价款的依据的，人民法院应予支持。

其次，最高人民法院民事审判第一庭编著的《最高人民法院新建设工程施工合同司法解释（一）理解与适用》一书中第229-230页：

三、当事人在合同中约定了合同文件优先顺序导致合同与招投标文件不一致的，能否尊重当事人并约定适用合同约定结算工程价款

……招标人、中标人之间的权利义务关系绝非中标合同文本就能确定，凡是经当事人意思确定的有约束力的文件均为合同的组成部分，中标合同为合同当中的一部分。如何协调这些组成合同的不同文件效力，一方面要考虑当事人的意思自治，另一方面也必须考虑《招标投标法》等法律的规定……因此，只要合同协议书不背离招投标文件的实质性条款，将合同协议书作为第一优先顺序是可以的，应尊重当事人意思自治。但如果合同协议书在实质性条款方面与招投标文件不一致，那么显然这些条款因为违反了《招标投标法》的规定应属无效，不能产生约束当事人的法律效力，仍然应当以招投标文件作为结算工程价款的根据。

因此，案涉工程应当采用招投标文件约定的根据定额文件按实计算下浮7%进行结算，而不是采用施工合同约定的结算原则进行计算。

2. 案涉工程（非国有）虽然不是强制招投标项目，采用的也是邀请招标，但依法仍然应当受到《招标投标法》和司法解释的约束。

首先，根据《招标投标法》第十条的规定：

第十条　招标分为公开招标和邀请招标。

公开招标，是指招标人以招标公告的方式邀请不特定的法人或者其他组织投标。

邀请招标，是指招标人以投标邀请书的方式邀请特定的法人或者其他组织投标。

其次，邀请招标也是招标，属于招投标活动，受《招标投标法》约束。

最高人民法院民事审判第一庭编著的《最高人民法院新建设工程施工合同司法解释（一）理解与适用》一书中第235-237页有对应的说明：

四、对于非必须招标工程项目以中标合同作为结算建设工程价款依据的理解

1. 从《招标投标法》的管辖范围来讲，该法的第二条规定，在中华人民共和国境内进行招投标活动，适用本法……

2. 从《招标投标法》的具体规范条款来讲，并未区分依法必须招标的工程项目和非必须招标的工程项目，而是统一对招标投标活动进行规范……

3. 从招标投标活动的价值和意义来讲……非必须招标工程项目适用《招标投标法》，接受行政管理机关的监督与当事人缔约自由并不矛盾。

4. 对于非必须招标工程项目按照中标合同结算工程价款并未侵犯当事人的合同自由……对于非必须招标工程项目，当事人可以选择通过谈判直接发包的方式缔结合同，可以选择通过中介人从中协调的方式缔结合同，也可以选择通过招标投标的方式缔结合同，该项自由法律并未加以限制。当事人选择通过招标投标方式缔结合同，则自然必须遵守法律确定的规则，而不能将招标投标程序视为可有可无的存在，一旦违反了法律规定，就必须承担法律规定的后果……

再次，最高人民法院民事审判第一庭编著的《最高人民法院新建设工程施工合同司法解释（一）理解与适用》一书中第242页，对招标人自行组织的招标、自愿招标是否适用本条款也做了相应说明：

我们倾向性认为，所谓内部招标在多数情况下并非限于企业内部，有一定的公开性，投标人也具有一定的不特定性……由于内部招标并不是严谨的法律术语，实践中无论内部招标冠以何种名称，都要严格审查其是否属于《招标投标法》规定的招投标活动，在符合《招标投标法》规定的情况下，内部招标中的自主招标、场外招标等活动属于《招标投标法》规范的招投标活动，发生相关争议时应适用《招标投标法》及本解释的规定……

最后，《最高人民法院关于审理建设工程施工合同纠纷案件适用法律问题的解释（一）》（法释〔2020〕25号）第二十三条的规定：

第二十三条　发包人将依法不属于必须招标的建设工程进行招标后，与承包人另行订立的建设工程施工合同背离中标合同的实质性内容，当事人请求以中标合同作为结算建设工程价款依据的，人民法院应予支持。

综上所述，虽然案涉工程采用的是邀请招标，但在施工合同实质性条款约定背离招投标文件时，同样应该按照招投标文件作为结算价款的依据。

2.1.8　鉴定的方法

对于工程造价鉴定的方法，包含计价标准的确定和计算方法的确定。对于计价标准，分为合同约定的计价标准、定额文件计价标准、市场价格计价标准。对于计算方法，分为直接计算和间接计算。涉及计价标准和计算方法不确定或者有争议时，该问题属于法律问题，应由委托人进行认定，鉴定人根据委托人认定的结果进行鉴定。

例如，某"年产××万吨的砂石加工生产线"砂石加工项目产生诉讼争议，原告起诉案情如下：

原告经营砂石加工业务，被告因业务需要加工大批砂石，于是联系原告协商加工事宜。在双方磋商的过程中，原告为满足被告的加工需求则必须重新建立完整的砂石加工生产线，需投入巨大的人力物力，为保障双方权利，原被告于××年××月××日签订了《年产××万吨砂石加工合同》，双方在合同中对价格及结算、双方权利义务及违约责任等作了约定。合同签订后原告按照合同约定，进行了场地的硬化，水力、电力设备的安装，购置了大量的生产设备，投入了大量的人力、物力。生产线基本建设完成后，原告多次要求被告协助办理相关手续，并提供合法使用场地的手续，同时提供生产所需原材料，但被告一直拒绝提供和配合。后原告发函要求被告履行上述义务，否则将解除合同，被告回函告知因政策原因无法办理场地使用的审批手续。

综上所述，原告认为被告无法提供合法使用场地的手续，导致原告无法开展生产，也拒不履行合同义务，导致合同目的无法实现，如继续履行合同，原告的损失将无限扩大。故原告有权要求解除合同，并要求被告赔偿原告的损失。为维护原告的合法权益，特诉至贵院，望判如所请！

庭审过程中，委托人委托鉴定机构对该项目"场地平整和硬化的造价"和"钢材款"两部分进行鉴定。鉴定机构收到鉴定资料并进行现场勘验后，向委托人提出确定鉴定方法的函。

提请委托人确认鉴定方法的函

××鉴函〔20××〕第00××号

致　　重庆市××区人民法院　：

根据贵方的委托，我方正在开展"××与××加工合同纠纷"一案（鉴定委托号：〔20××〕渝××法委鉴字第××号）的工程造价鉴定工作，鉴定范围为"场地平整和硬化的造价"和"钢材款"两部分。

××年××月××日我方收到鉴定委托资料，包含民事起诉状、委托鉴定申请书、鉴定材料质证笔录等。

××年××月××日我方收到鉴定补充资料，包含《年产××万吨砂石加工合同》；保证金收条、付款凭证；混凝土使用量统计、购买水泥、混凝土磅单、施工图纸；《产品销售合同》；《××建材厂设备安装合同》《××建材厂水洗设备安装合同》；钢材过磅单；相关银行交易和微信支付交易明细等。

××年××月××日我方和当事人双方以及委托方一起，进行了现场勘验。

通过对本案鉴定资料进行分析并结合现场勘验情况，本案工程造价鉴定存在如下问题：

1. 当事人双方对工程造价的计价原则没有进行具体约定。

2. 本案没有详细明确的设计施工图（鉴定补充资料中的施工图纸仅为简易的平面和断面示意图，无详细做法和尺寸，且图纸模糊无法识别），也没有工程量的相关过程收方确认资料。

3. 经过现场勘验，无法对本案具体场地硬化混凝土以及钢材等工程量进行实测实量。

根据本案的实际情况，同时根据《建设工程造价鉴定规范》（GB/T 51262—2017）和《重庆市高级人民法院关于建设工程造价鉴定若干问题的解答》（渝高法〔2016〕260号）的相关规定（具体详见附文），为了推动本案鉴定工作的开展，我方结合具体情况提出本案的鉴定方法如下：

1. 本案工程造价的计价原则参照工程所在地的建设工程定额及相关配套文件执行，即参考重庆2018定额及相关配套文件，重庆2018定额没有的参考其他相关定额文件。

2. 对于工程量，采用间接推导的方式进行计算。即根据鉴定补充资料中水泥和砂石的工程量，《重庆市建设工程混凝土及砂浆配合比表》（CQPHBB—2018）的规定，进行反算推导计算实体混凝土的工程量；根据鉴定补充资料中的钢材过磅单，进行统计分析后推导计算实体钢材的工程量。

3. 对于材料价格，采取鉴定补充资料中所列的材料价格，与重庆市住房和城乡建设工程造价总站颁布的同期《重庆工程造价信息》对应的材料价格进行比对，选择两者之中较低的材料价格进行计算。

上述鉴定方法是否合理，还请委托方进行确定，若有不合理之处，还请委托方提出建议。

重庆××工程造价咨询有限公司

××年××月××日

附文

1.《重庆市高级人民法院关于建设工程造价鉴定若干问题的解答》（渝高法〔2016〕260号）关于鉴定方法的规定：

11. 建设工程造价鉴定中，鉴定方法如何确定？

建设工程的计量应当按照合同约定的工程量计算规则、图纸及变更指示、签证单等确定。

建设工程的计价，通常情况下，可以通过以下方式确定：

……

（5）合同未对工程的计价原则作出约定的，参照工程所在地的建设工程定额及相关配套文件计价。

......

2.《建设工程造价鉴定规范》（GB/T 51262—2017）关于工程量计算的规定：

5.4 证据欠缺的鉴定

5.4.1 鉴定项目施工图（或竣工图）缺失，鉴定人应按以下规定进行鉴定：

1.建筑标的物存在的，鉴定人应提请委托人组织现场勘验计算工程量作出鉴定；

2.建筑标的物已经隐蔽的，鉴定人可根据工程性质、是否为其他工程的组成部分等作出专业分析进行鉴定；

3.建筑标的物已经灭失，鉴定人应提请委托人对不利后果的承担主体作出认定，再根据委托人的决定进行鉴定。

2.1.9 法律的适用

法律的适用，是指对于案件性质的认定、当事人责任的认定以及法律条文的适用等均属于法律问题，鉴定人不能在鉴定意见书中直接进行认定或者判断。

例如，某建设工程施工合同诉讼案件，原告向被告主张支付拖欠的工程款，被告提供书面答辩意见如下：

在原告应该计算的工程款中，应该扣除 ×× 元，具体构成如下：

1.罚款 ×× 元

原告因人员组织不到位、私拉乱接电线，高空作业未系安全带，未佩戴安全帽等被罚款。

2.吊篮费用 ×× 元

原告要求所施工楼栋满挂吊篮，班组却因人员组织不够，导致租用吊篮闲置产生的租赁费用，应从原告应该计算的工程款中扣除。

3.代做工 ×× 元

原告没有完成的工作，如腻子修复，交房清洁卫生打扫等，由我司另行组织人员完成。

4.外墙漆用量超量和保温厚度不够，开发商已扣被告 ×× 元，按面积分摊原告应承担×× 元。

上述扣除金额详见证据资料 ××。

鉴定人在鉴定意见书中，对上述内容的鉴定说明如下：

关于被告提供的答辩意见中扣款的说明

被告提供的《答辩意见》第二条，共列举 4 项扣款构成内容。

对于被告提出的代做工扣款部分，×× 年 ×× 月 ×× 日举行的庭前会议（证据交换）第 4 页，原告表示"应扣款资料均不认可"。因此，对于代做工扣款部分，根据被告提供的"应扣款资料"中"计时工签证单"进行计算，该部分纳入选择性意见单独列明。

其中，根据"计时工签证单"计算代做工扣款金额的原则如下：有具体用工明细表的按签证单及明细表数据统计计算；有汇总表但是无对应附件资料的，按汇总表数据统计计算；资料有明显重复的，仅计算一次数据。

对于被告提出的罚款、吊篮闲置的租赁费用、外墙漆用量超量和保温厚度不够等扣款事宜，属于人民法院对合同违约责任的裁判权范畴，未包含在本次工程造价鉴定范围之内。

2.2 专业问题的理解

工程造价鉴定是指鉴定人运用工程造价方面的科学技术和专业知识，对工程造价争议问题中涉及的专门性问题进行判断，工程造价包含量和价两部分。因此，工程造价鉴定中与工程量的计算和计价的具体应用有关的问题，均属于专业问题。

2.2.1 工程量的计算

工程量的计算，是指组成工程造价的工程量的形成过程，包含计算工具的确定、计算方式的确定、计算重复的判断。

1）计算工具的确定

计算工具，是指工程量计算的辅助工具，鉴定人可以根据具体情况选择不同的计算工具进行工程量的计算。

例如，对于房屋建筑工程中钢筋工程量的计算，鉴定人可以使用 Excel 表格，进行逐根钢筋手算；鉴定人也可以使用相关建模算量的软件进行计算。对于建模算量的软件，鉴定人可以在经过造价主管部门认证通过的相关软件厂家中选择某一家进行使用，例如广联达软件、斯维尔软件、鲁班软件等；鉴定人也可以通过使用 CAD 绘图的方式进行钢筋工程量的计算；鉴定人也可以通过使用相关深化设计软件进行钢筋工程量计算；鉴定人还可以通过相关结构设计软件进行钢筋工程量的计算。

2）计算方式的确定

计算方式，是指在确定了使用某种计算工具进行工程量计算时，在该工具中存在多种计算方式而施工合同又没有具体明确时，鉴定人可以根据具体情况选择某种计算方式进行工程量的确定。

例如，对于土石方工程量的计算，鉴定人选用南方 CASS 软件进行工程量计算，在南方 CASS 软件中，存在方格网法、等高线法、断面法、三角网法等不同的计算方式，鉴定人可以根据项目实际情况确定其中一种作为工程量的计算方式。如果鉴定人选用方格网法，又存在 5 米的方格网、10 米的方格网等不同的计算方式，鉴定人又可以根据项目实际情况确定某一种方格网布置作为工程量的计算方式。

3）计算重复的判断

计算重复，是指在工程造价的计算过程中，不同的鉴定资料当中对某一个工程量重复计算，而对于该重复计算的工程量又没有合同约定或者特殊的理由，该重复的工程量不能多次计算，只能计算一次。对工程量计算是否重复的判断，属于鉴定人判断的专业问题。

例如，某建设工程诉讼案件，鉴定资料中施工合同约定，该项目执行项目所在地的重庆 2018 定额文件进行计价。鉴定资料中原告提供了一份签证单，签证单注明该项目旋挖桩施工时，使用了轮胎式起重机对旋挖桩钢筋笼进行垂直吊运，共使用轮胎式起重机（25 t）：××台班，台班单价为：××元 / 台班。

鉴定人在工程造价鉴定过程中，根据施工图计算了旋挖桩钢筋笼的工程量，并使用钢筋笼的定额子目计算出了钢筋笼的工程造价。根据重庆 2018 定额文件关于钢筋笼子目的说明，钢筋笼定额子目只包含水平运输，不包含垂直运输（图 2.1）。

E.3.1.4　钢筋笼（编码：010515004）

工作内容：钢筋制作、水平运输、绑扎、安装、点焊。　　　　　　　　　　　计量单位：t

定　　额　　编　　号						AE0182	
项　　目　　名　　称						钢筋笼	
综　合　单　价（元）						**4520.64**	
费用	其中	人　　工　　费（元）				882.00	
		材　　料　　费（元）				3195.06	
		施工机具使用费（元）				74.96	
		企 业 管 理 费（元）				230.63	
		利　　　　　润（元）				123.64	
		一 般 风 险 费（元）				14.35	
	编码	名　　　　　称	单位	单价（元）		消　耗　量	
人工	000300070	钢筋综合工	工日	120.00		7.350	
材料	010100613	钢筋	t	3070.18		1.025	
	031350010	低碳钢焊条 综合	kg	4.19		6.720	
	002000010	其他材料费	元	—		19.97	
机械	990701010	钢筋调直机 14 mm	台班	36.89		0.190	
	990702010	钢筋切断机 40 mm	台班	41.85		0.120	
	990703010	钢筋弯曲机 40 mm	台班	25.84		0.280	
	990904040	直流弧焊机 32 kV·A	台班	89.62		0.560	
	990910030	对焊机 75 kV·A	台班	109.41		0.045	
	990919010	电焊条烘干箱 450×350×450	台班	17.13		0.034	

图 2.1　钢筋笼子目

根据 2018 定额综合解释二的定额勘误文件说明，钢筋笼定额子目勘误后增加了垂直运输需要使用的轮胎式起重机的消耗量，即钢筋笼定额子目既包含水平运输费用，又包含垂直运输费用。鉴定人在执行钢筋笼定额子目时，使用的是定额勘误后的定额子目，已经包含钢筋笼垂直运输费用，那么鉴定资料中关于旋挖桩垂直运输机械台班签证属于工程量计算重复，不应该再计算该工程量和相关费用。

2.2.2　计价具体应用

计价的具体应用，是指组成工程造价的价格形成过程，包含定额理解和适用、清单理解和适用、工程变更的理解、相关价格的确定等。

1）定额理解和适用

如果施工合同约定执行定额文件计价，那么关于定额计价规则的理解和判断、定额子目套取的选择和换算等属于计价应用的专业问题。

定额计价规则的理解和判断，是指鉴定人应该按照定额文件本身的计价规则要求进行鉴定，不能随意修改规则或者自创规则。

例如，重庆某项目，建设工程施工合同约定执行重庆2008定额文件计价，该项目钢筋、混凝土等主材为甲供材。

在鉴定机构出具的第一版鉴定意见书中，根据重庆2008定额对甲供材首先按照定额文件规定的计价程序进行取费后，然后再扣除甲供材的材料费。在庭审过程中，审判长要求鉴定人套取定额子目时直接删除甲供材的消耗量和定额基价，也就是甲供材不再按照定额文件的计价规则参与取费，鉴定人按照上述规则重新出具鉴定意见书。

鉴定机构根据审判长的要求重新出具了第二版鉴定意见书，第二版鉴定意见书相比第一版鉴定意见书工程造价减少了接近20%。由于甲供材参与取费后再扣除材料费和甲供材直接在定额基价中扣除消耗量和定额基价不参与取费，对鉴定意见书的造价结果影响巨大。审判长在庭审过程中也未意识到对定额计价规则的调整会导致如此重大的变化，因此在庭审笔录中直接明确记录了要求对定额计价规则的修改。鉴定机构当场也未坚持自己的专业主张，庭后直接根据庭审笔录确定的规则出具了新的鉴定意见书，导致该建设工程诉讼案件在后期的审理过程中出现了重大障碍。

该建设工程诉讼案件一审后当事人双方均不服，上诉至二审法院，二审法院审理后发回重审。一审法院重审时又重新面临对定额文件计价规则修改前后两份鉴定意见书，无法从法律角度进行说理和取舍，审判长最终采取了抛开鉴定意见书，直接使用核定建筑面积和市场单价的方式进行了裁判。

这个建设工程诉讼案件本身属于对鉴定专业问题的理解和适用，由于人为修改定额计价规则和鉴定人不对专业问题的坚持而随意按照修改的规则出具鉴定意见书，导致该案件久拖不决，给当事人双方带来了诉累，而且当事人双方对案件的过程和结果，都内心不服，不利于案件的定分止争。

一审过程中，原告代理律师对两份鉴定意见书做出的质证意见如下：

一、造价鉴定报告（××号）的计价原则符合《重庆市建设工程费用定额》（CQFYDE—2008）计价原则规定

案涉工程价款结算计价原则，首先应当根据《重庆市建设工程费用定额》（CQFYDE—2008）标准，锁定直接工程费。其中，参照《2008年重庆市建设工程计价定额综合解释》第1.9条"工程建设中建设单位提供材料实物，施工单位办理工程结算时如何退价？答：建设单位供应材料到施工单位指定堆放点（或仓库），在办理工程结算时，甲供材料数量在预（结）算书（投标报价）数量以内部分，甲供材料费应根据预（结）算书（投标报价）编制的材料价格并扣除下（上）浮比例及施工单位仓管费后，退还给建设单位；甲供材料数量超过预（结）

算书（投标报价）数量部分，甲供材料费按实退还给建设单位"的规定，我们认为，鉴定单位作出的工程造价鉴定报告（××号），先按照《重庆市建设工程费用定额》（CQFYDE—2008）的计价标准计算出工程价款，再减去××公司提供钢筋、混凝土等甲供材料价款的计价原则符合法律规定。

二、造价鉴定报告（××号）鉴定原则不符合《重庆市建设工程费用定额》（CQFYDE—2008）计价原则

1. 根据《重庆市建设工程费用定额》（CQFYDE—2008）第一章总说明第三条："建设工程计价，可采用以下计价办法：（一）定额计价：指按 2008 年重庆市建设工程计价定额及本定额规定计算工程项目所需全部费用的计价办法。"

2. 根据《重庆市建设工程费用定额》（CQFYDE—2008）第二章第一条："建筑安装工程费由直接费、间接费、利润和税金组成。"

3. 根据《重庆市建设工程费用定额》（CQFYDE—2008）第二章第二条第（一）项："直接费由直接工程费和措施费组成。"直接工程费是指施工过程中消耗的构成工程实体的各项费用，包括人工费、材料费、施工机械使用费。其中，材料费是指施工过程中耗费的构成工程实体的原材料、辅助材料、构配件、零件、半成品的费用。

4. 根据《重庆市建设工程费用定额》（CQFYDE—2008）第四章第一条第（一）项："建筑、市政、机械土石方、仿古建筑、炉窑砌筑、建筑修缮工程以定额基价直接工程费为计算基础"，即组织措施费、间接费、利润等均受直接工程费的影响。

即工程造价 = 直接工程费 + 措施费 + 间接费 + 利润 + 安全文明施工费 + 档案编制费 + 税金等。其中，直接工程费 = 人工费 + 材料费 + 施工机械使用费。我们认为 ×× 公司提供的甲供材料（钢筋和混凝土等）当然属于材料费的一部分，如果直接将甲供材料费事先扣除，则意味着改变了定额计价的结构和取费逻辑，严重违反了定额文件规定的计价原则，由此形成的造价鉴定意见当然无效，不能作为证据使用。

同时根据《最高人民法院关于人民法院民事诉讼中委托鉴定审查公告中若干问题的规定》（法〔2020〕202 号）第 11 条的规定，鉴定人应该进行补充鉴定或重新鉴定。

11. 鉴定意见书有下列情形之一的，视为未完成委托鉴定事项，人民法院应当要求鉴定人补充鉴定或重新鉴定：

……

（3）鉴定意见书有其他明显瑕疵的。

补充鉴定或重新鉴定仍不能完成委托鉴定事项的，人民法院应当责令鉴定人退回已经收取的鉴定费用。

定额子目套取的选择和换算，是指在计价过程中，对于相关定额子目的选用、套取、换算、调整等事宜，属于鉴定人对专业问题的理解和判断。

例如，某建设工程项目施工合同约定执行重庆 2018 定额文件计价，对于该项目中的钢结构工程部分，鉴定人可以认为应该套取房屋建筑与装饰工程计价定额中的钢构件制作、钢构件安装、钢构件运输、钢构件除锈、钢构件油漆涂刷、钢构件防火涂料等定额子目。鉴定人也可以认为根据该项目的具体情况，应该执行《2018 年重庆市建设工程计价定额综合解释（三）》第 3.3 条说明文件，具体如下文所示。钢结构工程部分只套取钢构件安装和钢构件防火涂料定额子目，钢构件制作和钢构件运输、钢构件除锈、钢构件油漆涂刷等已经在造价信息钢构件成品构件价格中包含，不再单独套取定额子目计算，同时对企业

管理费和利润的费率按照定额文件规定的标准乘以 1.4 的调整系数。

3.3 金属结构工程的钢构件由施工企业委托外加工或购买成品构件时，如何执行定额？企业管理费、利润标准是否调整？

答：钢构件由施工企业委托外加工或购买成品构件时，执行相应钢构件安装定额，钢构件按成品构件价格计入定额材料费中，钢构件制作定额不再执行；企业管理费、利润标准乘以 1.4 的系数。

2）清单理解和适用

如果施工合同约定执行清单计价，那么关于相同清单的判断和适用、相似清单的判断和调整、没有清单重新组价确认、清单重复的理解判断等属于计价应用的专业问题。

相同清单的判断和适用，是指工程量计算后，该工程量必须计入哪个清单，与哪个清单的描述相适用等。相似清单的判断和调整，是指某工程量虽然不存在完全一致的适用清单，但存在与某清单相似，那么对该工程量只需要以相似清单为基础，调整变化之处即可。没有清单重新组价确认，是指某工程量没有任何相同或者相似清单适用，需要对该清单根据合同约定的变更组价原则进行重新组价确认。清单重复的理解判断，是指某工程量已经在某对应的清单中进行了计价，在另外与该清单重复的其他清单就不能再单独计量计价。

对于相似清单的判断标准，现行的清单计价规范中没有明确的说明和界定，在广东省建设工程标准定额站 2021 年 6 月 2 日做出的《关于河源电厂热网蒸汽管道工程计价争议的复函》（粤标定函〔2021〕110 号）中，对于相似清单的判断标准明确为施工工序、施工工艺以及验收规范、技术标准相同，在实务中值得借鉴。

（一）关于直埋预制保温管计价的争议

本项目蒸汽地埋管道，合同工程量清单中有"直埋预制保温管 $\phi159\times4.5/\phi530\times10$"清单子目，但规格型号"$\phi133\times4/\phi530\times10$"在合同工程量清单缺项。发包人认为，此预制管道应套用的定额子目，芯管管道安装子目＋安装定额中 C.6.2 管件连接章的加热外套碳钢管件（两半）子目。承包人认为，此前施工结算中对同样问题，省标定站回复并作出指导，应按省标定站粤标定函〔2019〕143 号文指示套用相应子目计价，且投标报价时也是采用此文件计价。

我站认为，粤标定函〔2019〕143 号文解决的争议是"外护管割瓦组对安装碰头，在市政定额的两个定额项目套用哪个更合理？"与本次争议事项不同，因此并不适用。

依据合同专用条款 10.4.1"合同中有类似单项的参考类似单项结算，合同中没有类似单项的，参考广东省地方定额计价并采取总价下浮 5% 结算"。"直埋预制保温管 $\phi159\times4.5/\phi530\times10$"与"直埋预制保温管 $\phi133\times4/\phi530\times10$"在施工工序、施工工艺以及验收规范、技术标准上相同，只是芯管规格由"$\phi159\times4.5$"调整为"$\phi133\times4$"，属于"类似清单"，因此可采用"直埋预制保温管 $\phi159\times4.5/\phi530\times10$"的清单单价替换芯管主材的方式计价。

3）变更理解和适用

对于变更，分为两种情形，分别是设计变更和工程变更。

对于设计变更，是指由设计院出具并加盖相应印章的正式设计变更通知单，分为一般设计变更和重大设计变更。在一般的施工承包合同中，设计变更是施工图的一个组成部分，设计变更对应的内容应根据施工合同约定的计量原则正常计价。但是在某些工程总承包施工合同中，会约定一般设计变更在结算时不予计量计价，重大设计变更才能在结算中单独计量计价。

例如，某工程总承包施工合同约定如下：

1. 词语定义和解释

重大设计变更：指《重庆市房屋建筑和市政基础设施工程勘察设计变更管理办法》规定的以下设计变更：（1）《重庆市房屋建筑和市政基础设施工程重大设计变更分类表》所列变更内容；（2）其他涉及工程建设标准强制性条文、公共利益、公众安全的变更内容；（3）法律、法规、规章规定的其他重大设计变更内容。

一般设计变更：指除重大设计变更外的其他设计变更。

2. 变更执行

2.1　一般设计变更和重大设计变更

一般设计变更：承包人收到监理人下达的变更指示后，应按照监理人下达的变更指示执行，并书面说明实施该变更指示对合同工期的影响，合同价格不作调整。

重大设计变更：需经设计人、监理人和发包人三方签字认可并报原施工图审查机构审查，审查合格后由发包人报具有管理权限的城乡建设主管部门审查备案后实施。合同价格调整按照第 13.3.3.1 目［变更估价原则］约定执行，变更导致总投资超概的，应当报原投资概算核定部门核定。

对于工程变更，是在建设工程施工合同履约过程中，凡是涉及与合同签订时对应的内容发生了变化和调整的地方，均通常理解为工程变更。一般情况下，施工合同会对工程变更的范围做相应的约定，例如《建设工程施工合同（示范文本）》（GF-2017-0201）中通用条款 10.1 条对变更的范围约定如下：

10.1　变更的范围

除专用合同条款另有约定外，合同履行过程中发生以下情形的，应按照本条约定进行变更：

（1）增加或减少合同中任何工作，或追加额外的工作；

（2）取消合同中任何工作，但转由他人实施的工作除外；

（3）改变合同中任何工作的质量标准或其他特性；

（4）改变工程的基线、标高、位置和尺寸；

（5）改变工程的时间安排或实施顺序。

对于工程变更的内容，有时不会对合同价格产生影响，不需要调整合同价格；有时会对合同价格产生影响，需要调整相应的合同价格。对于工程变更是否需要调整合同价格以及如何调整合同价格，属于鉴定人对计价具体应用的专业问题。在施工合同没有相应约定时，可以参考《建设工程施工合同（示范文本）》（GF-2017-0201）和《建设工程工程量清单计价规范》（GB 50500—2013）的相关规定执行。

《建设工程施工合同（示范文本）》（GF-2017-0201）对变更估价的规定如下：

10.4　变更估价

10.4.1　变更估价原则

除专用合同条款另有约定外，变更估价按照本款约定处理：

（1）已标价工程量清单或预算书有相同项目的，按照相同项目单价认定；

（2）已标价工程量清单或预算书中无相同项目，但有类似项目的，参照类似项目的单价认定；

（3）变更导致实际完成的变更工程量与已标价工程量清单或预算书中列明的该项目工程量的变化幅度超过15%的，或已标价工程量清单或预算书中无相同项目及类似项目单价的，按照合理的成本与利润构成的原则，由合同当事人按照第4.4款〔商定或确定〕确定变更工作的单价。

《建设工程工程量清单计价规范》（GB 50500—2013）对工程变更导致措施项目发生变化时以及发包人删减工作内容时的调整规定如下：

9.3.2　工程变更引起施工方案改变并使措施项目发生变化时，承包人提出调整措施项目费的，应事先将拟实施的方案提交发包人确认，并应详细说明与原方案措施项目相比的变化情况。拟实施的方案经发承包双方确认后执行，并应按照下列规定调整措施项目费：

1.安全文明施工费应按照实际发生变化的措施项目依据本规范第3.1.5条的规定计算。

2.采用单价计算的措施项目费，应按照实际发生变化的措施项目，按本规范第9.3.1条的规定确定单价。

3.按总价（或系数）计算的措施项目费，按照实际发生变化的措施项目调整，但应考虑承包人报价浮动因素，即调整金额按照实际调整金额乘以本规范第9.3.1条规定的承包人报价浮动率计算。如果承包人未事先将拟实施的方案提交给发包人确认，则应视为工程变更不引起措施项目费的调整或承包人放弃调整措施项目费的权利。

9.3.3　当发包人提出的工程变更因非承包人原因删减了合同中的某项原定工作或工程，致使承包人发生的费用或（和）得到的收益不能被包括在其他已支付或应支付的项目中，也未被包含在任何替代的工作或工程中时，承包人有权提出并应得到合理的费用及利润补偿。

4）相关价格的确定

对于相关价格的确定，主要分为材料信息价格的使用、材料市场价格的确定、单项市场价格的确定等。

如果施工合同约定材料价格执行造价主管部门发布的信息价格，那么对于材料信息价格的理解和使用，属于专业问题。

例如，某建设工程项目施工合同约定执行重庆造价信息，重庆造价信息在说明中表述："材料信息价包括含税或不含税的材料原价（供应价）、运渣费、运输损耗费，不包括采购及保管费，为材料自来源地运至工地仓库或指定堆放地点的工地价格。"

根据重庆 2018 费用定额关于采购及保管费的如下说明：

采购及保管费 =（材料原价 + 运杂费）×（1+ 运输损耗率）× 采购及保管费率。

承包人采购材料、设备的采购及保管费率：材料 2%，设备 0.8%，预拌商品混凝土及商品湿拌砂浆、水稳层、沥青混凝土等半成品 0.6%，苗木 0.5%。

发包人提供的预拌商品混凝土及商品湿拌砂浆、水稳层、沥青混凝土等半成品不计取采购及保管费；发包人提供的其他材料到承包人指定地点，承包人计取采购及保管费的 2/3。

因此，鉴定人在鉴定过程中对于材料价格，使用造价信息发布的材料信息价格乘以（1+定额规定的采购保管费费率），作为材料的结算价格。

对于材料市场价格的确定，是指合同约定材料执行造价信息的价格，但是某材料没有造价信息的价格，施工过程中也没有相应的材料核价单，鉴定人可以根据市场行情确定该材料的市场价格作为结算价格。

对于某项分部分项或单项工程，或者特殊的施工工艺和施工做法，定额文件中没有相应的定额子目使用，也不存在类似的定额子目可以换算调整借用。对于该分部分项或单项工程，鉴定人可以在根据市场行情调研了解分析后，确定该分部分项或单项工程的全费用综合单价乘以实际完成工程量作为结算价格，不再对该分部分项或单项工程套取定额子目进行相应取费后计价。

2.3　法律问题和专业问题的竞合

法律问题和专业问题的竞合，是指在工程造价鉴定过程中，某些问题既可以理解为造价专业问题，又可以由鉴定人直接做出专业判断；同时该问题也可以理解为法律相关问题，可以由委托人根据审判情况做出法律判断，对于该类具有两个属性的问题，我们称为法律问题和专业问题的竞合。典型的法律问题和专业问题的竞合存在十种情形，分别是结算条款的理解、工程量计算争议、特殊重复的判断、签证收方的判断、措施变更的判断、未完工程的计算、事实因果的判断、新增单价的确定、材料调差的确定以及证据关联性判断。

2.3.1　结算条款的理解

结算条款，属于建设工程施工合同中影响当事人双方核心利益的条款。对于结算条款的理解,既可以属于一般的合同理解范畴,根据《造价鉴定规范》的规定,对施工合同存在不同的理解时需要委托人进行确定,因此站在该视角,结算条款存在不同理解时可以归属于法律问题。结算条款的理解,也可以属于施工合同理解中与造价相关的特殊专业判断范围,根据《造价鉴定规范》的规定,与造价相关的结算条款存在不同理解,鉴定人可以从专业的角度直接做出判断。

例如,某建设工程施工合同关于合同价格的结算条款约定如下:

根据《建设工程工程量清单计价规范》(GB 50500—2013)及本工程承包范围内的施工图纸、设计变更、技术核定单、基础超深等有效文件计算工程量;根据《××省建设工程清单计价管理办法》、××年《××省建设工程工程量清单计价定额》及相关配套文件、相关规范、标准进行计价;定额人工费按××省、××市同期相关调整文件执行;材料价格按签订施工合同当月的××省××市(××县)的信息价(信息价中没有的由双方通过市场询价确定)进行结算,施工期间钢材、商品混凝土价差超过5%,按超出部分予以调整(施工期间须经发包人、承包人、监理三方共同书面确认),按核定的企业取费标准费率取费编制工程竣工结算书(其中安全文明施工费按现场打分表计算),结算书经审核通过后,按审核结果金额下浮10%(税前)办理结算。

该项目在工程造价鉴定过程中,对于结算条款中关于"审核结果金额下浮10%(税前)办理结算"当事人双方存在不同的理解,原告承包人认为税前下浮,就是税金不参与下浮,应该按照下浮前的造价作为基数计取完整的税金;被告发包人认为税前下浮,就是应该在计算税金前先对造价进行下浮,按照下浮后的造价再来计算税金。两者之间的计算差异见表2.1、表2.2。

表 2.1　税金不参与下浮的结算理解方式

费用编号	费用名称	计算公式	计算说明
A	1.分部分项及单价措施项目	—	按照 ×× 定额及配套文件执行
B	2.总价措施项目	—	按照 ×× 定额及配套文件执行
B.1	2.1 其中安全文明施工费	—	按照 ×× 定额及配套文件执行
C	3.其他项目	—	按照 ×× 定额及配套文件执行
D	4.规费	—	按照 ×× 定额及配套文件执行
E	5.创优质工程奖补偿奖励费	—	按照 ×× 定额及配套文件执行
F	6.税前工程造价	A+B+C+D+E	
G	7.销项增值税税金	F × 增值税税率9%	
H	8.工程造价	F+G	
J	9.下浮10%	F × 10%	税金不参与下浮
K	10.结算造价	H−J	工程造价 − 下浮10%

表 2.2　税金参与下浮的结算理解方式

费用编号	费用名称	计算公式	计算说明
A	1. 分部分项及单价措施项目	—	按照 ×× 定额及配套文件执行
B	2. 总价措施项目	—	按照 ×× 定额及配套文件执行
B.1	2.1 其中安全文明施工费	—	按照 ×× 定额及配套文件执行
C	3. 其他项目	—	按照 ×× 定额及配套文件执行
D	4. 规费	—	按照 ×× 定额及配套文件执行
E	5. 创优质工程奖补偿奖励费	—	按照 ×× 定额及配套文件执行
F	6. 税前工程造价	A+B+C+D+E	
G	7. 下浮 10%	F×10%	
H	8. 下浮 10% 后税前工程造价	F−G	
J	9. 销项增值税税金	（F−G）×9%	以下浮后的税前造价作为税金计算基数
K	10. 结算造价	H+J	

对于税金不参与下浮的结算理解方式，结算造价 =H−J=（F+G）−（F×10%）=（F+F×9%）−F×10%=F−F×1%=0.99F。

对于税金参与下浮的结算理解方式，结算造价 =H+J=（F−G）+（F−G）×9%=F−F×10%+（F−F×10%）×9%=0.9F+0.09F−0.009F=0.99F−0.009F。

两种结算理解方式之间相差的金额为 0.009F，假定税前工程造价 F 为 1 亿元，两种结算理解方式之间相差的金额约为 90 万元。

对于税前下浮的结算条款理解方式，某项目的鉴定人认为根据造价行业的通用做法，是先进行税前造价下浮，再根据下浮后的造价计算税金得出结算造价。因此鉴定人按照税金参与下浮的方式做出确定性意见，供委托人参考，委托人按照鉴定人的确定性意见做出了相应判决。

某项目的鉴定人认为税前下浮的不同理解属于法律问题，因此分别按照税金不参与下浮和税金参与下浮两种不同的理解方式，分别做出选择性意见，供委托人参考。委托人认为，税金属于国家相关法定机构规定的必须强制性交纳的费用，应按照法定机构规定的税率足额计算，不应对税金进行下浮。委托人在判决书中选择了税金不参与下浮的选择性意见，并做出了相应判决。

2.3.2　工程量计算争议

工程量计算争议，是指在工程造价鉴定过程中，涉及工程量的计算规则理解、工程量施工相关问题的认定等存在争议，对于该类争议，既可以理解为与工程造价相关的专业问题，由鉴定人根据专业理解做出判断和专业事实的认定即可，也可以认为该争议属于法律问题，应由委托人根据审判情况做出法律认定。

对于工程量计算争议，实务中主要涉及计算规则的执行争议、是否应该计算的争议、是否同意施工的判断等。

1）计算规则的执行争议

如果施工合同对工程量的计算规则约定不明，定额文件或者清单计算规则本身对工程量计算规则约定存在理解歧义，或者当事人双方在施工过程办理签证收方资料、核价单等经济资料过程中，对工程量计算规则没有约定或者约定不清楚，均会导致对工程量计算规则的执行争议。

例如，某建设工程施工纠纷案件，施工合同约定执行当地定额文件计价。对于门窗工程和栏杆工程，施工过程中双方办理了按实结算定价表，相关表述说明如下：

为顺利推动重庆××项目的工程建设，双方就本工程存在的有关问题共同讨论，经双方沟通协商达成一致意见，签订本定价表。

……

为避免结算争议，将以下材料按全费用综合包干单价进入按实计算费用进行结算，综合单价如下：

塑钢门窗：××/m²；

避难间钢制防火窗：××/m²；

百叶窗：××/m²；

玻璃栏杆（1 100 mm）：××/m；

护窗栏杆（950 mm）：××/m。

该项目在工程造价鉴定过程中，对于门窗和栏杆按实计算当事人双方存在不同的理解。原告承包人认为，门窗和栏杆按实计算是指价格按照双方核定的全费用单价按实计算，工程量应该按照当地定额文件规定的计算标准，按照门窗洞口尺寸和栏杆图示尺寸计算。被告发包人认为，门窗和栏杆按实计算，是指门窗和栏杆均按照实际施工尺寸计算，也就是门窗应该按照门窗外框尺寸计算，不应该计算门窗洞口与门窗外框之间的空隙量；栏杆应该按照墙体保温施工完毕后外露栏杆实际长度尺寸计算，不应该计算栏杆深入保温工程与墙体或者混凝土固定部分的长度尺寸。

该项目鉴定人认为双方签署的定价表中关于工程量计算约定存在不同理解，属于法律问题，因此需根据不同的理解分别出具选择性意见，供委托人参考使用。

原告委托的专家辅助人在庭审过程中针对鉴定意见书发表的质证意见如下：

门窗工程量应按照清单规范约定规则计算列入确定性意见

根据当事人双方于××年××月××日签订的补充协议约定，塑钢门窗、百叶窗、防火窗、防盗门等门窗工程，按全费用综合包干单价进入按实计算费用进行结算。

本项目施工合同约定执行 ×× 定额计价，按实计算费用，是指该部分内容不再按照合同约定套取相应定额计价，而是按照双方补充协议约定的综合单价按实计算。

门窗工程按实计算的费用 = 工程量 × 综合单价，补充协议中对门窗工程相关项目的综合单价进行了明确，对工程量的计算规则没有进行约定，属于合同约定不明的情形。

根据《民法典》第五百一十条的规定：

第五百一十条　合同生效后，当事人就质量、价款或者报酬、履行地点等内容没有约定或者约定不明确的，可以协议补充；不能达成补充协议的，按照合同相关条款或者交易习惯确定。

根据上述规定，对于合同约定不明确时，按照合同相关条款和交易习惯确定。工程造价领域对于工程量计算的交易习惯，是依据《房屋建筑与装饰工程工程量计算规范》（GB 50854—2013）来执行的。根据《房屋建筑与装饰工程工程量计算规范》（GB 50854—2013）的说明，金属门、金属窗工程量计算均为："按设计图示洞口尺寸以面积计算。"（具体详见图 ××，图略）

因此，门窗工程应按照 ×× 年 ×× 月 ×× 日签订的补充协议约定的综合单价，工程量按照《房屋建筑与装饰工程工程量计算规范》（GB 50854—2013）的说明，按设计图示洞口尺寸以面积计算后进入确定性意见。

鉴定意见书没有按照基本的合同理解规则去解读合同，仅凭主观思维认为按实计算可以理解为按框外侧净面积计算工程量，忽略了合同未明确约定的解读原则以及行业交易习惯《房屋建筑与装饰工程工程量计算规范》（GB 50854—2013）的明确规定，属于不合理。

注：对于栏杆工程量的计算，属于类似的问题，根据《房屋建筑与装饰工程工程量计算规范》（GB 50854—2013）的说明，栏杆按设计图示以扶手中心线长度（包括弯头长度）计算（具体详见图 ××，图略），因此栏杆应该按设计图标注图示长度计算工程量，不应扣减栏杆两侧抹灰和外墙装饰做法。

该项目鉴定人在庭审质证过程中，仍旧坚持门窗和栏杆工程量计算存在不同理解的争议，属于法律问题，应该按照不同的理解列入选择性意见，由委托人进行判断。委托人在判决书中采纳了原告承包人的主张，认为虽然双方签署的结算定价表没有明确工程量计算规则，但是根据清单计价规范和当地定额文件规定的计算规则，门窗工程按照洞口尺寸计算工程量，栏杆工程按照设计图示尺寸计算，应该执行清单计价规范和当地定额文件关于工程量计算规则的规定。

2）关于是否计算工程量的争议

对于施工过程中发生的工程量施工事项，由于存在未按照合同约定编制相关施工方案或者履行相关签证收方的程序，在结算造价中是否计算该工程量产生争议。鉴定人可以认为对该事项的认定属于造价专业问题，直接做出专业判断；鉴定人也可以认为该事项属于法律问题，应该做出选择性意见，由委托人进行判断使用。

例如，某建设工程项目，施工合同约定执行当地定额文件进行计价。该项目在造价鉴定过程中，对于施工过程中发生的外脚手架垫层工程量是否计算当事人双方存在不同的意见。

被告发包人认为，施工合同明确约定，定额文件规定按实计算的内容，在施工过程中均需要在施工组织设计中体现具体做法，再根据实际施工情况办理相应签证收方资料，根据签证收方情况进入结算。承包人编制的施工方案中未体现有外脚手架垫层施工内容，承包人也未办理外脚手架垫层施工的签证收方资料，因此不应该计算外脚手架垫层工程量。

原告承包人认为，虽然施工组织设计中未体现外脚手架垫层施工内容，但是本项目垫层施工是安监站现场检查时提出需要增加的施工内容，而且目前施工现场也能直观地看见垫层施工的工作内容，虽然施工过程中未办理签证收方资料，但是可以通过现场勘验的方式对外脚手架垫层工程量进行确定。根据《造价鉴定规范》第5.4.2条的规定，对于外脚手架垫层工程量可以通过现场勘验确定，鉴定人应该提请委托人组织现场勘验，并根据勘验结果计算外脚手架垫层的工程量。

5.4.2 在鉴定项目施工图或合同约定工程范围以外，承包人以完成了发包人通知的零星工程为由，要求结算价款，但未提供发包人的签证或书面认可文件，鉴定人应按以下规定作出专业分析进行鉴定：

1. 发包人认可或承包人提供的其他证据可以证明的，鉴定人应作出肯定性鉴定，供委托人判断使用；

2. 发包人不认可，但该工程可以进行现场勘验，鉴定人应提请委托人组织现场勘验，依据勘验结果进行鉴定。

对于外脚手架垫层工程量计算的争议，鉴定人认为施工合同结算条款中明确约定，定额文件按实计算部分内容需要在施工方案中描述后，再根据实际情况办理签证收方资料进行计算。同时根据定额文件的相关说明如下："各项脚手架消耗量中未包括脚手架基础加固。基础加固是指脚手架立杆下端以下或脚手架底座以下的一切做法（如混凝土基础、垫层等），发生时按批准的施工组织设计计算。"承包人未按照合同结算条款的约定履行，也未按照定额文件的规定履行，因此不计算外脚手架垫层工程量。

3）关于是否同意施工的判断

在施工过程中，经常会发生合同范围之外的施工内容，以及对施工图未注明的内容进行施工。对于超合同范围和超施工图注明的施工内容对应的工程量要进入结算造价，有一个重要的前提是要判断发包人对上述施工内容是否同意承包人进行施工。对于同意施工的判断，鉴定人可以理解为属于专业判断范畴，鉴定人可以根据相关鉴定资料在做出专业判断后给出相应的鉴定意见；鉴定人也可以把同意施工的判断理解为法律问题，在对该问题做出选择性意见后，由委托人进行判断使用。

例如，某建设工程项目，施工合同约定使用当地定额文件进行计价。该项目在造价鉴定过程中，对于外墙混凝土面抹灰工程量是否计算产生了争议。

原告承包人认为，外墙混凝土面进行了抹灰施工，在验收资料中也体现了抹灰施工内容，应该按照实际施工和验收资料计算抹灰工程量。

被告发包人认为，外墙混凝土面设计施工图要求为基层处理，并未要求进行外墙抹灰施工，承包人未征得发包人同意而自己进行抹灰施工，不应该计算该抹灰工程量。

鉴定人在正式鉴定意见书中，计算了该外墙抹灰工程量，同时对发包人的异议做出了相应回复：外墙混凝土墙面抹灰根据外墙抹灰隐蔽报验收表、质量验收记录表等进行计算。

在庭审过程中对鉴定意见书的质证环节，被告发包人委托的专家辅助人对上述事项发表质证意见如下：

住宅外墙混凝土面抹灰部分计算工程造价不合理

目前鉴定意见书对住宅外墙混凝土面计算了××元的外墙面混凝土抹灰工程造价，详见鉴定意见书P××页，具体如图××（图略）所示：

根据鉴定单位对××公司异议的回复，鉴定意见书计算外墙混凝土面抹灰的依据为：外墙混凝土面抹灰根据外墙抹灰隐蔽报验收表、质量验收记录计算。

根据本项目实际情况，对于外墙混凝土面抹灰不应计算工程造价，具体理由如下：

理由一

根据本项目设计施工图建筑图中的《建筑构造做法表》（具体详见图××，图略），本项目住宅外墙混凝土面不需要进行抹灰。设计施工图未要求的施工内容，当然不能计算工程造价。

理由二

根据朴素生活常识，如果我们去买一部手机，我们只要求购买手机本身，不要求购买手机壳，但是如果商家担心手机容易摔坏而额外给我们配置了一个手机壳，我们也只会向商家支付手机本身的费用，不会额外支付我们未要求购买的手机壳的费用。同样的道理，设计施工图代表着发包人的采购要求，设计施工图不要求的施工内容，承包人基于其他考量额外施工的内容当然不能单独计算费用。

理由三

根据重庆市建设工程造价管理协会和重庆市土木建筑学会工程造价分会2021年12月发布的《重庆市建设工程造价鉴定执业指引（试行）》"第三章　鉴定工作指引"关于工程量的鉴定中明确规定如下：

"工程量的鉴定应当按照合同约定的工程量计算规则、图纸、设计变更、业主指令、工程签证等确定。"根据上述规定，工程量明确应该按照设计图纸、设计变更、业主指令和工程签证计算，在设计图纸有明确说明外墙混凝土不需要抹灰的情况下，不应该直接按照外墙抹灰隐蔽报验收表、质量验收记录等资料计算抹灰混凝土工程量。

理由四

在××公司向××公司发出的工作联系函（该函件有××公司签收记录）中，明确档案资料不作为最终的工程结算依据。因此外墙抹灰隐蔽报验收表、质量验收记录等资料计算不直接作为结算抹灰工程量的依据。

理由五

《最高人民法院关于审理建设工程施工合同纠纷案件适用法律问题的解释（一）》第二十条规定，对于施工图上注明不需要施工的工程量有争议，应该按照过程形成的签证文件确认，如果没有过程签证，需要承包人证明发包人同意其施工后，才能参考其他资料确认实际发生的工程量计算。

第二十条　当事人对工程量有争议的，按照施工过程中形成的签证等书面文件确认。承包人能够证明发包人同意其施工，但未能提供签证文件证明工程量发生的，可以按照当事人提供的其他证据确认实际发生的工程量。

本项目××公司未提供外墙混凝土面抹灰的工程量签证文件，也未提供发包人同意其施工的证据资料，根据《最高人民法院关于审理建设工程施工合同纠纷案件适用法律问题的解释（一）》，外墙混凝土面抹灰的工程量也不应该计算。

最后，假定××公司对外墙混凝土抹灰施工的事实存在，根据《造价鉴定规范》第5.11.4条的规定，鉴定意见书也应该把该外墙混凝土抹灰部分的工程造价作为选择性意见单列，供委托人判断使用，直接把外墙混凝土抹灰部分的工程造价作为确定性意见不合理。

5.11.4 当鉴定项目合同约定矛盾或鉴定事项中部分内容证据矛盾，委托人暂不明确要求鉴定人分别鉴定的，可分别按照不同的合同约定或证据，作出选择性意见，由委托人判断使用。

该项目鉴定人在庭审质证过程中，认为按照现场实际施工情况并结合相关验收资料计算外墙抹灰工程量符合相关规范规定，对专家辅助人的意见不予采纳。

2.3.3 特殊重复的判断

特殊重复的判断，是指在工程造价鉴定过程中，工程量和清单存在特殊重复的地方，需要对特殊重复内容做出判断，明确该重复内容是否单独计量或计价。对于特殊重复的判断，鉴定人可以理解为属于专业判断范畴，并可根据相关鉴定资料做出专业判断后给出相应的鉴定意见；鉴定人也可以把特殊重复的判断理解为法律问题，对特殊重复内容对应的工程造价进行单列说明，由委托人进行判断使用。

1）工程量特殊重复的判断

工程量特殊重复，是指施工合同中明确约定某工程量不计算费用，但是在实际施工过程中，由于其他某种情形或者原因对该工程量办理了签证单或者核价单，这种情形下需要对工程量特殊重复进行判断，是否能单独计算进入结算造价。

例如，某建设工程项目，施工合同约定根据当地定额文件进行计价。施工合同中关于混凝土泵送费约定如下：

预拌商品混凝土按每月《××工程造价信息》《××建设工程价格信息》××地区同期信息公布的算术平均值作为结算价……混凝土泵送按 A 元 $/m^3$ 包干……

施工过程中，发包人和承包人双方办理了一份核价单，其中列明一项"泵送配合费"，承包人报送单价为 B 元 $/m^3$，发包人核定单价为 C 元 $/m^3$。

该项目在造价鉴定过程中，对于混凝土泵送包干费和混凝土泵送配合费的计算，当事人双方存在不同的意见。

原告承包人认为，根据施工合同约定和核价单的注明，本项目应该分别按照 A 元 $/m^3$ 计算混凝土泵送包干费和 C 元 $/m^3$ 的混凝土泵送配合费。

被告发包人认为，混凝土泵送包干费中本身已经包含了混凝土泵送配合施工的内容，对于核价单中的混凝土泵送配合费不应该单独再计算。

鉴定人认为，施工合同约定混凝土泵送按照 A 元 /m³ 包干计算，因此对混凝土应该按照合同约定计算 A 元 /m³ 混凝土泵送包干费。混凝土泵送配合施工，属于相关混凝土构件浇筑施工的辅助施工工作内容，该工作内容已经在相关混凝土浇筑定额子目中包含，因此不应该单独再计量计价，对于核价单中的 C 元 /m³ 混凝土泵送配合费不再单独计算。因此，鉴定人在正式鉴定意见书中通过专业判断，计取了混凝土泵送包干费，未计算混凝土泵送配合费。

2）清单特殊重复的判断

清单特殊重复，是指施工合同所附清单文件中，清单项与清单项之间存在重复的内容。这种情形下，需要对该清单重复的地方进行判断，是否要对清单重复的地方进行造价扣减。

例如，某土石方工程项目，发包人起诉承包人要求退还超付的工程款，施工合同约定执行清单计价，合同所附清单文件中有如下两个清单：

清单一：土石方平基，项目特征中注明包含场内运输及场外运输 1 km，暂定工程量为 A m³，综合单价为 B 元 /m³。

清单二：土石方增运 1 km，项目特征中注明为土石方每增运 1 km，不足 1 km 按照插入法计算，暂定工程量为 A m³，综合单价为 C 元 /m³。

该项目在造价鉴定过程中，鉴定人认为"土石方平基清单"与"土石方增运 1 km"存在清单工作内容的特殊重复，鉴定人在鉴定意见书中的相关表述如下：

本项目土石方平基清单对应的工作内容包含场内运输及场外运输 1 km，本项目鉴定资料中无土石方场外运输的资料支撑，因此对土石方平基单价按照（$B-C$）进行扣减乘以土石方工程量计算后（即在土石方平基综合单价的基础上扣除土石方运输 1 km 的综合单价）作为确定性意见，对于土石方增运 1 km 乘以土石方工程量计算后的全额单独列明，是否扣减由委托人判断使用。

在庭审过程中对鉴定意见书的质证环节，被告承包人委托的专家辅助人对上述事项发表质证意见如下：

关于平基土石方综合单价扣减场外运输 1 km 费用不恰当

根据施工合同附件 1《工程量清单综合单价报价表》中"土石方平基及道路路基工程挖填运"清单项目特征和主要工作内容描述如下：

土石方运距：包括场内运输及场外运输 1 km。

该描述的本意是：实际施工过程中，土石方不管是实际采取场内运输的方式，或者实际是采取场外运输 1 km 以内的方式，均执行施工合同约定的综合单价 B 元 /m³ 进行结算，不因施工方式或者施工方法的不同而调整。

目前鉴定机构以土石方无场外运输的资料支撑，认为土石方没有采取外运的施工方式，因此在土石方综合单价 B 元 /m³ 中要额外扣除 C 元 /m³ 的外运费用，属于没有按照合同约定执行。按照鉴定机构的合同理解逻辑，在"土石方平基"清单主要工作内容存在如下描述：

3.……工程周边社会关系协调、地块内电力线路、变电站、铁塔基础保护费用、石方机械凿打、软弱地基选石回填费用、水田区域按设计要求处理、红线外 200 mm 内构建筑物保护费用……

4. 排水及抽水……淤泥换填、抛石挤淤。

5. 场内外行驶道路洒水养护、土工试验……

如果按照鉴定机构的鉴定逻辑，目前同样无资料证明施工现场发生了社会关系协调、变电站和铁塔保护措施、软弱地基回填、水田处理、排水及抽水、淤泥换填、抛石挤淤、道路洒水养护、土工试验等事项，那么上述内容同样要在土石方综合单价 B 元 /m3 中扣除，这显然是不符合基本逻辑和基本常识的。

同时，假定在鉴定机构上述理解成立的前提下，根据"谁主张、谁举证"的基本原则，对于施工现场土石方是否存在外运的情况也应该由原告进行举证，如果原告不能举证证明，也应该由原告承担举证不能的不利后果。鉴定机构单方面把举证责任归属于被告，认为目前无场外运输的支撑资料，在鉴定意见中对土石方综合单价扣除场外运输费用的处理，不合理也不合规。

关于对土石方综合单价不当扣减场外运输 1 km 费用导致工程造价的影响金额为 ×× 元。

该项目鉴定人在庭审质证过程中，认为按照鉴定意见书对清单重复部分进行单独列明，是否扣减由委托人判断使用，符合鉴定规范的规定。委托人在判决书中，采纳了专家辅助人的意见，认为"土石方平基清单"不应该扣除"土石方增运 1 km"的综合单价，应根据施工合同约定的单价进行计算。

2.3.4　签证收方的判断

签证收方，本质上属于发包人和承包人达成一致合意的一份补充协议，与此同时，签证收方又是一份重要的造价计算经济资料。因此，对于签证收方的内容是否进入工程造价，鉴定人可以在做出专业判断后给出相应的鉴定意见；鉴定人也可以将从专业角度发现的问题单独列出，作为法律问题交由委托人判断。

对于签证收方的判断，主要涉及效力的判断和逻辑的判断。

效力的判断，分为法律角度效力的判断和造价角度效力的判断。

例如，某建设工程项目施工合同约定，对于施工过程中的签证收方资料，必须经发包方工作人员 A 签字才能进入结算，实际施工过程中签证收方资料中为发包方工作人员 B 签字。在造价鉴定过程中，鉴定人可以从造价的角度判断，该签证收方单实际发生，对于施工内容现场可勘验而且有发包人签字认可，属于客观存在的事实，应进入鉴定造价；鉴定人也可以认为该签证收方资料未按照合同约定签字，属于效力待定的法律问题，因此对该签字收方对应的造价进行单列，供委托人判断使用。

逻辑的判断，分为行为逻辑的判断和专业逻辑的判断。

例如，某建设工程项目，施工过程中发包人和承包人办理签证，对于某临时增加的工程内容的钢筋工程量，以承包人实际发生的钢材采购对应的过磅单重量为准，签证单中注明了实际钢材过磅单重量统计表及总重量，同时在签证单后附上了全部对应的钢材过磅单据。

在造价鉴定过程中，鉴定人对于该签证资料以及对应的钢材过磅单逐一从专业的角度进行专业逻辑判断后，在鉴定意见书中阐述如下：

关于钢材过磅单计算说明

1. 单据重复

鉴定资料中部分钢材过磅单从票据时间、票据数据、票据形式等信息判断存在票据重复情况，此部分数据在鉴定过程中仅使用一次（即剔除重复部分）。部分钢材过磅单通过专业分析理解，过磅材料不属于钢材的，该票据则未计算工程量。具体详见附件内容。

2. 单据模糊

鉴定资料中存在部分钢材过磅单模糊不清无法识别的情况，且在我方提出要求补充提供相应清晰钢材过磅单的情形下，一直未收到相应回复和资料，因此对此部分数据在鉴定过程中未计算工程量。具体详见附件内容。

钢材过磅单统计表							
序号	时间	材料名称	单位	数量	票据单价	小计	备注
钢 - 001	—	—	t	—	—	—	票据模糊，信息不明，未计算
钢 - 002	—	—	t	—	—	—	票据单价不明，参考就近票据单价
钢 - 003	—	—	t	—	—	—	与 007 号重复
钢 - 004	—	—	t	—	—	—	票据单价不明，参考就近票据单价
钢 - 005	—	—	t	—	—	—	1. 该单据为货物过磅单，与钢材票据中的其他钢材称重单明显不同。 2. 该过磅单为手写单据，无相关印章，与钢材票据中的其他钢材称重单为称重系统打印并盖章明显不同。 3. 过磅单无货物品名，手写注明管子，单价 3.3 元，如果按照管子理解为钢管，通常情况下钢管的价格要高于钢筋，而此处单价 3.3 元理解为 3 300 元/t，又远远低于同日钢材票据的 4 000 元/t，不符合专业常理。 综合上述情形推断分析，该单据不作为钢材票据计算
钢 - 006	—	—	t	—	—	—	××号和××号过磅单，过磅日期相同，过磅车号相同，但是间隔时间只相差不到 1 分钟（相差 12 秒），不符合常理，因此两张单据只选用××号单据计算

对于上述签证收方资料以及钢材过磅单，鉴定人也可以认为从行为逻辑的角度，双方已经在签证资料中对过磅单重量进行了统计和确认并签字认可，那么对于附件中钢材过磅单存在疑义或者问题单据的判断，属于需要对行为逻辑判断的法律问题，鉴定人可以对上述单据对应的工程量进行单列说明，供委托人判断使用。

2.3.5 措施变更的判断

对于措施变更的判断，是指对于施工过程中发生的某些措施费用的变化，是否可以单独计算进入结算造价，有时候可以理解为专业问题，由鉴定人做出判断即可；有时候也可以理解为法律问题，应该由委托人进行判断。

措施变更的判断，分为措施变更程序的判断和措施包干范围的判断。

对于措施变更程序的判断，是指施工合同和清单规范中，对措施变更费用部分如果要单独计算，需要履行一定的程序，如果实际施工过程中没有履行该约定的程序，那么该措施变更费用能否单独计算，就需要进行判断。

例如，在《建设工程工程量清单计价规范》（GB 50500—2013）第9.3.2条规定如下：

9.3.2 工程变更引起施工方案改变，并使措施项目发生变化的，承包人提出调整措施项目费的，应事先将拟实施的方案提交发包人确认，并详细说明与原方案措施项目相比的变化情况。拟实施的方案经发承包双方确认后执行，该情况下，应按照下列规定调整措施项目费：

1. 安全文明施工费，按照实际发生变化的措施项目调整。

2. 采用单价计算的措施项目费，按照实际发生变化的措施项目按本规范第9.3.1条的规定确定单价。

3. 按总价（或系数）计算的措施项目费，按照实际发生变化的措施项目调整，但应考虑承包人报价浮动因素，即调整金额按照实际调整金额乘以本规范第9.3.1条规定的承包人报价浮动率计算。

如果承包人未事先将拟实施的方案提交给发包人确认，则视为工程变更不引起措施项目费的调整或承包人放弃调整措施项目费的权利。

如果实际施工过程中，承包人未根据清单规范的规定事先将拟实施的方案提交发包人确认，那么对于措施费发生变更的部分，鉴定人可以从专业的角度做出判断，根据规范规定，该措施变更不引起措施费的调整，因此不计算该措施变更费用。鉴定人也可以认为，对于未按照合同或者规范约定履行相关程序导致对实体权利放弃的认定和对相关直接利益影响的确定，属于法律问题，鉴定人可以把措施变更费用计算后单列，供委托人判断使用。

在实务中，如果施工合同中明确约定"如果承包人未事先将拟实施的方案提交给发包人确认，则应视为工程变更不引起措施项目费的调整或承包人放弃调整措施项目费的权利",或者施工合同中明确约定执行《建设工程工程量清单计价规范》(GB 50500—2013),则上述约定会对鉴定人倾向性认为属于专业问题带来的影响。

对于措施包干范围的判断,是指在建设施工合同中,约定措施费在一定的条件下包干,在该包干的前提下,结算时不因措施变更而调整相应的措施费用。因此,对于措施包干施工合同约定,就存在对包干条件进行理解以及措施变更是否属于包干条件范围之内和是否应该单独计算进行相应判断的问题。

例如,某建设工程施工合同约定的结算原则如下:

措施费:无论因设计变更或施工工艺等任何因素引起的实际措施费的变化,均按经审定的施工图预算的措施项目费 × × 工程中标费率进行结算。

该项目在施工图预算编制中,对于旋挖桩开挖的钢护筒,按照正常埋设的孔口钢护筒进行计算。在旋挖桩施工过程中,由于地质条件,出现大量垮孔和塌方,经过设计单位和发包人同意,调整施工工艺,旋挖桩采用埋设全钢护筒的方式进行施工,同时钢护筒埋设后不拔出,一次性摊销使用。

这种情况下施工工艺的变化导致了实际措施费发生变化,原来旋挖桩钢护筒为孔口埋设,多次摊销,调整后的旋挖桩施工工艺为埋设全钢护筒,一次摊销。在造价鉴定过程中,发包人认为根据施工合同约定,因设计变更或施工工艺等任何因素引起的实际措施费的变化,均应按经审定的施工图预算的措施项目费计算,因此本项目旋挖桩埋设全钢护筒不调整措施费。承包人认为,措施费分为实体措施费和间接措施费,措施费包干对应的前提条件是实体措施费不发生变化。实体措施费本身构成了建筑物实体的一部分,如果实体措施费发生变化,就不再是措施费是否变化和是否计算的范畴,而应该根据清单计价规范按实计量计价。本项目的旋挖桩埋设全钢护筒,埋设后直接浇筑旋挖桩混凝土,不再拔出重复使用,属于旋挖桩实体的一部分,因此应该按实计算工程量和工程造价。

鉴定人认为,对于旋挖桩施工工艺调整导致的措施变更,是否理解为施工合同约定措施费包干的范围,属于法律问题。鉴定人把旋挖桩施工工艺变化导致措施费变化的金额计算后进行了单列,提供给委托人进行判断。委托人支持了承包人的主张,认为实体措施费不属于包干的范畴,应该按照实体措施工程量根据清单计价规范的规定按实计量计价。

2.3.6　未完工程的计算

在建设工程项目中,经常存在某种情形,承包人只完成了部分施工合同内容,在这种情况下,对已经完成施工部分工程内容的造价计算,既存在需要专业判断,又存在需要法律判断的情形。

对于未完工程的计算,主要包含鉴定方法的确定和定额比例的判断。

鉴定方法的确定,是指未完工程的计算,存在多种工程造价鉴定计算方法。鉴定人可以认为对鉴定方法的确定，属于法律问题，应该由委托人认定后，根据委托人的认定情况进行鉴定。委托人也可以认为，考虑到未完工程计算的专业性和复杂性，对未完工程造价鉴定计算方法的选择和判断属于专业问题，可以由鉴定人根据工程项目实际情况确定相应的工程造价鉴定计算方法。

例如，对建设工程施工合同，如果承包人只施工了部分施工内容，对于已经施工部分工程内容的造价鉴定计算方法，相关的文件和规范存在不同规定。

根据《重庆市高级人民法院关于建设工程造价鉴定若干问题的解答》（渝高法〔2016〕260号）的相关规定：

11. 建设工程造价鉴定中，鉴定方法如何确定？

建设工程的计量应当按照合同约定的工程量计算规则、图纸及变更指示、签证单等确定。

建设工程的计价，通常情况下，可以通过以下方式确定：

……

（6）建设工程为未完工程的，应当根据已完工程量和合同约定的计价原则来确定已完工程造价。如果合同为固定总价合同，且无法确定已完工程占整个工程的比例的，一般可以根据工程所在地的建设工程定额及相关配套文件确定已完工程占整个工程的比例，再以固定总价乘以该比例来确定已完工程造价。

根据《重庆市高级人民法院　四川省高级人民法院关于审理建设工程施工合同纠纷案件若干问题的解答》的相关规定：

十五、约定工程价款实行固定总价结算的施工合同，在未完成施工即终止履行，如何结算？

答：建设工程施工合同约定工程价款实行固定总价结算，在未全部完成施工即终止履行，已施工部分工程质量合格，承包人要求发包人支付工程价款的，可以采用"价款比例法"的方式，由鉴定机构根据工程所在地的建设工程定额及相关配套文件确定已完工程占整个工程的比例，再用合同约定的固定总价乘以该比例确定发包人应付的工程价款（即：已完工部分工程价款 = 固定总价 × 已完工部分定额价 / 定额总价）

根据《造价鉴定规范》的相关规定：

5.10.5　委托人认定因不可抗力导致合同解除的，鉴定人应按合同约定进行鉴定；合同没有约定或约定不明的，鉴定人应提请委托人认定不可抗力导致合同解除后适用的归责原则，可建议按现行国家标准计价规范的相关规定进行鉴定，由委托人判断，鉴定人按委托人的决定进行鉴定。

5.10.6　单价合同解除后的争议，按以下规定进行鉴定，供委托人判断使用：

1. 合同中有约定的，按合同约定进行鉴定；

2. 委托人认定承包人违约导致合同解除的，单价项目按已完工程量乘以约定的单价计算（其中，单价措施项目应考虑工程的形象进度），总价措施项目按与单价项目的关联度比例计算；

3. 委托人认定发包人违约导致合同解除的，单价项目按已完工程量乘以约定的单价计算，其中剩余工程量超过 15% 的单价项目可适当增加企业管理费计算。总价措施项目已全部实施的，全额计算；未实施完的，按与单价项目的关联度比例计算。未完工程量与约定的单价计算后按工程所在地统计部门发布的建筑企业统计年报的利润率计算利润。

5.10.7　总价合同解除后的争议，按以下规定进行鉴定，供委托人判断使用：

1. 合同中有约定的，按合同约定进行鉴定；

2. 委托人认定承包人违约导致合同解除的，鉴定人可参照工程所在地同时期适用的计价依据计算出未完工程价款，再用合同约定的总价款减去未完工程价款计算；

3. 委托人认定发包人违约导致合同解除的，承包人请求按照工程所在地同时期适用的计价依据计算已完工程价款，鉴定人可采用这一方式鉴定，供委托人判断使用。

因此，对已经施工完成部分内容进行工程造价鉴定时，需要根据不同合同的计价类型，以及是谁的责任导致项目只能施工完成部分内容进行综合确定鉴定方法。合同的计价类型在实务中分为单价合同（综合单价 / 全费用单价），总价合同（固定总价 / 可调总价），部分单价 + 部分总价等多种方式，不同的计价类型根据《造价鉴定规范》的规定对应不同的鉴定方法，此时对于合同计价类型的判断属于鉴定人的专业判断范畴。责任的划分分为发包人责任、承包人责任、双方互有责任、不可抗力等多种情形，对于责任的判断属于委托人的法律判断范畴。

具体到单价合同的已经施工完成部分内容的鉴定方法，又涉及单价措施形象进度的考虑、总价措施关联度比例确定、单价适当调整的幅度、未完部分利润的计算确定等，既可以理解为专业问题，又可以理解为法律问题。

具体到总价合同的已经施工完成内容的鉴定方法，参见本书第 1 章 "2.1　鉴定的标的"小节中 "第六种情形，根据起诉状中的诉讼请求 + 鉴定方法进行计算" 中案例所阐述的，存在五种具体计算方法，分别是：对已经施工完成内容工程造价按照结算协议的约定进行结算，已经施工完成内容工程造价 = 已完工程量 × 合同清单单价，已经施工完成内容工程造价 = 根据已完工程量执行当地定额文件计算金额，已经施工完成内容工程造价 =（已完工程量执行当地定额文件计算金额 / 整个项目执行当地定额文件计算金额）× 施工合同签约固定总价 A 元，已经施工完成内容工程造价 = 施工合同签约固定总价 A 元 − 未完工部分工程量执行当地定额文件计算金额。

费用比例的判断，是指对于未完工程的计算，施工合同计价文件约定的某项费用，应是工程全部完成才能足额计取。在只完成部分施工内容的情况下，对该部分施工内容应该计算该项费用的比例，需要进行判断。该判断可由鉴定人从专业角度做出，也可由委托人从法律角度做出。

例如，某房屋建筑工程项目，施工合同约定执行定额文件计价，安全文明施工费按照当地相关安全文明施工费管理文件执行。根据当地安全文明施工费管理文件办法，房屋建筑工程项目的安全文明施工费按照建筑面积以一定的费率标准计算。

该项目承包人实际只施工完成了主体工程，砌体和二次结构、抹灰工程、门窗工程、保温工程、装饰工程等未施工完成。对于已经完成主体工程部分安全文明施工费的计算，在造价鉴定过程中存在两种判断方式。

第一种判断方式，鉴定人认为该问题属于专业问题。鉴定人根据设计施工图计算出该项目建筑面积为 $A \, \text{m}^2$，每平方米安全文明施工费取费标准为 B 元，该项目全部施工完成对应的安全文明施工费为 $A \times B$ 元。根据经验和专业判断，鉴定人认为主体工程施工完成部分对应的安全文明施工费占项目全部施工完成安全文明施工费的60%，因此，鉴定人对主体工程施工完成部分安全文明施工费给出确定性意见为 $A \times B \times 60\%$ 元。委托人根据鉴定人的确定性意见进行了相应判决。

第二种判断方式，鉴定人认为该问题属于法律问题。鉴定人根据设计施工图计算出该项目建筑面积为 $A \, \text{m}^2$，每平方米安全文明施工费取费标准为 B 元，该项目全部施工完成对应的安全文明施工费为 $A \times B$ 元。由于从专业角度无法区分主体工程施工完成部分对应的安全文明施工费占项目全部施工完成安全文明施工费的具体比例，因此鉴定人对本项目全部施工完成安全文明施工费给出推断性意见 $A \times B$ 元，已经完成施工部分占全部施工完成安全文明施工费的具体比例确定，由委托人进行判断后确定。委托人根据鉴定人的推断性意见，结合案件的具体审理情况，酌情考虑确定主体工程施工完成部分对应的安全文明施工费占项目全部施工完成安全文明施工费的比例为95%，进行了相应的判决。

对于费用比例的判断，在对因发包人原因取消施工合同内容，承包人提出费用补偿和预期损失的请求时，根据《造价鉴定规范》第5.8.5条的规定，费用补偿可以按照企业管理费的一定比例计算，预期利润可以按照投标报价利润的一定比例或者统计部门发布的建筑业年报利润率计算。因此，对于取消施工内容企业管理费和预期利润比例的确定，鉴定人可以在进行专业判断后直接确定比例并给出确定性意见，鉴定人也可以按照相应方法计算出企业管理费和预期利润金额，给出推断性意见，具体比例由委托人确定。

5.8.5 因发包人原因，发包人删减了合同中的某项工作或工程项目，承包人提出应由发包人给予合理的费用及预期利润，委托人认定该事实成立的，鉴定人进行鉴定时，其费用可按相关工程企业管理费的一定比例计算，预期利润可按相关工程项目报价中的利润的一定比例或工程所在地统计部门发布的建筑企业统计年报的利润率计算。

2.3.7 事实因果的判断

在建设工程造价鉴定实务中，对于因果关系的判断，存在三种情形，分别是法律上的因果关系判断、专业上的因果关系判断、事实上的因果关系判断。

法律上的因果关系判断属于法律问题，专业上的因果关系判断属于专业问题。但是对于事实上的因果关系判断，有时可以理解为法律问题，应由委托人做出法律判断；有时候可以理解为专业问题，应由鉴定人做出专业判断。

例如，根据《造价鉴定规范》第 5.8.1 条，可以将索赔成因的因果关系判断理解为法律问题，由委托人做出法律认定后，鉴定人再进行专业判断并出具相关鉴定意见。

5.8.1　当事人因提出索赔发生争议的，鉴定人应提请委托人就索赔事件的成因、损失等作出判断，委托人明确索赔成因、索赔损失、索赔时效均成立的，鉴定人应运用专业知识作出因果关系的判断，作出鉴定意见，供委托人判断使用。

例如，根据《造价鉴定规范》第 5.8.2 条，可以对索赔事件的因果关系判断理解为专业问题，可以由鉴定人做出事实因果关系判断后，再进行专业判断并出具相关鉴定意见。

5.8.2　一方当事人提出索赔，对方当事人已经答复但未能达成一致，鉴定人可按以下规定进行鉴定：

1. 对方当事人以不符合事实为由不同意索赔的，鉴定人应在厘清证据事实以及事件的因果关系的基础上作出鉴定；

2. 对方当事人以该索赔事项存在，但认为不存在赔偿的，或认为索赔过高的，鉴定人应根据相关证据和专业判断作出鉴定。

例如，根据《造价鉴定规范》第 5.8.4 条，承包人因为不利物质条件或者异常恶劣天气的影响，向承包人提出增加费用和延误工期的，承包人应及时通知发包人，发包人未及时回复，对不利物质条件和异常恶劣天气影响和增加费用延误工期的因果关系判断以理解为专业问题，在由鉴定人进行事实因果关系判断后，再进行专业判断出具相关鉴定意见。

5.8.4　因不利的物质条件或异常恶劣的气候条件的影响，承包人提出应增加费用和延误的工期的，鉴定人应按以下规定进行鉴定：

1. 承包人及时通知发包人，发包人同意后及时发出指示同意的，采取合理措施而增加的费用和延误的工期由发包人承担；发承包双方就具体数额已经达成一致的，鉴定人应采纳这一数额鉴定；发承包双方未就具体数额达成一致，鉴定人通过专业鉴别、判断作出鉴定；

2. 承包人及时通知发包人后，发包人未及时回复的，鉴定人可从专业角度进行鉴别、判断作出鉴定。

2.3.8　新增单价的确定

在工程项目建设过程中，如果存在工程变更或者其他情形等引起变化，导致需要对变化内容进行新增单价的确定时，对于新增单价的确定，可以理解为专业问题，由鉴定人直接做出专业判断即可；也可以理解为法律问题，应该由委托人做出法律认定，鉴定人根据委托人的法律认定进行专业判断，形成相应的鉴定意见。

例如，对于新增单价的确定，鉴定人认为属于专业问题，根据《重庆市建设工程造价鉴定执业指引（试行）》"第三章 鉴定工作指引"中的如下规定：

（3）工程计价的鉴定

工程造价的鉴定，通常情况下可按以下方式确定：

……

②固定单价合同中，工程量清单载明的工程以及工程量清单的漏项工程、变更工程均应根据合同约定的固定单价或根据合同约定确定的单价确定工程造价；工程量清单外的新增工程，合同有约定的从其约定，未作约定的，参照施工合同履行期间适用的建设行政主管部门发布的计价方法或者计价标准计价。

因此，鉴定人在合同对新增单价的确定有约定时按照约定执行，没有约定时按照当地定额文件执行。

例如，对于新增单价的确定，鉴定人认为属于专业问题，根据《建设工程工程量清单计价规范》（GB 50500—2013）第9.3.1条的规定：

9.3.1 工程变更引起已标价工程量清单项目或其工程数量发生变化，应按照下列规定调整：

1. 已标价工程量清单中有适用于变更工程项目的，采用该项目的单价；但当工程变更导致该清单项目的工程数量发生变化，且工程量偏差超过15%，此时，该项目单价的调整应按照本规范第9.6.2条的规定调整。

2. 已标价工程量清单中没有适用但有类似于变更工程项目的，可在合理范围内参照类似项目的单价。

3. 已标价工程量清单中没有适用也没有类似于变更工程项目的，由承包人根据变更工程资料、计量规则和计价办法、工程造价管理机构发布的信息价格和承包人报价浮动率提出变更工程项目的单价，报发包人确认后调整。承包人报价浮动率可按下列公式计算：

招标工程：承包人报价浮动率 $L = （1-$ 中标价 / 招标控制价）$\times 100\%$

非招标工程：承包人报价浮动率 $L = （1-$ 报价值 / 施工图预算）$\times 100\%$

因此，鉴定人在合同对新增单价的确定有约定时按照约定执行，没有约定时按照当地定额文件执行后，再根据承包人报价浮动率对新增单价进行相应下浮。

例如，对于新增单价的确定，鉴定人认为属于法律问题，根据《造价鉴定规范》第5.6.1条的规定，在施工合同对新增单价没有约定的情形下，鉴定人先向委托人提出关于新增单价是否参照定额文件计价和参照定额文件计价后是否需要按照报价浮动率进行下浮等法律问题的认定。如果委托人进行了认定，鉴定人根据委托人认定情况进行相应鉴定。如果委托人没有进行鉴定，鉴定人对该新增单价分别按照定额文件计价不考虑报价浮动率下浮和按照定额文件计价考虑报价浮动率下浮，出具选择性意见，供委托人判断使用。

5.6.1　当事人因工程变更导致工程量数量变化，要求调整综合单价发生争议的；或对新增工程项目组价发生争议的，鉴定人应按以下规定进行鉴定：

1. 合同中有约定的，应按合同约定进行鉴定；

2. 合同中约定不明的，鉴定人应厘清合同履行情况，如是按合同履行的，应向委托人提出按其进行鉴定；如没有履行，可按现行国家标准计价规范的相关规定进行鉴定，供委托人判断使用；

3. 合同中没有约定的，应提请委托人决定并按其决定进行鉴定，委托人暂不决定的，可按现行国家标准计价规范的相关规定进行鉴定，供委托人判断使用。

2.3.9　材料调差的确定

在工程项目施工合同中，对于材料调差会约定材料调差的程序，以及材料调差的计算方式。在承包人未按照合同约定程序履行以及施工合同未明确材料调差的计算方式时，对于材料调差的判断，就既可以理解为法律问题，应该由委托人做出法律判断；也可以理解为专业问题，应该由鉴定人做出专业判断。

例如，某建设工程项目，施工合同对材料调差程序约定如下：

材料及人工价格按施工期间《××工程造价信息》公布的××区的价格计算，造价信息没有的材料价格，由承包人向发包人申报，发包人在承包人申报后 5 日内认定批复。

在施工过程中，存在部分造价信息××区没有的价格，承包人未按照合同约定履行认质核价审批手续，在造价鉴定过程中，对该部分××区没有价格又没有履行认质核价审批手续材料，鉴定人直接按照主城区造价信息和市场价格进行材料调差，形成确定性意见。

针对鉴定机构出具的上述鉴定意见书，当事人一方委托的造价专家辅助人在对鉴定意见书的开庭质证环节中，针对鉴定意见提出了如下的专家辅助人意见：

对承包人未按照合同约定进行认质认价材料按照造价信息价格调差进入确定性意见不合理

根据鉴定意见书对于××公司关于材料价格调差异议的回复说明：材料和人工价格是根据合同约定的计算方式调整的……

根据施工合同约定："材料及人工价格按施工期间《××工程造价信息》公布的××区的价格计算，造价信息没有的材料价格，由承包人向发包人申报，发包人在承包人申报后 5 日内认定批复。"

在××年××月××日甲公司发给乙公司的工作联系函中，再次按照施工合同约定进行明确："……对造价信息上没有和不明确的材料价格，提前 10 个工作日进行申报审批，特殊情况下可提前 5 个工作日申报审批，未按要求晚报、虚报，我公司未认定批复的材料及人工价格使用的，我公司将不予认可，采用价格均按我方询价认定。"

《××工程造价信息》公布的××区材料价格包含如图××（图略）。根据施工合同约定，除图××中注明的材料价格外，本项目其他材料价格均需要承包人向发包人进行认质认价才能进行结算调差。

目前鉴定意见书中，对《××工程造价信息》××区中没有的材料价格，应该由承包人提请认质认价的多孔砖、电焊条、竹脚手板、防锈漆、组合钢模板、组合木模板、支撑钢管及扣件、脚手架钢材、安全网等材料，在承包人没有按照施工合同约定履行提请认质认价程序的前提下，对上述材料按照《××工程造价信息》××区之外主城区的造价信息价格进行了材料调差。该部分调差金额合计约：××元（具体统计表详见图××，图略）。

根据《造价鉴定规范》第5.6.4条的规定：

5.6.4 当事人因材料价格发生争议的，鉴定人应提请委托人决定并按其决定进行鉴定。委托人未及时决定可按以下规定进行鉴定，供委托人判断使用：

1. 材料价格在采购前经发包人或其代表签批认可的，应按签批的材料价格进行鉴定；

2. 材料采购前未报发包人或其代表认质认价的，应按合同约定的价格进行鉴定；

3. 发包人认为承包人采购的材料不符合质量要求，不予认价的，应按双方约定的价格进行鉴定，质量方面的争议应告知发包人另行申请质量鉴定。

本项目在承包人未按照施工合同约定对相关材料提请发包人进行认质认价的情况下，鉴定意见书直接对未认质认价材料按照施工合同约定范围之外的造价信息材料价格调差后计入确定性意见不合理，应该按照未认质认价材料不调差和调差两种方式，分别出具选择性意见，供委托人判断使用。

例如，某建设工程项目，施工合同对于材料调差的计算方式约定如下：

采用造价信息进行价格调整。对中标清单中因市场价格波动引起的人工及主要材料价差调整：人工价差不调整；若施工过程中主要材料（钢筋、商品混凝土、水泥、砖）按施工期间（开工到主体结构验收）所对应的《××工程造价信息》的平均值与基准价格（××年××期《××工程造价信息》）比较涨跌幅度在±5%范围内，不予调整；上述材料涨跌幅度超过±5%，则对超过部分按实调差。

施工合同约定对于材料调差的价格按照造价信息材料价格的平均值进行计算，材料价格的平均值又分为算术平均值和加权平均值。鉴定人如果把施工合同约定材料调差的计算方式不具体时理解为专业问题，可以直接根据项目情况选择一种平均值计算方式进行计算，出具确定性意见。鉴定人如果把施工合同约定材料调差的计算方式不具体时理解为法律问题，鉴定人可以分别按照算术平均值和加权平均值两种计算方式，计算出相应的材料调差结果，出具选择性意见，供委托人判断使用。或者鉴定人虽然认为施工合同约定材料调差的计算方式不具体实为法律问题，但是根据鉴定资料没有办法区分各个时间段对应的实际施工工程量，导致按照加权平均计算的前提条件不充分，只能按照算术平均值进行计算后出具相应鉴定意见，同时在鉴定意见书中对上述情况进行单独说明。

2.3.10 证据关联性判断

在质证过程中一方不认可关联性的鉴定证据材料，对于该证据材料与造价鉴定某项费用计算的关联性判断，有时可以理解为专业问题，由鉴定人直接做出专业判断即可，有时也可以理解为法律问题，应由委托人做出法律认定，鉴定人根据委托人的法律认定进行专业判断，形成相应的鉴定意见。

《造价鉴定规范》第 4.7.5 条对证据关联性异议规定如下：

4.7.5　当事人对证据的关联性提出异议，鉴定人应提请委托人决定。委托人认为是专业性问题并请鉴定人鉴别的，鉴定人应依据相关法律法规、工程造价专业技术知识，经过甄别后提出意见，供委托人判断使用。

例如，某建设工程项目，施工合同约定执行定额文件计价。定额文件中对于超高降效费用按照建筑面积根据不同的檐口高度执行相应的定额子目进行计算。其中，定额文件关于超高降效费用檐口高度的规定如下：

檐口高度，指设计室外地坪至檐口的高度，不包括突出建筑物屋顶的电梯间、楼梯间等的高度，但突出主体建筑物屋顶计算建筑面积的电梯间、水箱间等应分别计入不同檐口高度总面积内。若垂直运输机械布置于地下室底层时，高度应以布置点的地下室底板顶标高至檐口的高度计算，执行相应檐口高度的垂直运输子目。

该项目为坡地建筑，室外地坪高度为 ±0.000，±0.000 以下有三层建筑，为二层地下室和一层商业，高度为 15 米，±0.000 以上有 26 层，高度为 78 米。在举证质证的过程中，被告举示了一份"塔式起重机检查报告"证据材料，证明塔式起重机为被告方租赁提供，应该从工程造价中扣除相应的费用。原告根据被告举示的"塔式起重机检查报告"证据材料中显示的安装高度为 98 米，本项目 ±0.000 以下为 15 米，±0.000 以上为 78 米，合计高度为 93 米，差额的 5 米恰好为塔吊预留出来的操作空间，可以反推证明本项目塔式起重机是安装在地下室底层。因此，本项目工程造价超高降效费用檐口高度应按照 93 米计算，不应该按照室外地坪高度 ±0.000 到檐口的高度 78 米计算。

对于被告为了证明其提供起重设备应该扣除相应费用而举示的"塔式起重机检查报告"证据材料，与超高降效费用檐口高度计算的关联性，鉴定人有两种处理方式。

第一种处理方式：鉴定人认为该问题属于法律问题，应该由委托人判断后根据委托人的认定情况再进行专业判断，做出相应鉴定意见。如果委托人没有做出判断，鉴定人根据檐口高度 78 米和檐口高度 93 米分别计算超高降效费用，出具选择性意见供委托人判断使用。

第二种处理方式：鉴定人认为该问题属于专业问题，可以从专业的角度，对"塔式起重机检查报告"证据材料与超高降效费用檐口高度计算的关联性直接做出判断，根据专业判断的结果按照檐口高度 93 米计算超高降效费用，做出相应鉴定意见。

2.4　鉴定权的理解应用

为了避免在工程造价鉴定过程中出现"以鉴代审"的情形，让当事人和代理人充分感受到工程造价鉴定意见书的公平公正，需要鉴定人对鉴定权进行深刻的理解和务实的应用。

对于鉴定权的理解可以分为两个方面。

第一方面，从鉴定权的来源角度，鉴定权来源于审判权的委托授权。每一个案件，都需要人民法院或者仲裁机构在行使审判权后，向鉴定机构出具工程造价鉴定委托书，鉴定委托书中应载明委托的鉴定机构名称、委托鉴定的目的、范围、事项和鉴定要求、委托人的名称等。鉴定机构收到工程造价鉴定委托书后，在规定的时间内回复接受委托后即取得对相应案件工程造价的鉴定权。

第二方面，从鉴定权的行使角度，鉴定权要在审判权的指导和框架下开展专业工作。首先，由于鉴定权来源于审判权的委托授权，所以鉴定工作要服从审判权的指导，要在审判权对案件审理的大框架下开展具体工作。其次，鉴定权服从审判权的指导，其中的核心是鉴定人要准确地理解法律问题和专业问题区分。对于法律问题，鉴定权要接受审判权的指导；对于专业问题，鉴定权在审判权的框架下进行独立判断。

对于鉴定权的应用可分为四个视角。

第一视角，"知边界，有所为"。

鉴定人对鉴定权的应用，在于对专业问题通过专业分析后做出明确的判断。因此，一方面，鉴定人要有很强的边界意识，只能对专业问题边界之内的问题做出判断，对专业问题边界之外的法律问题不能做出判断导致"以鉴代审"。另外一方面，鉴定人要有敢为的专业责任担当，对于专业问题，鉴定人应该根据专业知识做出明确的专业判断。鉴定人不能因担心"以鉴代审"，导致过于小心谨慎，把可以进行专业判断的内容或者应该进行专业判断的内容不进行判断，采取踢皮球的方式出具选择性意见或推断性意见，把专业问题交给委托人作选择判断。

第二视角，"多请示，有所不为"。

鉴定人对于法律问题，需要在主动梳理后向委托人请示，不能自作主张地进行判断。在实务中，鉴定人需要用通俗易懂的语言对相关需要委托人确定的法律问题进行表述和说明，不能用晦涩难懂的专业语言进行表达。同时，鉴定人要积极主动地向委托人沟通和汇报，不能因委托人没有回复或者相关资料没有提供，就把相关工作搁置，导致鉴定工作无法有效推进。

第三视角，"会变通，因地制宜"。

鉴定人对于法律问题和专业问题竞合的问题，既不能僵化地直接从专业角度进行判断，也不能把竞合问题全部推脱给委托人，需要因地制宜地根据实际情况进行变通处理。在实务中，对于造价金额相对较小的竞合问题，鉴定人在进行充分的专业分析后可以直接做出专业判断。对于造价金额相对较大，或者当事人双方争议较为激烈，或者对当事人双方的权利义务影响较大的竞合问题，鉴定人应充分听取和了解当事人双方的意见，同时可以对类似的其他鉴定案例进行一个参考借鉴分析，必要时还可以邀请行业内的资深造价鉴定专家进行研讨评判，在这基础之上形成翔实的专业分析意见初稿和相应佐证资料。鉴定人可以把竞合问题意见初稿和佐证资料先向审判长或者合议庭进行沟通汇报交流，根据汇报交流情况再结合具体情形，来确定对于竞合问题，是直接做出专业判断，还是把竞合问题归结为法律问题交由委托人最终判断。

第四视角，"结构化，用户思维"。

在工程造价鉴定过程中，我们要站在鉴定意见书使用的"用户"，也就是委托人使用的视角，来理解实际鉴定工作中理论想法与实际执行之间的差异和困境之处。从理论上说，对于法律问题，应该先由委托人进行认定后，鉴定人再根据委托人的认定进行专业判断和造价计算。

但在实务中，一方面委托人不具备相关造价专业基础知识，也有可能不了解工程领域，而对法律问题进行认定又涉及相关工程和造价的专业知识，所以导致委托人无法提前对法律问题进行认定。

另外，在进行工程造价鉴定时，委托人对案件还没有进入全面实质性审理阶段，对于相关事实调查、争议焦点辩论等还没有全面展开，委托人在对整个案件的审理和相关事实以及法律关系还没有全面掌握的情况下，贸然对某一个法律问题进行认定，而委托人又无法事先得知该法律问题认定之后会对当事人双方产生多大的造价利益影响，对委托人就存在非常大的案件审判风险。

最后，从委托人审理案件的角度出发，对于建设工程诉讼案件，如果委托人在案件审判过程中对相关法律问题进行了认定，那么当事人双方就能根据委托人对法律问题认定的情况，提前研判出委托人对案件的法律关系的定性以及相关法律条文的适用和审判结果。委托人对法律问题进行认定，也就意味着委托人提前把判决书中的内容在对法律问题认定的过程中告诉了双方当事人，这就间接导致了委托人对案件审理的不可控并带来相关的风险。

正是基于上述情形，在工程造价鉴定实务中，委托人一般不会对鉴定人提出的法律问题进行认定。在这种现实困境的情形下，鉴定人在有效推进鉴定工作开展的同时，还要保证鉴定意见书的公平公正性和有效实用性，就需要鉴定人站在委托人的视角，预判委托人在后期的案件审理过程中需要使用哪些数据，或者需要对哪些意见根据审理情况进行权衡使用，提前对相关数据或者意见进行结构化拆分和表述。对于专业问题使用确定性意见，对于法律问题使用推断性意见和选择性意见，对于竞合问题根据情况使用确定性意见、推断性意见和选择性意见，对于不同意见又根据具体情形将相应的数据或者意见再进行结构化明细拆分，拆分为一块一块独立而又相互联系的小积木。

这样，委托人拿到这份由一块一块小积木结构化搭建而成的鉴定意见书，可以根据案件审理情况，在最终的判决书中对鉴定意见书中涉及相关法律问题的地方进行统一法律定性和逐一法律适用说理后进行判断。由于鉴定意见书提前进行了结构化拆分，相关基础数据清晰明了，委托人可以直接在鉴定意见书中挑选出合适的积木，重新排列组合搭建出判决书这幢最终的结论大厦。

对于鉴定意见的结构化表述实务，详见"第3章 鉴定意见结构化思维"的表述。

第3章 鉴定意见结构化思维

鉴定意见是鉴定意见书的核心和灵魂，确认工程造价鉴定人是否完成鉴定委托的一个关键考核因素是鉴定意见书是否形成了有效的鉴定意见。

根据《造价鉴定规范》，鉴定意见分为三种，分别是确定性意见、推断性意见、选择性意见。

3.1 确定性意见的理解适用

3.1.1 确定性意见的理解

按照《建设工程造价鉴定规范理解与适用》（规范编制组编制，中国计划出版社出版）一书中的相关条文解读：确定性意见是对被鉴定事项的待证事实做出的断然性结论，包括对被鉴定事项的待证事实的专门性问题的"肯定"或"否定"、"是"或"不是"、"有"或"没有"等。

从工程造价鉴定实务的专业视角，确定性意见是指鉴定人通过对鉴定资料的专业分析和计算后，得出对应明确的工程造价结果，对应的是"有"或"无"的概念。由于确定性意见是从专业角度对委托人鉴定委托的明确专业回复意见，从证据的角度具有很强的客观性和关联性，证明力也比较强。在确定性意见存在的情况下，委托人通常都会直接采纳确定性意见，写入施工合同纠纷相应的判决书或裁决书。

确定性意见包含两个层面的含义，第一个层面该意见是确定的，不是模糊或者模棱两可的，也就是鉴定人从造价专业的角度认为是肯定而且无争议的。这里所说的肯定而且无争议是指鉴定人从其专业角度的认为和理解，而不是指当事人双方都对鉴定人鉴定结果或者该案工程造价的专业理解是肯定和无争议的。

第二个层面理解该意见是唯一的，也就是鉴定人对同一个客观的事实，从造价专业的角度分析鉴定后只能得出一个对应的且唯一的确定结果。如果对于同一客观的事实，鉴定人出具的确定性意见不止一个，就有可能会面临委托人认为没有完成委托鉴定工作而要求进行重新鉴定的风险。

例如，某鉴定机构出具的鉴定意见书中对于鉴定意见的描述如下：

五、鉴定意见

在实施必要的鉴定程序和方法后，鉴定组的鉴定意见如下：

本工程鉴定意见＋鉴定意见1工程造价鉴定总金额 A 元（大写：××元），其中：土建工程 A_1 元，安装工程 A_2 元，签证 A_3 元，具体明细详见附件《××建设工程造价鉴定书一》。

本工程鉴定意见＋鉴定意见2工程造价鉴定总金额 B 元（大写：××元），其中：土建工程 B_1 元，安装工程 B_2 元，签证 B_3 元，具体明细详见附件《××建设工程造价鉴定书二》。

针对鉴定机构出具的上述鉴定意见书，当事人一方委托的造价专家辅助人在对鉴定意见书的开庭质证环节，针对鉴定意见提出了如下的专家辅助人意见：

本案鉴定意见书的鉴定意见不明确

鉴定意见书的"五、鉴定意见"阐述的鉴定意见如下：

本工程鉴定意见＋鉴定意见1工程造价鉴定总金额 A 元……

本工程鉴定意见＋鉴定意见2工程造价鉴定总金额 B 元……

根据《造价鉴定规范》第5.11.1条的规定："鉴定意见可同时包括确定性意见、推断性意见或供选择性意见。"

本鉴定意见书中包含两个鉴定意见，但是未明确两个鉴定意见分别属于何种类型的鉴定意见。如果两个鉴定意见均为确定性意见，对于同一个明确的事实出现两个截然不同的确定性意见，明显属于不合理。根据《造价鉴定规范》第5.11.2条的规定："当鉴定项目或鉴定事项内容事实清楚，证据充分，应作出确定性意见。"本鉴定项目和鉴定事项内容整体事实清楚，证据充分，只有少部分事项存在争议或理解偏差，如果两个鉴定意见整体性理解为推断性意见或选择性意见，也明显不合理。

根据《重庆市高级人民法院对外委托鉴定工作管理规定（试行）》（渝高法〔2020〕48号）第二十八条的规定："……鉴定意见应当明确，在文义上不得存在歧义或者前后相互矛盾。……"同时根据《最高人民法院关于人民法院民事诉讼中委托鉴定审查工作若干问题的规定》（法〔2020〕202号）第十一条：

11.鉴定意见书有下列情形之一的，视为未完成委托鉴定事项，人民法院应当要求鉴定人补充鉴定或重新鉴定：

……

（2）同一认定意见使用不确定性表述的；

本案鉴定意见书的鉴定意见不明确，对同一认定意见使用了不确定性表述，没有明确区分确定性意见、选择性意见或推断性意见和分别界定对应的事项与具体金额明细，容易造成人民法院在鉴定意见的采纳上存在逻辑障碍和无法根据法律规定对相关争议事项等进行有效的法律适用和法律判断。

综上所述，我方认为本案鉴定人未完成委托鉴定事项，根据相关规定鉴定人应该补充鉴定或重新鉴定。

3.1.2　确定性意见的前提

确定性意见的形成，需要具备一定的前提条件，其中两个直接的前提条件来自《造价鉴定规范》第 5.11.2 条的规定："当鉴定项目或鉴定事项内容事实清楚，证据充分，应作出确定性意见"中的"事实清楚"和"证据充分"，两个间接的前提条件是从造价专业角度实践出发的"专业逻辑清晰"和"计算结果可信"。

"事实清楚"是指鉴定项目或鉴定事项内容对应的基本事实清楚，没有歧义或者分歧。从造价鉴定的角度来看，基本事实主要是指施工内容和质量是否合格两个方面。例如，原告一方认为某项目的土建工程、安装工程均是其施工完成的，而且已经通过验收，质量合格，被告一方认可该项目的土建工程、安装工程为原告完成，同时该项目质量合格，这种情况下就属于鉴定项目对应的施工内容和工程质量两项基本事实清楚。

如果被告认为该项目的安装工程不是原告施工，而是由其他单位施工，这种情况下土建工程为原告施工而且质量合格这个事实清楚，但是安装工程是否为原告施工、是否质量合格这个事实就存在分歧。

如果被告认可土建工程和安装工程均是由原告施工完成，但是认为原告施工完成的某部分工程内容质量不合格。如果原告提供了该部分内容的分部分项质量验收合格文件，则质量合格事实清楚；如果原告提供了该部分内容的分部分项质量验收合格文件，但是鉴定人现场勘验时发现该部分内容施工的厚度或者材质要求明显与设计施工图不一致，则该部分质量不合格事实清楚；如果原告不能提供该部分内容的分部分项质量验收合格文件，则该部分内容质量是否合格事实不清楚；如果原告不能提供该部分内容的分部分项质量验收合格文件，诉讼过程中通过质量鉴定确认该部分内容质量合格，则该部分内容质量合格事实清楚；如果原告不能提供该部分内容的分部分项质量验收合格文件，但是原告提出被告已经提前使用该部分内容，委托人认定被告提前使用该部分内容视为质量合格的，该部分内容质量合格事实清楚。

"证据充分"包含两个方面，一方面是指证明"事实清楚"方面的证据充分，例如原告提供了相关质量验收文件证明质量合格，被告提供了相关过程补充协议减少了某部分施工内容证明该部分不属于原告施工等。另一方面是指计算工程造价的相关证据资料充分，例如原告提供了设计施工图蓝图，根据该施工图蓝图可以计算相关工程量；例如原告提供了核价单，根据核价单可以计算相关材料价格；例如被告提供了经过原告签字确认的水电费代交金额确认单，根据该确认单可以计算水电费的具体扣减金额。

如果某鉴定项目，原告没有提供设计施工图或者竣工图，只提供了 CAD 电子版图纸，则属于证据不充分。但是如果原告申请向城市建设档案馆调取了相关档案文件中的竣工图纸复印件和 CAD 图纸，这时则可以视为计算工程量的相关证据充分。

如果某鉴定项目，双方当事人均未提供相关材料价格的核价资料，合同也未约定材料价格的确认方式，如果当地建设行政主管部门颁布的相关造价信息中有相应材料价格的，这时也可以视为计算材料价格的相关证据充分。

"专业逻辑清晰"，是指根据前述清楚的事实，并结合相应的充分证据，能通过合理的专业逻辑，清晰地计算出相应的工程造价。

例如，某建设工程项目，施工合同约定按照当地定额文件计算。施工单位只施工了主体部分，而当地定额文件规定综合脚手架按照建筑面积计算。鉴定人在鉴定意见书中，对综合脚手架部分计算说明如下：

定额解释"综合脚手架项目已综合考虑了砌筑、浇筑、吊装和装饰等的脚手架摊销费"，由于1#、2#楼只施工了结构主体部分，综合脚手架按比例计取合理，结合相关经验，按60%计取，3#楼施工结构主体部分、砌体及抹灰，结合相关经验，按80%计取。

由于定额文件对应的综合脚手架费用按照建筑面积计算，对应的前提是施工单位完成全部的结构主体、二次结构、墙体和装饰装修工程等。本案施工内容事实清楚，证据充分，但是从事实和证据到计算满堂脚手架工程造价的专业逻辑是结合相关经验，属于"专业逻辑不清晰"，按照该"专业逻辑不清晰"的计算过程得出的结论，不属于确定性意见。

同样，某类似建设工程项目，鉴定机构在鉴定意见书中的相关表述方式如下：

1）综合脚手架、垂直运输、超高降效（推断性鉴定意见）：本案原告实际只施工了主体结构及部分装饰工作内容，故综合脚手架、垂直运输、超高降效相关费用不应按100%计取。根据现有资料我司无法判别上述相关费用的计算比例，故本次鉴定我司将上述相关费用计入推断性鉴定意见。

对于上述情形，如果鉴定机构要把综合脚手架部分工程造价纳入确定性意见，就要先解决专业逻辑清晰的前提条件。鉴定机构可以把设计施工图中施工单位未完成装饰工程造价进行计算，和施工单位已经完成的主体工程和部分装饰工程的工程造价进行对比，按照：综合脚手架定额计算造价 × ［已经完成的主体工程和部分装饰工程的工程造价 /（已经完成的主体工程和部分装饰工程的工程造价 + 未完成装饰工程造价）］，这种情况下专业逻辑就相对清晰，满足了确定性意见的前提条件。

"计算结果可信"，是指根据上述清晰的事实以及充分的证据，并按照合理清晰的专业逻辑计算，得出的计算结果符合造价常理，具有专业可信度。

例如，某钢结构工程施工合同，未约定具体计算原则，鉴定人按照当地定额文件计算该钢结构工程的工程造价。根据当地定额文件的规定，对于 H 型钢的工程量计算规则如下："H 型钢的腹板及翼板宽度按照图示尺寸每边增加 25 mm 计算。"

如果该项目 H 型钢的型号为 H200 × 20 × 150 × 30，按照清单计算规则，该型号截面尺寸计算该 H 型钢质量为：92.63 kg/m，如果套取定额文件时也按照该型号截面尺寸计算工程量，得出 H 型钢的综合单价约为 1.3 万元 /t，与市场价格偏差不大。

如果按照定额文件规定的工程量计算规则，则 H 型钢的腹板及翼板宽度按照图示尺寸每边增加 25 mm 计算，则该 H 型钢实际要按照 H（200+25×2）×20×（150+25×2）×30，即 H250×20×200×30 计算，质量为：124.03 kg/m。如果按照该定额文件计算规则对应的工程量套取相应定额，得出 H 型钢的综合单价约为 1.3×124.03/92.63=1.74 万元 /t，远高于市场价格，计算结果不符合造价常理，不具有专业可信度。

定额文件对 H 型钢计算规则的上述规定，是基于传统 H 型钢加工时采取火焰切割钢板，要增加一定的火焰切割损耗，增加 25 mm 即是对该火焰切割损耗的额外考虑。而随着时代的发展以及制作加工、施工工艺的进步，H 型钢加工时切割损耗基本上可以忽略不计，如果仍旧照本宣科机械地执行定额文件，就会产生上述不符合常理的造价结果。

对于鉴定人来说，由于处理独立的第三方，在客观专业的同时，不能超出第三方独立的视角去对某一方当事人的利益做出有严重影响的专业决定。对于上述情形，鉴定人可以将"计算结果可信"的 1.3 万元 /t 作为确定性意见，将符合定额计算规则约定，但是计算规则和市场常理有重大偏差的部分，即（1.74 万元 /t-1.3 万元 /t）的差额部分，作为推断性意见。这样的处理方式就既不违背造价计算的相关原则规定，形成了比较客观的鉴定意见；同时把相关问题进行了实事求是的体现，让委托人在造价鉴定的基础上可以再通过原被告双方进一步的举证说理和辩论分析等，进行相应的法律适用和价值衡平后，做出一个相对公平合理的最终判决。

3.2　推断性意见的理解适用

3.2.1　推断性意见的理解

按照《建设工程造价鉴定规范理解与适用》一书中的相关条文解读："推断性意见是对被鉴定事项的待证事实的专门性问题做出不完全确定的分析意见。"

从工程造价鉴定人的专业视角，推断性意见是指鉴定人通过对鉴定资料的专业分析和判断后，无法形成确定的工程造价结果，只能形成一个推断性供参考的工程造价结果，对应的是"多"和"少"的概念。推断性意见是从专业角度对委托人鉴定委托的参考性专业回复意见，从证据的角度来看具有一般的客观性和关联性，证明力也比确定性意见弱。对于工程造价的推断性意见，工程造价结果本身是客观存在的，只是由于鉴定资料的不充分或者其他事项的影响等，导致工程造价结果是推断性的，委托人通常对推断性意见所阐述的事项本身会采纳，但是对推断性意见阐述事项对应的工程造价金额，会结合整个案件的审判情况，从法律和审判的角度进行考量后综合性地采纳确定。有时会是完全采纳推断性意见阐述事项对应的工程造价金额。有时会是在推断性意见阐述事项对应的工程造价金额基础上进行一定比例的折减。有时会是在推断性意见阐述事项对应的工程造价金额范围之内酌情考量部分金额。

根据《造价鉴定规范》第 5.11.3 条规定："当鉴定项目或鉴定事项内容客观，事实较清楚，但证据不够充分，应作出推断性意见。"由于推断性意见形成的工程造价结果，对应的客观事实存在，是"多"和"少"的概念，因此一般情况下委托人不会完全不采纳推断性意见。

3.2.2 推断性意见的场景

根据造价鉴定规范对推断性意见的说明，并从造价鉴定的实务角度出发，推断性意见有五种对应的场景，分别是事实客观，事实不完全清楚；事实清楚，专业计算无法区分；事实清楚，计算支撑资料不齐全；事实清楚，鉴定方法为间接鉴定；事实清楚，专业计算结果偏差大。

1）事实客观，事实不完全清楚

当工程造价鉴定对应的事实客观存在，但是事实不完全清楚时，可以采用推断性意见。

例如，某建设工程项目，设计施工图注明天棚做法为抹灰＋涂刷腻子两遍。施工过程中，设计变更调整做法如下："取消天棚抹灰，天棚采取打磨局部找平，刷腻子两遍。"

鉴定过程中，原被告双方对天棚涂刷腻子两遍的客观事实均予认可，但是对于天棚是否进行了打磨局部找平这一事实，原告认为天棚取消抹灰直接涂刷腻子，必然要先对天棚进行打磨局部找平，同时设计变更中也做了明确的说明。

被告认为实际施工现场天棚没有进行打磨局部找平的施工工序，被告同时提供了经过审批的施工组织设计方案，方案中注明在混凝土基层上直接涂刷腻子，未注明需要打磨局部找平。

鉴定人通过现场勘验，对于天棚是否进行了打磨局部找平无法确定。

根据设计变更说明，该项目应该单独计取天棚打磨和局部找平费用。假定实际施工过程中没有进行天棚打磨和局部找平，采取直接在天棚上刷腻子，此时由于取消了水泥砂浆找平层，刷腻子的材料消耗量和工效等均降低，同样需要在正常定额计算天棚刷腻子的基础上考虑相应的造价增加。

本案天棚涂刷腻子的客观事实存在，但是对于天棚是否进行打磨和局部找平的事实不完全清楚。如果实际进行了打磨和局部找平施工，则应该按照打磨和局部找平计算相应的造价；如果实际未进行打磨和局部找平施工，则应该在正常定额计算天棚刷腻子的基础上考虑相应的腻子消耗量增加和工效降低等导致的造价增加。

鉴于此，鉴定人按照设计变更说明和定额文件规定，单独计取天棚打磨和局部找平费用，该部分费用单独列明进入推断性意见。

2）事实清楚，专业计算无法区分

当工程造价鉴定对应的事实清楚，但从工程造价计算的角度，对某些造价无法根据事实进行对应区分计算时，这种情况下对于该部分造价可以采用推断性意见。

例如，某建设工程项目，施工企业完成了主体结构工程部分的施工，同时按照施工组织设计要求搭建了相关临时设施，并跟随施工进度要求进行了相关安全施工、文明施工和环境保护等费用的投入。

该项目在进行已完工程造价鉴定时，对于安全文明施工费的计算存在了分歧。

根据当地安全文明施工费的计费标准，安全文明施工费根据税前工程造价按照 3.74% 的费率标准计算。安全文明施工费包含安全施工费、文明施工费、环境保护费和临时设施费，临时设施是前期全部修建完成，安全施工费、文明施工费、环境保护费是随施工进度投入。

如果按照主体结构工程鉴定税前造价 ×3.74% 来计算安全文明施工费，由于临时设施已全部修建完成，这种计算方式仍旧是按照部分造价计算安全文明施工费，没有考虑到临时设施已全部修建完成这个情况，即专业计算与客观事实没有对应。

如果按照整个工程税前造价 ×3.74% 来计算安全文明施工费，由于施工企业还有二次结构、砌体工程、装饰装修工程等未完成，按照整个工程税前造价计算全部安全文明施工费，没有考虑到未完内容施工时仍旧需要安全施工费、文明施工费、环境保护费投入的情形，专业计算与客观事实也不吻合。

对于此，鉴定人最终按照整个工程税前造价计算相应的安全文明施工费，对此得出的安全文明施工费金额单独列明，进入推断性意见。

注：在某些省份的安全文明施工费计取规定中，不仅列明了安全文明施工费的具体组成和整体计费标准，同时还详细地注明了对应组成费用的具体计费比例，这种情况下可以根据具体事情进行专业区分，应该对安全文明施工费进行专业区分计算后列入确定性意见。

如某省注明安全文明施工费按照税前造价的 $A\%$ 计算，安全文明施工费具体包含安全施工费（占比 $A_1\%$）、文明施工费（占比 $A_2\%$）、环境保护费（占比 $A_3\%$）、临时设施费（占比 $A_4\%$），其中 $A\% = A_1\% + A_2\% + A_3\% + A_4\%$。

对于上述案例，临时设施已经修建完成，该部分可以全部计算，安全施工费、文明施工费、环境保护费可以按照造价比例分摊计算。

即主体结构工程造价鉴定安全文明施工费 = 整个工程税前造价 $\times A_4\%$ +（主体结构工程税前造价 / 整个工程税前造价）× （$A_1\% + A_2\% + A_3\%$）。

3）事实清楚，计算支撑资料不齐全

当工程造价鉴定对应的事实清楚，但是从工程造价计算的角度，对某些造价计算需要的支撑资料不齐全，导致无法得出对应准确的工程造价时，该部分造价可以采用推断性意见。

例如，某建设工程项目，设计施工图中注明了马凳筋的布置范围，但是未注明马凳筋的型号、布置间距，施工组织设计中也没有明确说明，施工过程中也没有形成相应的签证收方文件。

针对上述情况，马凳筋布置的事实清楚，但是计算马凳筋工程造价对应的支撑资料不齐全，无法根据设计施工图准确计算出马凳筋的工程量。鉴定人最终采取按照通常行业做法中马凳筋的型号和布置间距，结合设计施工图的布置范围，计算出相应的马凳筋工程造价，将该部分造价进行单独列明，进入推断性意见。

4）事实清楚，鉴定方法为间接鉴定

当工程造价鉴定对应的事实清楚，但从工程造价计算的角度，无法采取直接鉴定计算的方法得出工程造价，而需要采取间接推导的方式间接得出工程造价，这种情形得出的工程造价可以采用推断性意见。

例如，某平场土石方工程，A 是总承包单位，A_1 作为专业分包单位施工了部分土石方工程后退场，A_2 接着作为专业分包单位施工了部分土石方工程，施工过程中 A_2 与总承包单位 A 产生纠纷退场，最后 A 委托 A_3 完成剩余部分土石方工程。

A 和 A_2 办理结算过程中，对土石方工程造价产生争议，双方起诉至人民法院，人民法院委托造价鉴定机构进行土石方工程造价鉴定。

鉴定过程中，专业分包单位 A_2 提供了施工合同和进度产值审核资料。总承包单位 A 提供了设计施工图、审计单位对该平场土石方工程的审计结果、总承包单位 A 与专业分包单位 A_1 办理的结算资料、总承包单位 A 与专业分包单位 A_3 办理的结算资料。

本案专业分包单位进行了土石方工程施工的事实清楚，但是专业分包单位未提供有效的其进行土石方开挖前的地貌图，也未提供其施工完成后的地貌图，导致无法采取直接计算的鉴定方法得出专业分包单位 A_2 对应的工程造价。鉴定人在征得委托人同意的前提下，最终采取间接推导的方式计算出专业分包单位 A_2 对应的工程造价，即专业分包单位 A_2 对应的工程量 = 审计单位对该平场土石方工程审计确定的总工程量 – 总承包单位 A 与专业分包单位 A_1 办理的结算资料中对应的工程量 – 总承包单位 A 与专业分包单位 A_3 办理的结算资料中对应的工程量，最终再根据上述间接方式计算出的 A_2 完成土石方工程量，按照总承包单位 A 与专业分包单位 A_2 签订专业分包合同中对应的综合单价，得出专业分包单位 A_2 对应的工程造价作为推断性意见。

5）事实清楚，专业计算结果偏差大

当工程造价鉴定对应的事实清楚，但是从工程造价计算的角度，在某些情况下按照定额计算得出的结果，严重偏离正常合理的价格，在这种情况下，对于严重偏离正常合理价格的部分，可以作为推断性意见单独列明。具体案例可以参考前述"确定性意见的前提"一节关于钢结构 H 型钢工程造价鉴定案例中相关内容的阐述。

3.3　选择性意见的理解适用

3.3.1　选择性意见的理解

按照《建设工程造价鉴定规范理解与适用》一书中的相关条文解读："选择性意见是由于合同约定矛盾或当事人对证据存在争议，委托人一时又无法在鉴定工作开展前对证据效力进行认定。为使鉴定工作不至于因此停顿，鉴定人只好分别按照不同的合同约定条款或证据或当事人对证据的不同理解分别列项，做出不同的鉴定意见，供委托人分析、判断后选择使用。"

从工程造价鉴定人的专业视角理解，选择性意见是指鉴定人把工作顺序进行倒置，即对于鉴定过程中需要对某事项涉及的相关法律问题进行认定，才能进行造价定量计算工作的，鉴定人先按照不同的法律定性和理解适用分别进行造价定量计算，将分别计算的结果作为选择性意见单独列明，最终再由委托人根据审判情况在法律理解和法律判断后进行选择适用，对应的是非"此"即"彼"的概念。

因此，对于选择性意见的辨别，事实上就对鉴定人提出了超出造价专业本身的专业要求，也就是鉴定人要具备相应的法律知识，能区分哪些是法律问题，哪些是造价专业本身的问题。对于法律上暂时不确定或者不能定性的问题，需要鉴定人针对不同的法律问题定性结合专业知识，给出相应的选择意见；但是对于造价专业本身的问题，需要鉴定人明确确定，不能做出选择性意见。如果鉴定人把法律问题理解为了专业问题直接进行确定，就容易产生"以鉴代审"的情形；如果鉴定人把专业问题理解为了法律问题以选择性意见的形式呈现，就导致委托人被迫产生"以审代鉴"的情形。

作为委托人，对于选择性意见，审判过程中在查明案件事实的基础之上，在判决书中会从法律理解和法律适用的角度逐一说理分析，进行选用后判决。一般情况下，对于某一事项选择性意见对应的 A 或 B 两个不同造价结果，委托人或者选择其中 A，或者选择其中 B，一般不会 A 和 B 两者都不选择，或者只选择 A 或 B 中的一部分。

3.3.2　选择性意见的场景

根据《造价鉴定规范》对选择性意见的说明，并从造价鉴定的实务角度出发，选择性意见有八种对应的场景，分别是合同约定矛盾，委托人未明确的；同一事项的同一证据存在不同理解，委托人未明确的；鉴定资料矛盾，委托人未明确的；质证意见不认可某证据材料真实性，委托人未认定的；案件事实不清楚或者存在争议，委托人未认定的；存在合同范围外施工，没有明确指令的；鉴定申请人自身提交的鉴定材料未计算，实际施工图有该内容的；存在不同的鉴定方法，委托人未认定的。

1）合同约定矛盾，委托人未明确的

根据《造价鉴定规范》第5.3.5条和第5.11.4条：

5.3.5　鉴定项目合同对计价依据、计价方法约定条款前后矛盾的，鉴定人应提请委托人决定适用条款，委托人暂不明确的，鉴定人应按不同的约定条款分别作出鉴定意见，供委托人判断使用。

5.11.4　当鉴定项目合同约定矛盾或鉴定事项中部分内容证据矛盾，委托人暂不明确要求鉴定人分别鉴定的，可分别按照不同的合同约定或证据，作出选择性意见，由委托人判断使用。

因此，对于合同约定矛盾，委托人未明确的，可以分别按照不同的合同约定计算出相应的工程造价，做出选择性意见。在造价鉴定实务中，对于合同约定矛盾，有如下四种情形。

第一种情形，施工合同本身条款之间对某一事项的约定存在矛盾。

例如，某施工合同专用条款在"市场价格波动引起的调整"中约定如下：

采用造价信息进行价格调整。对中标清单中因市场价格波动引起的人工及主要材料价差调整：人工价差不调整；若施工过程中主要材料（钢筋、商品混凝土、水泥、砖）按施工期间（开工到主体结构验收）所对应的《××工程造价信息》的算术平均值与基准价格（××年××期《××工程造价信息》）比较涨跌幅度在±5%范围内，不予调整；上述材料涨跌幅度超过±5%，则对超过部分按实调差。

该施工合同在"竣工结算审核"的"结算原则"中约定如下：

对中标清单因市场价格波动引起的人工及主要材料价差调整：……比较涨跌幅度在±10%范围内，不予调整；上述材料涨跌幅度超过±10%，则对超过部分按实调差。

该施工合同不同的条款对材料调差涨跌幅度约定存在矛盾，鉴定时可以分别按照"涨跌幅度在±5%"和"涨跌幅度在±10%"两个标准做出相应选择性意见。

第二种情形，施工合同条款约定与招标文件约定存在矛盾。

例如，某施工合同专用条款对材料调差的约定为："涨跌幅度在±5%范围内，不予调整；上述材料涨跌幅度超过±5%，则对超过部分按实调差。"

招标文件中对材料调差涨跌幅度约定的标准是±10%，这种情况即可以理解为合同约定矛盾，同时也是施工合同某条款约定与招标文件不一致，施工合同该条款是否有效的问题。在委托人未明确的前提下，鉴定时可分别按照施工合同约定和招标文件约定两个标准做出相应选择性意见。

第三种情形，施工合同条款约定与招标文件一致，补充协议与施工合同和招标文件矛盾。

例如，某施工合同专用条款和招标文件对材料调差的约定为："涨跌幅度在±10%范围内，不予调整；上述材料涨跌幅度超过±10%，则对超过部分按实调差。"

施工过程中，当事人双方签订的补充协议中约定，材料调差涨跌幅度调整为±5%，

如果该项目为公开招投标项目，则存在补充协议约定改变了招标文件和施工合同实质性条款是否有效的问题。在委托人未明确的前提下，鉴定时可以分别按照补充协议约定和施工合同约定两个标准做出相应选择性意见。

第四种情形，当事人双方分别提出的施工合同，对某一事项的约定存在矛盾。

根据《造价鉴定规范》第 5.3.6 条：

5.3.6　当事人分别提出不同的合同签约文本的，鉴定人应提请委托人决定适用的合同文本，委托人暂不明确的，鉴定人可按不同的合同文本分别作出鉴定意见，供委托人判断使用。

在造价鉴定过程中，有些质证笔录中当事人会提出两者合同不一致或者矛盾的地方；也有双方当事人都提交了施工合同，但是当事人双方没有提出质疑的情况，这种情况下鉴定人在鉴定时，需要将当事人双方提供的合同对于造价计算相关的实质性条款进行比对。如有矛盾的，可以主动向委托人反馈，根据委托人的决定进行处理。

2）同一事项的同一证据存在不同理解，委托人未明确的

根据《造价鉴定规范》第 4.7.7 条的规定：

4.7.7　同一事项的同一证据，当事人对其理解不同发生争议，鉴定人可按不同的理解分别作出鉴定意见并说明，供委托人判断使用。

对于同一事项的同一证据存在不同理解，主要存在如下几种情形。

第一种情形，鉴定人对施工合同中某一条款的约定存在不同理解。

这种情况是鉴定人在鉴定过程中，对于施工合同具体某一项条款，从专业的角度，存在不同的理解，鉴定人可以根据对该条款不同的理解做出选择性意见。

第二种情形，鉴定人对签证收方等证据资料的某一表述或记录存在不同理解。

这种情况是鉴定人在根据签证收方等证据资料计算工程量和相关单价时，对于签证收方的表述或记录，存在不同的工程量计算结果，或者不同的单价理解，这种情况下，鉴定人可根据对签证收方资料等不同的理解对结果做出选择性意见。

第三种情形，当事人对合同某条款或者签证收方某表述的理解存在争议。

这种情况属于鉴定人没有发现或者没有提出合同某条款或者签证收方表述的不同理解，而是在鉴定过程中，当事人对合同某条款或者签证收方某表述的理解存在争议。

在鉴定实务中，对于当事人双方的不同理解争议，作为鉴定人不能是当事人双方一提出争议就认为争议成立，就按照当事人双方的不同理解做出选择性意见。如果是这样，就失去了鉴定本身的意义。一般情况下，对于当事人双方提出的理解争议，鉴定人应该先从专业上进行判断，如果通过专业判断，确定该事项不属于理解争议，鉴定人应按照其专业理解进行判断。如果当事人认为该事项属于理解争议，鉴定人可根据《造价鉴定规范》第 4.7.7 条的规定，将当事人双方的理解争议分别计算作为选择性意见。

例如，某鉴定项目，计价方式为清单计价，同时施工合同在竣工结算条款中关于组织措施费、安全文明施工费、建设工程档案编制费的约定如下：

计算原则：

A. 施工组织措施项目费：招标施工图范围内因设计变更、工艺变化、工程量增减等因素而引起实际措施费的变化，均按投标时施工组织措施项目费的报价作为结算价，不包含招标施工图范围以外按定额组价的新增变更工程。

B. 安全文明施工费：按渝建发〔2014〕25号文执行，其中，安全文明施工费费率应按《重庆市建设工程费用定额》（CQFYDE—2018）的标准调整及《重庆市城乡建设委员会关于适用增值税新税率调整建设工程计价依据的通知》（渝建发〔2018〕195号）的规定标准进行结算。

C. 建设工程竣工档案编制费：按《关于调整建设工程竣工档案编制费计取标准与计算方法的通知》（渝建发〔2014〕26号）规定，其中，建设工程竣工档案编制费费率应按《重庆市建设工程费用定额》（CQFYDE—2018）的标准调整。

根据《重庆市建设工程费用定额》（CQFYDE—2018）的说明，建筑安装工程费用的具体组成见表3.1。

表 3.1 建筑安装工程费用项目组成表

建筑安装工程费	分部分项工程费		建筑安装工程的分部分项工程费
	措施项目费	施工技术措施项目费	特、大型施工机械设备进出场及安拆费
			脚手架费
			混凝土模板及支架费
			施工排水及降水费
			其他技术措施费
		施工组织措施项目费	组织措施费 — 夜间施工增加费
			组织措施费 — 二次搬运费
			组织措施费 — 冬雨季施工增加费
			组织措施费 — 已完工程及设备保护费
			组织措施费 — 工程定位复测费
			安全文明施工费
			建设工程竣工档案编制费
			住宅工程质量分户验收费
	其他项目费		暂列金额
			暂估价
			计日工

续表

建筑安装工程费	其他项目费	总承包服务费	
	规费	社会保险费	养老保险费
			工伤保险费
			医疗保险费
			生育保险费
			失业保险费
		住房公积金	
	税金	增值税	
		城市维护建设税	
		教育费附加	
		地方教育附加	
		环境保护税	

在工程造价鉴定过程中，对于该结算条款，被告认为施工合同明确约定"施工组织措施项目费"为"按投标时施工组织措施项目费的报价作为结算价"，而根据《重庆市建设工程费用定额》（CQFYDE—2018）的说明，"施工组织措施项目费"包含"组织措施费""安全文明施工费""建设工程竣工档案编制费""住宅工程质量分户验收费"，因此，本项目"组织措施费""安全文明施工费""建设工程竣工档案编制费"均为按照投标时对应的报价包干计算，不按照实际造价调整。

原告认为，施工合同的"施工组织措施项目费"按照投标报价包干计算，实际本意指的是"组织措施费"。本项目"组织措施费"按照投标时对应的报价包干计算，"安全文明施工费"和"建设工程竣工档案编制费"按照单独相关文件规定按实计算，即"安全文明施工费"按照税前造价为费用计算基础乘以一定费率计算；"建设工程竣工档案编制费"按照"定额人工费 + 定额施工机具使用费之和"或者"定额人工费"为费用基础乘以一定费率计算。

对于当事人双方关于施工合同结算条款的不同理解争议，鉴定人从专业理解上进行了专业判断，认为结算条款明确约定了"安全文明施工费"和"建设工程竣工档案编制费"按照相关文件按实计算，"安全文明施工费"和"建设工程竣工档案编制费"应按照合同约定执行相关文件按实计算。对于施工合同约定的"施工组织措施项目费"按照投标报价包干计算，一方面该处约定与"安全文明施工费"和"建设工程竣工档案编制费"计算的约定，属于一般条款和特殊条款的区别，两者有分歧时，优先按照特殊条款的约定执行。另一方面，根据工程造价的行业习惯，一般的组织措施费按照报价包干结算，通常理解为只包含"夜间施工增加费""二次搬运费""冬雨季施工增加费""已完工程及设备保护费""工程定位复测费"对应狭义的"组织措施费",而不是扩大化的"施工组织措施项目费",此处施工合同表述的"施工组织措施项目费"从招投标过程和行业习惯的角度理解,应该对应的是"组织措施费"包干,而不是片面地按照字面表述机械理解。

因此,本案鉴定人最终在鉴定意见书中没有把当事人双方对于该结算条款的不同理解,分别作出选择性意见,而是根据鉴定人的专业理解按照确定性意见计算。

3）鉴定资料矛盾,委托人未明确的

鉴定资料矛盾,主要是指鉴定过程中,在委托人提交的鉴定资料的不同类型证据材料或者相同证据材料中,对相关事实的表述和相关造价计算的表述等矛盾,鉴定人可以根据相互矛盾的鉴定资料分别计算,做出选择性意见。

4）质证意见不认可某证据真实性,委托人未认定的

根据《造价鉴定规范》第4.7.3条的规定:

4.7.3 当事人对证据的真实性提出异议,或证据本身彼此矛盾,鉴定人应及时提请委托人认定并按照委托人认定的证据作为鉴定依据。

如委托人未及时认定,或认为需要鉴定人按照争议的证据出具多种鉴定意见的,鉴定人应在征求当事人对于有争议的证据的意见并书面记录后,将该部分有争议的证据分别鉴定并将鉴定意见单列,供委托人判断使用。

当一方当事人提交证据资料,另一方当事人不认可某鉴定资料的真实性,如果委托人未能及时对该鉴定资料的真实性进行认定,这种情况下,委托人可以对该鉴定资料按照认可真实性和不认可真实性分别计算相应造价,作为选择性意见。

同时,根据《造价鉴定规范》第4.7.4条的规定:

4.7.4 当事人对证据的异议,鉴定人认为可以通过现场勘验解决的,应提请委托人组织现场勘验。

如果当事人对某证据不认可真实性,鉴定人认为可以通过现场勘验确定,则可以按照现场勘验的结果并结合该证据进行计算分析后,作为确定性意见。

5）案件事实不清楚或者存在争议,委托人未认定的

当工程造价鉴定对应的事实客观存在,但是部分案件事实不清楚或者存在争议,委托人又未及时对事实和争议进行认定的情况,可以对该部分事实和争议对应的造价分别计算,作为选择性意见。在实务中,主要存在如下两种典型情形。

第一种情形,部分施工内容不清楚或存在争议,委托人未及时认定的。

例如，某总承包工程项目包含土建工程和安装工程，原告认为安装工程中的给排水工程是原告施工的，并提供了相应的验收资料；被告认为安装工程中的给排水工程是其他单位施工的，只是并入原告进行资料归档和整体验收，并提供了被告与其他单位签订的给排水工程施工合同。委托人对给排水工程施工内容争议和事实未进行认定，鉴定人可以按照给排水工程施工内容单独计算，作为选择性意见。

第二种情形，施工质量存在争议，委托人未及时认定的。

例如，某总承包工程项目，对于市政管道工程的回填，设计要求是中粗砂回填，原告认为是按图施工，应按照中粗砂回填计算；被告认为现场实际是按照碎石回填，并提供了现场影像资料，应该按照实际碎石回填计算。委托人对管道回填是否是按图施工未及时认定，也未进行质量鉴定，鉴定人可在分别计算后，作为选择性意见。

在实务中，一方当事人对施工质量存在异议，这种情况下鉴定人一般不应简单按照当事人对施工质量存在异议就将该部分内容分别计算，作为选择性意见，而应该结合具体情况分别处理。

根据《造价鉴定规范》第5.6.5条的规定：

5.6.5　发包人以工程质量不合格为由，拒绝办理工程结算而发生争议的，鉴定人应按以下规定进行鉴定：

1. 已竣工验收合格或已竣工未验收但发包人已投入使用的工程，工程结算按合同约定进行鉴定；

2. 已竣工未验收且发包人未投入使用的工程，以及停工、停建工程，鉴定人应对无争议、有争议的项目分别按合同约定进行鉴定。工程质量争议应告知发包人申请工程质量鉴定，待委托人分清当事人的质量责任后，分别按照工程造价鉴定意见判断采用。

如果项目施工内容已经通过各方质量验收合格，并有相应的验收资料，或者已经施工完成未验收但发包人已经投入使用，则按照施工图计算作为确定性意见。如果该施工内容可以通过现场勘验，明确具体施工情况，可以按照具体施工图计算作为确定性意见；但是如果现场勘验结果高于设计施工图要求，这时需要按照现场勘验结果和设计施工图分别计算后做出选择性意见；如果现场勘验结果在施工质量要求的正常偏差范围之内，这时应按照设计施工图计算做出确定性意见。如果委托人认为需要对该施工内容进行质量鉴定，则按照质量鉴定结果计算后做出确定性意见。

6）存在合同范围外施工，没有明确指令的

在鉴定过程中，对于某些实际施工内容，不属于施工合同约定的承包范围，但是实际又是由施工企业施工，同时没有相关资料或者指令证明是建设单位同意其施工或者增加的施工内容，在这种情况下对该合同范围外的施工内容，鉴定人需要分别计算后，做出选择性意见。

7）鉴定申请人提交的鉴定资料未计算，实际施工图有该内容的

在鉴定过程中，对于某工程内容，如果设计施工图中有描述，也属于施工合同约定的施工范围，但是鉴定申请人在其提交的单方面签字盖章的结算书中未计算该部分工程内容。这种情况下，或者是鉴定申请人在结算书编制过程中因工作疏忽，对该部分工程内容少算和漏算；或者是鉴定申请人实际未施工该部分工程内容，本着实事求是的原则在结算书中未计算该部分工程内容的造价。

对于这种情形，鉴定人应对鉴定申请人在鉴定资料中未计算的这部分内容进行单独计算，作为选择性意见。

8）存在不同的鉴定方法，委托人未认定的

对于某些鉴定项目，当存在不同的鉴定方法时，而委托人又未对鉴定方法进行认定的情况下，鉴定人可以根据不同的鉴定方法分别计算，作为选择性意见。

例如，根据《造价鉴定规范》第 5.8.5 条的规定：

5.8.5 因发包人原因，发包人删减了合同中的某项工作或工程项目，承包人提出应由发包人给予合理的费用及预期利润，委托人认定该事实成立的，鉴定人进行鉴定时，其费用可按相关工程企业管理费的一定比例计算，预期利润可按相关工程项目报价中的利润的一定比例或工程所在地统计部门发布的建筑企业统计年报的利润率计算。

对于发包人删减合同工作内容，承包人提出预期利润的鉴定时，存在不同的鉴定方法，可以根据删减合同工程量，按照投标报价书或者中标清单中所示的利润率计算；可以按照删除工作内容对应的工程造价，按照工程所在地统计部门发布的建筑企业统计年报利润率计算；还可以按照删除工作内容对应的工程造价，根据承包人前三年的实际财务报表所体现的利润率计算。如果鉴定人向委托人提出了上述三种鉴定方法，而委托人未及时认定的，鉴定人可以根据上述三种不同的鉴定方法分别计算，做出选择性意见。

3.4 单列说明意见的理解适用

在工程造价鉴定实务中，除了确定性意见、推断性意见和选择性意见外，经常还会出现一种情形，在鉴定意见书中对某事项单列说明。该单列说明既不属于确定性意见，也不属于推断性意见和选择性意见。

单列说明意见存在两种情形，第一种情形来自《造价鉴定规范》第 4.7.8 条的规定：

4.7.8 一方当事人不参加按本规范 4.3.4 条和第 4.3.5 条规定组织的证据交换、证据确认的，鉴定人应提请委托人决定并按委托人的决定执行；委托人未及时决定的，鉴定人可暂按另一方当事人提交的证据进行鉴定并在鉴定意见书中说明这一情况，供委托人判断使用。

在建设工程施工合同纠纷案件中，有时会存在一方当事人提起诉讼和提交证据资料后，另一方当事人不参加诉讼活动，或者不参与证据提交和质证，这种情况下如果委托人未做决定，鉴定人可以暂时按照一方当事人提交的证据形成鉴定意见，并单独说明。

也有另一种情况：一方当事人前期参与了证据提交和质证，当鉴定人要求补充提供资料后，一方当事人补充提交资料，另一方当事人消极应对，不再参加后面的证据质证以及诉讼活动。在这种情况下如果委托人未作决定，鉴定人对前期经过当事人双方质证的证据，可以出具确定性意见、推断性意见和选择性意见。对于后期一方当事人不再参与质证等诉讼活动环节，另一方当事人提交的证据资料，鉴定人可以按照该鉴定资料单独形成该部分鉴定意见，并在鉴定意见书中单列说明。

第二种情形来自《造价鉴定规范》第 4.7.6 条的规定：

4.7.6　同一事项当事人提供的证据相同，一方当事人对此提出异议但又未提出新证据的；或一方当事人提供的证据，另一方当事人提出异议但又未提出能否认该证据的相反证据的，在委托人未确认前，鉴定人可暂用此证据作为鉴定依据进行鉴定，并将鉴定意见单列，供委托人判断使用。

该种情形主要是在实务中针对某鉴定事项，一方当事人提出了证据，另一方当事人提出了异议，但是又不能提出否认该证据的相反证据；与此同时鉴定人又没有办法通过其他专业方式或者方法来确定该鉴定事项对应工程造价的，而委托人又未能对该证据进行确认，鉴定人可以暂时按照该证据资料作为鉴定依据形成鉴定意见，并在鉴定意见书中单列说明。

例如，某建设工程施工纠纷案件，原告申请对该项目的工程造价和停工窝工损失金额进行鉴定，原告提交了相关停工窝工损失资料。被告不认可该损失资料，未提交其他资料。与此同时，委托人对原告停工窝工损失是否成立以及原告提交的损失资料是否有效未进行确定，鉴定人也无法通过其他专业方式或者方法来计算本案的具体停工窝工损失金额，在这种情况下，鉴定人按照原告提交的索赔资料计算相应的索赔金额，在鉴定意见书中单列说明如下：

申请人 ×× 与被申请人 ×× 因建设工程施工合同纠纷一案停工窝工损失鉴定，无双方签字盖章或者双方一致认可的相关鉴定资料，本次鉴定暂时根据申请方移交的鉴定资料，即施工方案、房屋租赁合同、机械租赁合同、材料进场报验资料、人工工资表、双方公司的其他往来文件等相关资料进行计算，计算得出因涉案工程工期延误对应的停工、窝工损失鉴定金额为 ×× 元（大写金额：×× 元）。

该鉴定金额有效的前提为申请人 ×× 提供的施工方案、房屋租赁合同、机械租赁合同、材料进场报验资料、人工工资表、双方公司的其他往来文件等相关资料等真实有效。

3.5　鉴定意见结构化表述

3.5.1　结构化表述的方法

鉴定意见作为一种证明力非常强的证据，在建设工程施工合同纠纷的审判中，法官会从案件审理和法律适用的角度，对鉴定意见进行采纳和选择。由于造价鉴定时鉴定意见对应的是固定的鉴定资料，并且是从造价专业的单一视角给出的意见，但是委托人进行最终判决时，会考虑各种复杂的案件事实，以及相关法律适用，甚至是具体到项目实际情况的公平公正和利益平衡等，会对鉴定意见进行综合性评判和考虑后做出相应裁判。

因此，如果鉴定意见的表述是笼统的、杂糅的，或者相关事项相互交叉而又没有进行区分，导致后期委托人在法律适用和综合评判后需要对鉴定意见的某一部分进行拆分后使用，或者还需要对某一法律问题对应的某事项进行相应造价计算后才能进行综合评判。这种情况下，或者是委托人要求鉴定人进行补充鉴定，或者是委托人基于各种考虑，在没有要求鉴定人进行相应造价计算的前提下，纯粹从法律理解和内心确信的角度，进行相应自由裁量权的行使。如果是第一种情形，则是由于鉴定人的鉴定工作不到位，导致了程序上的拖沓和案件审判时间的延长，间接影响了当事人双方的利益。如果是第二种情形，则属于鉴定人鉴定工作考虑不细致，导致本该建立在相应造价鉴定意见基础之上的委托人自由裁量权的行使，变成了没有对应造价专业计算结果参照物之上的基于委托人内心自由心证的自由裁量权的判断，会在一定程度上影响案件的公平公正，也会间接影响某一方当事人的利益。

因此，对于鉴定意见的表述，作为鉴定人应该采取"以终为始"和"以用户为中心的视角"进行逆向思维，凡是从终局的法律适用和事实判断上会存在歧义或者需要区分的内容或事件，凡是从法官裁判时对鉴定意见的选择会存在不同可能性或者可能具有不同结果的地方，鉴定人应提前进行预判分析后再从造价专业的角度进行结构化专业拆分，最后再根据《造价鉴定规范》的要求形成结构化层次分明的鉴定意见表述，形成既具有一个个边界清晰的分项意见小积木，又具有分模块分层次结构项目的整体意见大体系。委托人在进行最终裁判时，结合案件事实之池和法律规范之渊，既可以直接采纳整体意见大体系，也可以只采纳鉴定意见的部分模块部分层次小体系，甚至还可以对边界清晰的分项意见小积木进行排列组合，在形成新的法律和裁判视角的新模块、新体系后，再进行相应的最终判决。

在造价鉴定实务中，可以从三个方面进行鉴定意见的结构化拆分。

第一个方面是按图索骥，按照前述"确定性意见的前提""推断性意见的场景""选择性意见的场景""单列说明意见的适用场景"等内容描述，对鉴定资料进行相应分析，如果存在对应事项对应场景的，该部分内容就需要作为单独的意见进行注明。

第二个方面是复合思维，从造价＋法律的视角，通过对相关法律条文的理解，并结合造价专业的分析，对于后期委托人裁判可能需要使用的数据，或者可能需要借鉴参考的数据等，需要在鉴定意见整体大框架下进行拆分计算和具体说明。

第三个方面是实践出真知，通过不断参加建设施工合同建设纠纷案件的诉讼活动，积累丰富的诉讼经验，通过总结分析当事人可能会提出重大质证意见或者争议非常大的地方，或者是会存在基于客观事实之上的利益平衡等现实考量时，可以对该部分内容在鉴定意见整体体系下进行局部拆分和说明。

3.5.2　结构化表述的案例

某建设工程施工合同纠纷案件，相关情况如下：

【起诉案情】

××年××月，原被告双方签订了《保温专业工程施工分包合同》，被告将其施工总承包的"××三期二标段"项目相关楼栋的保温分部分项工程分包给原告进行施工，承包方式为包工包料，合同价格为单价包干，签约合同总价暂定为××元。

合同签订后，原告及时组织人员、采购材料、调度机械和设备、垫付大量资金精心组织施工，终于使案涉保温工程于××年××月××日顺利完工并验收合格。但截至本状签署之日，被告仅向原告支付工程款××元（公司账户到账××元，农民工专户××元），仍有大部分工程款未支付。原告反复催促，但被告拒绝办理结算，拒绝支付后期工程款项。

原告认为，被告拖延办理结算、拖欠工程款的行为，违反了合同约定和法律规定，侵害了原告的合法权益，故根据《中华人民共和国民事诉讼法》等法律规定向人民法院提起诉讼，请求依法受理，公正判决。

【鉴定说明】

（一）关于施工范围的说明

被告在××年××月××日的质证意见中提出："……原告在施工期间并未完全按照图纸施工，存在未施工部分由我方项目部另行召集施工队伍施工……"我司在"××鉴函〔××〕第××号"中明确说明："请原被告双方对本项目实际施工范围进行具体说明并提供详细明确的质证意见。"

由于原被告双方对本项目实际施工范围一直未进行具体说明，根据《提请委托人确认鉴定方法的函》并经××人民法院确认，本案施工范围按照双方当事人签订的专业分包合同和补充协议约定的内容与范围进行鉴定。

（二）关于工程量计算依据的说明

对于原告提供的"××市城市建设档案馆复制的该案建筑部分竣工图××张以及对应光盘××张"，被告在××年××月××日的质证意见中提出："原告提供的图纸为复印件，对其真实性不认可……"

由于原被告双方均未能提供本项目的设计施工图或竣工图原件，根据《提请委托人确认鉴定方法的函》并经××市××区人民法院确认，本案工程量按照××市城市建设档案馆复制的本项目建筑部分竣工图作为计算依据，该部分计算结果纳入确定性意见。

（三）关于保温工程深化设计图电子版的说明

对于原告提供的本项目保温工程深化设计图电子版，即"××三期保温涂料图纸"电子文档，我司在"××鉴函〔××〕第××号"中明确说明："1.被告未对原告提供的光盘中的本项目保温工程深化设计图，即'××三期保温涂料图纸'内容进行质证，请提供相应的质证意见；2.原告提供本项目保温工程深化设计图，即'××三期保温涂料图纸'文档内的图纸及图纸疑问表对应的纸质版。"

由于被告一直未对保温工程深化设计图电子版提供对应质证意见，同时原告也未提供保温工程深化设计图对应的纸质版原件，根据《提请委托人确认鉴定方法的函》并经××人民法院确认，本案对于本项目的保温工程深化设计图（即"××三期保温涂料图纸"）与××市城市建设档案馆复制的本项目建筑部分竣工图之间的差异部分单独计算，该部分计算结果纳入选择性意见单独列明。

（四）关于清单单价的说明

本案清单单价按甲乙双方签订的《保温专业工程施工分包合同》及《保温专业分包施工合同补充协议（一）》具体约定执行。

（五）关于高层屋面花架、高层女儿墙内侧、高层阳台天棚的说明

保温工程深化设计图（即"××三期保温涂料图纸"）图纸中，对高层屋面花架、高层女儿墙内侧、高层阳台天棚等处有对应深化做法图示和表述。在原告提交的工程量计算资料中，未包含深化设计图中上述部分的工程量。

因此，对于保温工程深化设计图对应高层屋面花架、高层女儿墙内侧、高层阳台天棚的内容（具体详见附图××），该部分计算结果纳入选择性意见单独列明。

（六）关于车库侧墙面保温的说明

××市城市建设档案馆复制的本项目建筑部分竣工图与保温工程深化设计图（即"××三期保温涂料图纸"）对于商业一层与地下车库负一层交接墙体靠车库侧均表达为墙面保温范围，在原告提交的工程量计算资料中，未包含商业一层与地下车库负一层交接墙体靠车库侧墙面保温的工程量。

因此，对于商业一层与地下车库负一层交接墙体靠车库侧墙面保温的内容（具体详见附图××），该部分计算结果纳入选择性意见单独列明。

（七）关于质量安全进度扣款的说明

关于《进度计量报表》（第××期）中的质量安全进度扣款（扣款金额为××元），属于人民法院对合同违约责任的裁判权范畴，未包含在本次工程造价鉴定范围之内。

【鉴定意见】

根据 ×× 人民法院提供的鉴定资料，在实施必要的鉴定程序和鉴定方法后，鉴定组的鉴定意见如下：

（一）确定性意见

根据 ×× 市城市建设档案馆复制的竣工图并结合施工合同约定等相关资料，经过计算分析，本工程确定性鉴定意见工程造价为 ×× 元（大写：××）。

序号	项目名称	金额 / 元	备注
1	×× 市城市建设档案馆竣工图保温工程造价	××	—
2	用工扣款	××	其他班组代为完成保温工程施工内容
3	用工签证	××	—
4	合计	××	—

（二）选择性意见

1. 关于保温工程深化设计增加保温做法部分工程造价

根据保温工程深化设计图"×× 三期保温涂料图纸"与 ×× 市城市建设档案馆复制的竣工图之间的对比分析，对保温工程深化设计图在 ×× 市城市建设档案馆竣工图之上增加的保温做法进行计算，本部分选择性鉴定意见工程造价为 ×× 元（大写：××）。

序号	项目名称	金额 / 元	备注
1	高层及附属商业外墙保温处，深化设计增加部分	××	主要为阳台外墙面与相邻房间外墙面齐平时增加，具体详见计算书，原告资料有计算该处工程量
2	独立商业（6#、7#、8#、9#）外墙处，保温深化设计增加部分	××	主要为墙面齐平时增加，具体详见计算书，原告资料有计算该处工程量
3	高层附属商业女儿墙内侧、女儿墙压顶，门岗女儿墙内侧处，保温深化设计增加部分	××	原告资料有计算该处工程量
4	高层空调机位天棚及附属商业天棚处，保温深化设计增加部分	××	原告资料有计算该处工程量
5	独立商业（6#、7#、8#、9#）女儿墙内侧、女儿墙压顶处，保温深化设计增加部分	××	原告资料有计算该处工程量
6	独立商业（6#、7#、8#、9#）商业天棚处，保温深化设计增加部分	××	原告资料有计算该处工程量
7	合计	××	—

2. 关于高层屋面花架、高层女儿墙内侧、高层阳台天棚做法部分工程造价

根据保温工程深化设计图"×× 三期保温涂料图纸 ××"，对高层屋面花架、高层女儿墙内侧、高层阳台天棚做法进行计算，本部分选择性鉴定意见工程造价为 ×× 元（大写：××）。

序号	项目名称	金额/元	备注
1	高层屋面花架及高层女儿墙内侧处，保温深化设计增加部分	××	原告未计算
2	高层阳台天棚处，保温深化设计增加部分	××	原告未计算
3	合计	××	—

3. 关于车库侧墙面保温部分工程造价

对于商业一层与地下车库负一层交接墙体靠车库侧墙面保温范围进行计算，本部分选择性鉴定意见工程造价为 ×× 元（大写：××）。

序号	项目名称	金额/元	备注
1	商业一层与车库负一层交接处墙体保温	××	原告未计算
2	合计	××	—

注：以上鉴定意见相关计算书及汇总详见附件。

为提高工程造价鉴定意见书的质量，规范建设工程造价鉴定书的编制和审查，四川省造价工程师协会在发布《工程造价鉴定意见书（示范文本）》（试行）的基础上，于 2023 年 11 月 30 日发布《建设工程造价鉴定意见书编审规程（征求意见稿）》，其中对于鉴定意见结构化表述的相关规定如下：

3.1.9 鉴定意见应分别对确定性鉴定意见、推断性鉴定意见和选择性鉴定意见作出明确、具体、规范的表述。鉴定意见的金额必须分类汇总，以元为单位，注明大写数据和小写数据，小写数据保留小数点后二位；鉴定意见分类汇总详见《工程造价鉴定意见汇总表及明细表》（格式参见本规程附录 D、附录 E）。

附录 D 《确定性、推断性工程造价鉴定意见汇总表及明细表》
（<u>鉴定项目名称</u>）
《（确定性、推断性）工程造价鉴定意见汇总表及明细表》

序号	鉴定事项名称	鉴定人意见	鉴定金额/元	备注
1				
2				
3				
	合计			

附录 E　《选择性工程造价鉴定意见汇总表及明细表》

（鉴定项目名称）

《（选择性）工程造价鉴定意见汇总表及明细表》

序号	鉴定事项名称	鉴定人意见	鉴定金额 / 元	备注
1	鉴定事项 1	鉴定意见 1		
		鉴定意见 2		
2	鉴定事项 2	鉴定意见 1		
		鉴定意见 2		

第4章　鉴定意见书编写实务

鉴定意见书是工程造价专业技术的集中体现，也是工程造价鉴定结果的最终呈现。同样的专业结果，不同的编写方式，会对鉴定意见书的质量带来非常重大的影响。就如厨师做饭，面对已经准备完毕的基本食材，例如鱼，不同的烹饪风格和烹饪方式，可以制作出很多截然不同的菜品，如水煮鱼、麻辣鱼、片片鱼、过水鱼、清蒸鱼等，不同的菜品，最终客户的感受截然不同。

4.1　组成内容实务

从组成内容的角度，鉴定意见书包含正文内容、专业计算和附件部分等三个模块。其中，正文部分是鉴定意见书的核心，是鉴定结果的浓缩提炼表述；专业计算是从工程造价角度，对鉴定结果相关数据来源的具体计算和分析；附件部分是鉴定人把鉴定过程中认为与鉴定结果相关的一些过程性、程序性和佐证类等文件进行汇总。

4.1.1　正文部分编写

在实务中，对于鉴定意见书的正文部分，有两种结构组成方式。

第一种结构组成方式是，封面＋鉴定人申明＋鉴定正文＋落款签章。

第二种结构组成方式是，封面＋鉴定人申明＋落款签章＋鉴定正文。

第三种结构组成方式是，封面＋鉴定人申明＋文件签发＋鉴定正文＋落款签章。

第一种结构组成方式是《造价鉴定规范》推荐的组成方式。在实务中我们会发现，鉴定意见书就如施工合同，分为三个部分，第一部分为协议书，第二部分为通用条款，第三部分为专用条款，合同双方在协议书上签字盖章，即一打开施工合同，就能感受到施工合同签章带来的正式感。因此，造价规范推荐的组成方式中的落款签章在后，无法让委托人和当事人一眼直观地感受鉴定意见书的庄重感和正式感，有的鉴定机构采取了第二种结构组成方式，将落款签章前置，并且单独设置一页，凸显鉴定意见书的正式和庄重。也有的鉴定机构在遵循鉴定规范推荐组成方式的基础上进行了优化，采取了上述的第三种结构组成方式，落款签章仍旧放在正文之后，只是在鉴定正文之前增加了一个文件签发页，通过签发页上的签发人盖章和鉴定机构公章，单独凸显鉴定意见书的正式感、仪式感。

在实务中，也有部分机构为了从形式上快速凸显鉴定意见书的庄重性，将落款签章和文件签发放在鉴定人申明之前，这种情况下委托人和当事人打开封面就能立即看到正式的签字盖章。

例如，某鉴定机构的文件签发页内容设计如下：

成果文件签发页

项目名称：××

咨询类别：××

项目编号：××

委托单位：重庆市××人民法院

委托编号：重庆市××法委鉴字第××号

造价咨询单位负责人：××

造价咨询单位技术负责人：××

成果文件签发人：××（签字并加盖执业印章）

造价咨询单位名称：××（加盖公章）

签发日期：××

对于鉴定人申明，一般情况下按照《造价鉴定规范》的推荐内容进行表述，具体如下附内容所示，也可以结合鉴定项目的实际情况进行相应调整。

鉴定人声明

本鉴定机构和鉴定人郑重声明：

一、本鉴定意见书中依据证据材料陈述的事实是准确的，其中的分析说明、鉴定意见是我们独立、公正的专业分析。

二、工程造价及相关经济问题存在固有的不确定性，本鉴定意见的依据是贵方委托书和送鉴证据材料，仅负责对委托鉴定范围及事项做出鉴定意见，未考虑与其他方面的关联。

三、本鉴定意见书的正文和附件是不可分割的统一组成部分，使用人不能就某项条款或某个附件单独使用，由此而做出的任何推论、理解、判断，本鉴定机构概不负责。

四、本鉴定意见书是否作为定案或者认定事实的根据，取决于办案机关的审查判断，本鉴定机构和鉴定人无权干涉。

五、本鉴定机构及鉴定人与本鉴定项目不存在现行法律法规所要求的回避情形。

六、未经本鉴定机构同意，本鉴定意见书的全部或部分内容不得在任何公开刊物和新闻媒体上发表或转载，不得向与本鉴定项目无关的任何单位和个人提供，否则，本鉴定机构将追究相应的法律责任。

一般情况下，由于鉴定意见书正文页数不多，《造价鉴定规范》对正文目录设置也没有相应规定，所以很多鉴定机构出具的鉴定意见书正文部分不设置目录。从实务的角度，为了便于委托人和当事人使用以及快速寻找和定位相关内容，建议不论鉴定意见书正文页数的多少，对于第一种结构组成方式，建议在鉴定人申明后增加目录页，对于第二种和第三种结构组成方式，建议在落款签章和文件签发后增加目录页。

对于目录的设置，一般情况下设置一级目录即可，对于目录的标题内容，从美观的角度建议尽量做到字数统一。

某鉴定机构出具的鉴定意见书目录设置如下：

目录

一、基本情况 ……………………………………………………… ××
二、起诉案情 ……………………………………………………… ××
三、鉴定依据 ……………………………………………………… ××
四、鉴定目的 ……………………………………………………… ××
五、鉴定过程 ……………………………………………………… ××
六、鉴定说明 ……………………………………………………… ××
七、鉴定意见 ……………………………………………………… ××
八、其他说明 ……………………………………………………… ××

根据《造价鉴定规范》的说明，鉴定正文一般包含基本情况、案情摘要、鉴定过程、鉴定意见、附注等五个部分，其中基本情况主要包含委托人、委托日期、鉴定项目、鉴定事项、送鉴材料、送鉴日期、鉴定人、鉴定日期、鉴定地点等；案情摘要主要包含委托鉴定事项涉及鉴定项目争议的简要情况等；鉴定过程主要包含鉴定的实施过程和科学依据、分析说明，根据证据材料形成鉴定意见的分析、鉴别和判断过程等；鉴定意见主要包含确定性意见、推断性意见和选择性意见；附注主要是对鉴定意见书中需要解释的内容作出说明。

在实务中，不同的鉴定机构会根据鉴定规范的说明，形成机构自身固有特色的鉴定正文内容，如某鉴定机构鉴定意见书的鉴定正文内容如下：

××总承包工程
工程造价鉴定意见书

重庆市××区人民法院：

我司接受贵院的委托，对"××工程有限公司与××集团有限公司建设工程合同纠纷"一案开展司法鉴定工作。委托单位对提供的有关资料的真实性、合法性、完整性负责；我司的责任是按照《重庆市××区人民法院鉴定委托书》（〔2023〕渝××法委鉴字第××号）的要求，出具工程造价鉴定意见书，现将鉴定情况报告如下：

一、基本情况

（一）鉴定委托人：重庆市××区人民法院

（二）委托日期：××年××月××日

（三）鉴定项目：××总承包工程

（四）鉴定事项：根据重庆市××区人民法院提供的鉴定委托书，约定鉴定的事项为"对案涉××工程造价进行鉴定"。

（五）送鉴资料：

1. 重庆市 ×× 区人民法院 ×× 年 ×× 月 ×× 日提供的鉴定资料

序号	材料名称	数量	特征
1	民事起诉状	××	复印件
2	司法鉴定申请书	××	复印件
3	庭审笔录	××	复印件
4	保温专业工程施工分包合同	××	复印件
5	鉴定委托书	××	复印件
××	××	××	××

2. 重庆市 ×× 区人民法院 ×× 年 ×× 月 ×× 日提供的鉴定资料

序号	材料名称	数量	特征
××	××	××	××

（六）项目情况：

1. 工程概况

×× 集团有限公司与 ×× 工程有限公司签订的 ×× 总承包工程保温专业工程，承包内容为 ×× 等（具体详见 ×× 施工合同约定）。

2. 工程地点

重庆市 ××。

3. 当事人情况

原告：×× 工程有限公司（总包方，简称为"乙方"）

联系电话：××

地址：××

被告：×× 集团有限公司（发包方，简称为"甲方"）

联系电话：××

地址：××

二、起诉案情

××

三、鉴定依据

（一）行为依据：

1.《重庆市 ×× 区人民法院鉴定委托书》（〔2023〕渝 ×× 法委鉴字第 ×× 号）；

2.《民事起诉状》；

3.《司法鉴定申请书》；

4.《庭审笔录》。

（二）法律法规及政策依据

1.《建设工程造价鉴定规范》（GB/T 51262—2017）；

2.《建设工程造价鉴定规程》（CECA/GC 8—2012）；

3.《建设工程造价咨询成果文件质量标准》（CECA/GC 7—2012）；

4.《重庆市高级人民法院关于建设工程造价鉴定若干问题的解答》（渝高法〔2016〕260 号）；

5. 其他现行的相关法律法规。

（三）分析或计算依据

1.《××工程施工合同》（合同编号：××）；

2.××设计施工图（版本号：××）

3.××

4.××

5.其他经重庆市××区人民法院提供的与本案相关的所有资料。

四、鉴定目的

为重庆市××区人民法院审理"××工程有限公司与××集团有限公司建设工程合同纠纷"一案提供参考意见。

五、鉴定过程

××年××月××日，我司收到《重庆市××区人民法院鉴定委托书》（〔2023〕渝××法委鉴字第××号）及相关鉴定材料，对案涉工程进行工程造价司法鉴定。

××年××月××日，我司第一次向重庆市××区人民法院提交《提请委托人补充证据的函》（××鉴函〔2023〕第××号），同时向重庆市××区人民法院提交了《工程造价鉴定交费函》。

××年××月××日，我司收到重庆市××区人民法院提供的补充证据资料。

××年××月××日，我司收到××工程有限公司交纳的本案工程造价鉴定费××元。

××年××月××日，我司第二次向重庆市××区人民法院提交《提请委托人补充证据的函》（××鉴函〔2023〕第××号）。

××年××月××日，我司收到重庆市××区人民法院提供的补充证据资料。

××年××月××日，我司向重庆市××区人民法院提交《现场勘验通知书》（××鉴函〔2023〕第××号）。

××年××月××日，我司与重庆市××区人民法院、原告××、被告××共同到本案施工现场（重庆市××）进行现场勘验，并形成《工程造价司法鉴定现场勘验记录》。

××年××月××日，我司向重庆市××区人民法院提交《提请委托人确认鉴定方法的函》（××鉴函〔2023〕第××号），并于××年××月××日接到重庆市××区人民法院的回复函件（函件编号：××），同意按照我司提出的鉴定方法进行鉴定。

××年××月××日，我司发出邀请申请人××和被申请人核对工作函（××鉴函〔2023〕第××号），并于××年××月××日至××年××月××日与申请人完成工程量、价的核对工作，于××年××月××日至××年××月××日与被申请人完成工程量、价的核对工作。

××年××月××日，我司向重庆市××区人民法院出具"××工程有限公司与××集团有限公司建设工程合同纠纷"工程造价鉴定意见书征求意见稿。

××年××月××日，我司收到重庆市××区人民法院提供的××工程有限公司提出的"关于《鉴定意见征求意见稿》的回复意见"以及××集团有限公司提出的"《鉴定意见征求意见稿》反馈意见"。

××年××月××日，我司向重庆市××区人民法院出具"××工程有限公司与××集团有限公司建设工程合同纠纷"工程造价鉴定意见书。

六、鉴定说明

（一）关于施工范围的说明

××

（二）关于工程量计算依据的说明

××

（三）关于计价原则的说明

××

……

（四）关于原告征求意见稿反馈意见的回复

××

（五）关于被告征求意见稿反馈意见的回复

××

七、鉴定意见

根据重庆市××区人民法院提供的鉴定资料，在实施必要的鉴定程序和鉴定方法后，鉴定组的鉴定意见如下：

（一）确定性意见

××

（二）推断性意见

××

（三）选择性意见

××

八、其他说明

1. 本次工程造价鉴定不包含工程质量奖罚、工程安全奖罚、工程进度和工期奖罚、工程款利息等。

2. 本次工程造价鉴定的有关鉴定意见，仅为重庆××区人民法院审理"××工程有限公司与××集团有限公司建设工程合同纠纷"一案提供参考意见，不得用作其他用途。

3. 对本鉴定意见书的使用必须全面、完整和真实。

4. 本鉴定意见书连同所附附件一并使用有效，复印无效。

重庆××工程造价咨询有限公司

××年××月××日

在进行正式部分内容书写时，要注意如下相关事项。

对于鉴定事项的描述内容，必须与鉴定委托书中的相关内容严格一致，一般是将鉴定委托书中关于鉴定事项的内容进行全文摘录说明。

对于送鉴资料的编写，可以按照不同的移交时间分批次进行单独注明，对于资料的原件或复印件等关键特征需要详细注明。

对于起诉案情的编写，一般是将原告提交的民事起诉状中对应的内容进行摘录，起诉案情的描述要与民事起诉状的表述严格一致，不仅需要保持内容上的一致，还需要保持形式上的一致。

例如，某鉴定项目，民事起诉状中关于工程款支付的表述原文如下：

截至本状签署之日，被告仅向原告支付工程款 3,169,712.00 元（公司账户到账 2,700,000.00 元，农民工专户 469,712.00 元），仍有大部分工程款未支付。原告反复催促，但被告拒绝办理结算，拒绝支付后期工程款项。

鉴定机构在鉴定意见书中的起诉案情中，相关的表述如下：

截至本状签署之日，被告仅向原告支付工程款 3 169 712.00 元（公司账户到账

2 700 000.00 元，农民工专户 469 712.00 元），仍有大部分工程款未支付。原告反复催促，但被告拒绝办理结算，拒绝支付后期工程款项。

鉴定机构在鉴定意见书的起诉案情描述引用民事起诉状的相关内容时，将民事起诉状中关于金额数字表述的分隔符进行了删减，虽然实质内容上没有变化，但没有与民事起诉状相关内容保持形式上的一致，属于表述不严谨。

对于鉴定过程的编写，一般是根据时间顺序，将鉴定过程中相关重要事项和节点等进行逐一说明。根据造价鉴定规范的工作要求，每个鉴定项目在开始启动时，需要单独建立一个"鉴定工作流程信息表"，按照时间顺序，把鉴定人在该项目鉴定工作开展过程中的工作情况进行详细记录。一方面，鉴定意见书编写时可根据该工作流程信息表提炼相关鉴定过程的重点事项进行表述；另一方面，该鉴定工作流程信息表需要在鉴定工作完成后同步归档，便于后期的查阅和相关事项的说明与解释。

例如，某鉴定机构关于"鉴定工作流程信息表"的记录样式如下：

重庆××工程造价咨询有限公司
鉴定工作流程信息表

案号：（2023）渝××民初××号　　鉴定委托书：（2023）渝××法委鉴字第××号

项目名称	重庆××工程有限公司与重庆××集团有限公司建设工程合同纠纷			
委托单位	重庆市××区人民法院	接受委托时间		××
原告	重庆××工程有限公司	被告	重庆××集团有限公司	
牵头人	××	参与人员	××	
鉴定工作进度情况				
序号	时间	事项及处理情况		备注
1	××	登录重庆法院服务公众网，网上接收鉴定委托资料		
2	××	梳理鉴定委托和补充鉴定材料的复函，以及鉴定交费通知书，快递给鉴定科××		函件编号：××
3	××	收到原告重庆××工程有限公司工程造价鉴定费××元		
4	××	与原告重庆××有限公司×律师联系（电话：××），询问补充鉴定材料的准备情况，反馈还在收集，预计下周收集完成		
5	××	××		××

对于鉴定说明的编写，主要是将与形成鉴定意见相关的重点事项，例如关于施工范围、计量方式、计价原则等进行说明；或是需要委托人在使用鉴定意见书中特别注意的地方，例如关于鉴定范围不包含质量安全进度扣款、过程罚款等事项；或是对当事人双方关于鉴定意见书征求意见稿反馈意见的回复等。

根据《造价鉴定规范》要求，鉴定机构在出具正式鉴定意见书之前，需要先向当事人双方提供鉴定意见书征求意见稿。鉴定机构收到当事人双方的反馈意见后，需要逐一回复。鉴定机构认为当事人反馈意见合理和正确之处，可以采纳后在正式鉴定意见书中进行调整。鉴定机构认为当事人反馈意见不合理或者认为自身合理的，可以在正式鉴定意见书中回复，并注明理由和进行相关解释说明。

如果当事人双方关于鉴定意见书征求意见稿反馈的意见内容少，对于反馈意见的回复内容可以放入鉴定说明的表述章节。如果当事人双方关于鉴定意见书征求意见稿反馈的意见内容多，可以在鉴定说明中将正式鉴定意见的采纳情况进行简要说明，具体的回复内容可以形成附件，单独归入附件部分。

对于鉴定意见的编写，具体参见前述"鉴定意见的结构化表述"的章节内容。

对于其他说明的编写，可以结合鉴定项目的具体情况，把前面正文内容没有表述或者不适合在前面章节内容表述的事项进行单独说明。

4.1.2　专业计算文件

专业计算文件，是支撑得出鉴定正文中鉴定意见的详细计算过程和分析文件，一般情况下分为计量文件和计价文件。

计量文件，即工程量计算过程文件，分为软件建模计算文件和手工计算文件，一般情况下工程量计算过程文件不单独打印装订作为鉴定意见书的组成部分，而是采用将相关计算文件刻录成光盘的方式提供给委托人和当事人双方。但是对于某些全部采用 Excel 表格进行工程量计算的鉴定项目，例如保温工程、装饰工程、钢结构工程等，这类项目有可能采取的是清单计价，鉴定意见书如果不附工程量计算书，则鉴定意见书显得非常单薄，只有寥寥数页，在这种情况下建议将 Excel 工程量计算书作为鉴定意见书的组成部分，进行打印装订。

计价文件，即工程计价文件，分为采取软件进行计价的文件和直接采取 Excel 表格进行计价的文件。不论是哪种方式，计价文件是直接形成鉴定意见的关键性文件，需要打印装订作为鉴定意见书的组成部分。

在某些鉴定项目中，计价文件篇幅较大，这时就需要对计价文件进行分册处理。这种情况下一般鉴定正文和附件部分合并作为单独一册，计价文件根据篇幅进行分册处理。

4.1.3　附件部分编写

附件部分，主要包含一些过程性、程序性和佐证类文件。

过程性文件，主要是指诉讼和鉴定过程中形成的相关文件。比如当事人鉴定意见书征求意见稿、反馈意见的回复意见、质证记录、庭审笔录等。

程序性文件，主要是指按照《造价鉴定规范》要求并结合鉴定项目开展需要所形成的与程序相关的文件。例如鉴定委托书、确认鉴定方法文件、现场勘验记录文件、补充鉴定资料的文件、鉴定费交纳通知书等。

佐证类文件主要是指与专业计算和形成鉴定意见相关的支撑佐证类文件。有可能在鉴定意见书正文或者专业计算文件中，提及、摘抄或者引用了某些数据、条款和说明等，为了便于委托人和当事人阅读，可以把该部分内容对应的全部原稿或者局部原稿进行整理，在附件中单独列明。

4.2 编写用语风格

就如一个人有其特有的做事风格一样，对于鉴定意见书的编写，也有其特有的用语风格。通过恰当而又准确、得体而又艺术的用语表述，既可准确地传递鉴定人想要表达的实际内容，又便于他人理解和接受，既能体现客观公正而又能合情合理，这就是鉴定意见书编写时要关注的用语风格。

在实务中，鉴定人主要从中性、严谨、专业、独立和用心五个角度关注鉴定意见书的编写用语风格。

4.2.1 中性

中性，是指造价鉴定人员作为第三方专业人员，在鉴定意见书的编写用语上，不能使用具有强烈感情色彩或者主观倾向性的语言，应该使用中性的语言，客观地反映事实和专业地阐述相关意见。带有强烈感情色彩和主观倾向性的用语，有可能会潜移默化地给委托人带来一些影响，导致事实上地对当事人某一方不利。

例如，某鉴定项目，鉴定机构在向委托人和当事人发出鉴定意见书征求意见稿后，当事人一方提交了书面反馈意见，鉴定机构在正式鉴定意见书中对该当事人的某反馈意见进行了回复。鉴定机构先从专业理解的角度进行了详细阐述，在最后的总结回复意见中使用了如下表述："××不予调整。"

对于建设工程施工合同诉讼纠纷案件，鉴定机构是严格独立的第三方，行使的是专业鉴定权，不能以鉴代审去行使审判权。以鉴代审在实务中有两种表现方式，一种方式是具体的实质行为，另一种方式是抽象的思维本身。

"不予"属于带有严重的对事情定性和主观评价的审判思维用语，是不太适合鉴定人员使用的。作为鉴定人员，应该从客观中性的角度去阐述专业的意见，把"不予调整"修改为"不进行调整"，这样的表述就更为恰当和客观。因为"不进行调整"，其内涵是当下的意见是基于目前已有的资料从专业的角度进行分析后给出的回复，如果后期有其他资料或者新的事实出现，可以根据《造价鉴定规范》或者委托人的要求，根据新的资料和事实出具补充鉴定意见。而"不予调整"是属于审判性质的斩钉截铁型的判决结论，从形而上抽象思维的角度出发，是不适合鉴定人员的思考模型和表述方式的。

4.2.2　严谨

严谨，是指相关的表述符合逻辑，主要体现在三个方面。

第一方面：相关的表述要完整齐全，不能随意简写或者略写。

第二方面：所有的表述要有对应的依据和理由，避免出现主观臆断的表述，或者带有纯主观认识和评价的用语，以及没有支撑资料和依据来源的表述和论述。

第三方面：相关表述要前后一致，相互呼应而又相互印证，形成逻辑闭环，避免出现前后矛盾的情形。

例如，某鉴定意见书中关于计价的相关说明表述如下：

土建工程

1. 施工图中有，但当事人双方均未计的，鉴定未计。

2. 钢筋绑扎搭接：因设计施工图及施工组织设计局部界限模糊，现结合两者，按如下：

1）框架梁筋，$d \geqslant 18$ mm 采用机械连接，$14 \leqslant d \leqslant 16$ mm 采用单面焊接，$d \leqslant 12$ mm 采用绑扎搭接。

2）墙柱纵筋，$d \geqslant 22$ mm 采用机械连接，$12 \leqslant d \leqslant 20$ mm 采用电渣压力焊，其余采用绑扎搭接。

3. 钢筋根数：从公平公正的角度，按照四舍五入 +1 计算。

对如上表述，从严谨用语的角度分析，存在如下问题：

从表述完整齐全的角度分析，"未计"是"未计算"的简称，"按如下"是"按如下方式处理"的简称，"梁筋"和"纵筋"是"梁钢筋"和"纵向钢筋"的简称。"$14 \leqslant d \leqslant 16$ mm、$12 \leqslant d \leqslant 20$ mm"等，对前面数字后面的单位符号分别进行了省略，从严谨的角度应该表述为："14 mm $\leqslant d \leqslant 16$ mm、12 mm $\leqslant d \leqslant 20$ mm。"

从表述的依据和理由上分析，"施工图中有，但当事人双方均未计的，鉴定未计"，仅以当事人双方均未计算作为鉴定不计算的依据和理由是不充分的，正确的表述方式应该是：设计施工图中有某部分内容，但是施工合同中未约定包含该部分内容，同时当事人双方也未计算，因此鉴定时对于该部分内容未进行计算。

同时，对于钢筋根数的计算，表述为"从公平公正的角度"，该用语属于主观臆断的表述，带有纯主观认识和评价的色彩，如果确实要按照四舍五入 +1 计算，那么相关的表述应调整为"根据行业惯例"，相比"从公平公正的角度"的表述更为合理。

从前后一致的表述上分析，前面表述为"施工图"，后面表述为"设计施工图"，前后不一致。前面使用"按如下",后面使用"按照四舍五入+1计算","按"和"按照"没有前后统一。

"因设计施工图及施工组织设计局部界限模糊",该表述没有阐述清楚两者之间的具体差异是什么,以及有了差异后为什么要按照如下处理原则的推理论证过程缺失,也就是从逻辑的角度,该处只有结论,而事实完全不清晰,事实到结论之间的推理分析过程缺失,导致该部分内容表述让人无法理解和很难接受。

对于"$d \geq 18\ mm$采用机械连接,$14 \leq d \leq 16\ mm$采用单面焊接,$d \leq 12\ mm$采用绑扎搭接"的描述,从逻辑的角度缺失了"$16 \sim 18\ mm$""$12 \sim 14\ mm$"数据的论述。虽然从造价专业的角度,我们知道钢筋直径一般是偶数,也就是12 mm之后就是14 mm,不存在13 mm的钢筋,16 mm之后就是18 mm,不存在17 mm的钢筋。但是从严谨逻辑闭环和便于他人和外行理解的角度,是不能采取上述存在间断的数据表述的,应该调整为:$d \geq 18\ mm$采用机械连接,$14\ mm \leq d < 18\ mm$采用单面焊接,$d < 14\ mm$采用绑扎搭接"数据完全闭环的逻辑表述方式。

4.2.3 专业

专业,是指要从专业的用词、专业的语言、专业的思维等角度,对相关的内容进行表述,让委托人和当事人看后能感受到专业,能在不经意间带来对专业信服和认同的阅读感觉。

某鉴定项目,由于施工合同对材料价格的确定未明确,鉴定意见书中对本案材料价格确定的相关说明表述如下:

关于材料价格的说明

本案施工合同对材料价格未进行相关约定,鉴于此,我司向委托人提交的《提请委托人确认鉴定方法的函》(××鉴函〔2023〕第××号),确定采取鉴定资料中所列的材料价格,与重庆市住房和城乡建设工程造价总站颁布的同期《重庆工程造价信息》对应的材料价格进行比对,选择两者之中较低的材料价格进行计算,具体计算方式如下:

1. 对于砂石、水泥等在鉴定资料的送货单、发货单、地磅单、收款收据、称重单等有列明实际采购价格的,将实际采购价格与《重庆工程造价信息》对应的施工期间对应材料价格的加权平均值进行比对,选择两者之中较低的材料价格进行计算。

2. 对于商品混凝土,在鉴定资料的送货单中有工程量,无实际采购价格,由于商品混凝土送货单显示的采购时间均在××年××月,因此商品混凝土价格按照××年××月《重庆工程造价信息》对应的材料价格计算。

3. 对于钢材在称重单中部分单据未列明实际采购价格的,采取参考就近时间的单据单价或者根据付款记录反推钢材的实际采购价格,再把按照上述方式得出的钢材实际采购价格与《重庆工程造价信息》对应的施工期间对应材料价格的加权平均值进行比对,选择两者之中较低的材料价格进行计算。

4. 对于鉴定资料中未列明的材料价格,按照《重庆工程造价信息》对应的施工期间对应材料价格的算术平均值进行计算。

根据商品混凝土、砂石、水泥等送货单、发货单、地磅单、收款收据、称重单等资料,本案材料最早进场时间为 ×× 年 ×× 月，最晚进场时间为 ×× 年 ×× 月，因此未列明的材料价格对应的施工期间，按照 ×× 年 ×× 月到 ×× 年 ×× 月执行。

从专业的思维上，上述说明从施工合同约定、鉴定方法确认程序、鉴定方法具体执行等进行了体系化的用语风格表述；从专业的用语和专业的用词上，上述说明也进行了考虑。例如"鉴定资料""相关约定""鉴于""提交""确定""颁布""同期""加权平均值""算术平均值""施工期间""进场时间"等专业用语和专业用词的使用。

4.2.4 独立

独立，是指鉴定人要作为完全独立的第三方专业机构，对相关事实和相关意见等进行独立的分析和表述，不能在表达时偏离独立的视角，不能出现一些带有立场性或者指向性、引导性、暗示性的用语表述。

例如，某鉴定意见书关于鉴定意见的相关说明如下：

×× 建设工程工程造价计算，施工合同约定土石方的综合单价为 ×× 元 /m^3，其中土石方综合单价包含场外运输 1 km，因无场外运输的支撑资料，目前鉴定意见暂时扣除场外运输 1 km 的相应费用，最终是否扣除该部分费用由法院决定，有关数据见表 ××。

上述表述中，"因无场外运输的支撑资料""支撑资料"带有明显的站在甲方角度向乙方提出结算审核质问的语言风格，偏离了独立的视角，建议调整为"委托人提供的鉴定资料中无场外运输相关资料"。

"目前鉴定意见暂时扣除场外运输 1 km 的相应费用"的用语，虽然"暂时扣除"的内涵是一种暂时的处理，后面也注明了最终由法院决定是否扣除，但是"暂时扣除"本身是一种带有指向性、引导性和暗示性的用语，就如企业在开会做决策时，主要领导先提出一个暂时的处理意见，再让参会人员各抒己见，一般情况下最终的决策多半就会是主要领导的暂时处理意见，或者作一些细微调整和无伤大雅的变化。正是基于这种实际情况，很多企业在对相关重大事项举行决策会议时，明确要求先由与会人员对决策事项进行充分讨论并发表意见后，再由主要负责人最后发表结论性意见。

"最终是否扣除该部分费用由法院决定""最终 ×× 由 ×× 决定"这种表达方式，是鉴定人不愿承担责任和给人圆滑或者耍滑头的心理感觉。这种表达方式言外之意是鉴定人前面已经间接地表明了观点，如果因委托人不同意我们的观点而采纳了相反的观点或者与鉴定人不同的观点，由此导致可能产生的其他后果与鉴定人无关。

从专业实质的角度，鉴定人对场外运输 1 km 的相应费用是否要扣除无法从专业的角度进行最终决定，应由法官根据具体案件结合案件事实分析后从法律的角度进行裁判。虽然如此，但是鉴定人应该采用独立的语言表述风格，而不能因自己用语风格的不恰当，给各方带来一些不独立不客观的不良印象。

对于本案例，从独立的视角并结合《造价鉴定规范》的要求，建议调整为如下的表述方式：

××建设工程工程造价计算，施工合同约定土石方的综合单价为××元/m³，其中土石方综合单价包含场外运输 1 km。委托人提供的鉴定资料中无场外运输相关资料，因此对于按照土石方综合单价××元/m³（不含场外运输 1 km）计算得出的工程造价部分出具确定性意见，对于场外运输 1 km 计算得出的工程造价部分出具选择性意见，具体鉴定意见如下：××。

4.2.5 用心

用心，是指我们对一件事情的表述，在注重实质内涵的同时，还要用心地把握和领会表现形式不同而给他人带来的不同的舒适度、舒心感等形而上的精神需求。

例如，某鉴定意见书初稿对鉴定过程中的相关事项描述如下：

××年××月××日，我司收到委托人提交的鉴定材料，具体包含××。

××年××月××日，我司向委托人提供××函件。

对于鉴定过程中相关资料和函件的往来描述，我们有时候使用"提交"，有时候使用"提供"，两个用词虽然在实质意思上没有多大区别，但如果我们用心去品味和琢磨，发现两者对阅读人的阅读语感和阅读心情还是有着细微影响的。

对于"A 提交 B××"，一般来讲这种表达方式，B 是处于尊位，表达了 A 对 B 的敬重和尊重；"A 提供 B××"，一般来讲这种表达方式，虽然体现着 B 和 A 处于平等地位，但是略带 A 对某件事情的主动权和主导权。造价鉴定的委托人一般是人民法院或者仲裁庭，造价鉴定机构一般是造价咨询公司，委托人相对来说处于尊位和具有主导权。因此，由鉴定机构向委托人进行资料和函件反馈的，使用"提交"一词；由委托人向鉴定机构进行资料和函件传递的，使用"提供"一词，这样的用语风格可能更能让他人感到舒适。

上述案例中正式鉴定意见书对鉴定过程中的相关事项描述调整如下：

××年××月××日，我司收到委托人提供的鉴定材料，具体包含××。

××年××月××日，我司向委托人提交××函件。

4.3 报告装订实务

鉴定意见书正式呈现在委托人和当事人面前的，是一本本装订好的书面报告文件。"组成内容实务"和"编写用语风格"是从专业层面实质内容和精神层面形而上需求进行考量，而对于鉴定报告的装订，更多的是从外在视觉效果和美观艺术设计的角度进行雕琢。在实务中，主要从排版和装订两个维度去思考。

4.3.1　排版注意事项

鉴定意见书的正文，一般采用四号字，1.5 倍行距。正文大于四号字，会让人产生每页实质内容不多，拼凑页数的感觉，正文小于四号字，显得字太小，阅读稍显费力。1.5 倍行距，阅读的舒适感最佳，其实就是黄金分割比例在排版中的应用。鉴定意见书的正文，推荐使用仿宋字体，相比宋体刻板的正式，仿宋在保留正式的同时，带有一定形式上的端庄和婉约，在我们阅读长篇专业描述和专业分析的鉴定意见书时，可阅读性更强。

在鉴定意见书正文每页页脚的中间位置设置页码，一般以小五号字注明正文共几页，本页是第几页。如果把页码设置在页脚的左右两端，当鉴定意见书双面打印时，会导致翻阅鉴定意见书页码不在固定位置，影响阅读效果。如果把页码设置在页眉右上角，容易造成反客为主的不利影响。

根据《造价鉴定规范》的要求，鉴定意见书的签章落款部分，应当与正文同页，不得使用"此页无正文"字样。如果初步排版签章落款部分单独为一页时，可以通过调整前面正文的段落和格式，重新保持让部分正文与签章落款部分在同一页，或者是把签章落款单独设置为成果文件签署页，与鉴定意见正文内容进行区分，放在鉴定意见正文之前或者之后。

如果我们要把某些往来函件、过程文件扫描成图片，在鉴定意见书后作为附件排版。在这种情况下，如果采取在文档中直接插入扫描图片，打印时扫描图片的内容就会缩小，不会是往来函件或过程文件原稿的 A4 大小，影响阅读视觉效果，这时需要把插入的扫描图片满铺整个 A4 文档页，保持原始文件的大小效果。

排版完成的鉴定意见书，最终要形成两个排版成果，第一个排版成果是鉴定意见书正文 Word 文件 + 附件分文件夹罗列合集（包含专业计算文件）。第二个排版成果是把意见书正文和附件合并为一个独立完整的 PDF 文件，同时对于该 PDF 文档，要根据正文内容和附件内容进行目录设置、标签添加等，便于后期阅读和使用。其中，第一个排版成果文件中的正文 Word 文件，根据需要单独提供给审判长或者仲裁员，便于审判长或者仲裁员写判决书时直接引用或者摘抄鉴定意见书中的内容。第二个排版成果文件完整的 PDF 文件，是进行打印装订时使用，或者后期快速查阅鉴定意见书，以及在很多不适合或不方便携带鉴定意见书打印装订书面文稿时进行使用。

某项目鉴定意见书排版示意成果如图 4.1 所示。

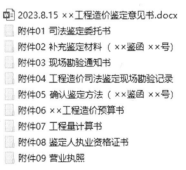

图 4.1　某项目鉴定意见书排版成果图示

4.3.2 装订注意事项

鉴定意见书的装订，一般采用类似于书籍出版的胶装方式。

鉴定的封面，可以根据鉴定机构自身的特色和企业文化或者企业理念，进行专门的版式设计，版式设计完成后建议在专业的印刷厂，采用厚实的铜版纸进行批量印刷，每次鉴定报告和其他预算报告、结算报告等都可统一使用该封面进行装订。

为了使印制的封面可以在不同的报告类型、不同的项目中统一使用，部分鉴定机构是把公司名称、理念、LOGO 等关键信息简洁地布置在封面上，同时封面印制完成后让印刷厂使用专业的设备在印制好的封面中上部裁剪一个带有圆角的矩形孔，使用该封面进行装订的报告，可以巧妙地通过在封面矩形孔透视装订页中的相关项目名称、报告类型、报告编号、报告日期等，来区分不同的报告不同的项目。

鉴定意见书的打印，一般采用双面打印，不建议单面打印，单面打印留出的背面空白部分，非常影响阅读视觉效果，同时会降低鉴定意见书的庄重性和严谨性。对于鉴定意见书的双面打印，不是指所有的内容双面打印，部分位置和内容还需要通过人为地增加空白页将双面打印调整为单面打印。

例如，根据阅读习惯和为使用方便，对于鉴定申明、目录页、成果文件签署页、鉴定意见正文的第一页、存在单位盖公章的页、附件附录页等内容，均需要保持在正面页，如果排版打印预览时上述内容出现在了背面页，则需要在该页之前增加空白页，人为地将该页调整到正面页打印。同时，对于附件，每个附件内容的起始页应该保持在正面页，如果附件打印预览中附件起始页出现在了背面页，同样需要相应的手动调整。

对于鉴定意见书的正文部分，一般建议采取彩色打印，尤其是在正文部分存在图片、截图和表格时，更应该采用彩色打印，彩色打印出来的清晰度、厚重感要远远高于黑白打印的效果。对于附件中的鉴定人员执业资格证书和鉴定机构营业执照，也建议采用扫描图片、彩色打印的方式，效果更佳。

同时，对于鉴定意见书正文部分的重要文字、重要表述，以及关键字、词、语句和段落，以及需要委托人和当事人特别注意的地方，建议进行加粗设置，这样通过对上述内容的醒目提示，增强阅读的层次感和重心感。

注：更多的鉴定意见书编写实务技巧，以及相关排版装订实务注意事项，可以参考重庆大学出版社出版的《工程项目利润创造与造价风险控制——全过程项目创效典型案例实务》一书中"第3章　商务文字表达与实务"中"文字的基本表述""文档的表达技巧""文档的排版实务"等内容的详细论述。

第5章　造价专家辅助人实务

建设工程施工合同纠纷案件具有案件事实复杂、法律关系多样、争议标的大的特点，而施工合同纠纷大部分又伴随着工程造价争议和工程造价鉴定，对于当事人和律师，需要具有丰富专业经验的造价工程师协助参与建设工程诉讼案件的解决，最大限度地维护当事人利益。正是基于这种现实的需要，建设工程施工合同纠纷中的工程造价专家辅助人也就应运而生。

工程造价专家辅助人，在法律上的规定为"具有专门知识的人"，具体来源于《中华人民共和国民事诉讼法》第八十二条和《最高人民法院关于适用〈中华人民共和国民事诉讼法〉的解释》第一百二十二条的规定。

第八十二条　当事人可以申请人民法院通知有专门知识的人出庭，就鉴定人作出的鉴定意见或者专业问题提出意见。

——《中华人民共和国民事诉讼法》（2023年9月1日第四次修改）

第一百二十二条　当事人可以依照民事诉讼法第八十二条的规定，在举证期限届满前申请一至二名具有专门知识的人出庭，代表当事人对鉴定意见进行质证，或者对案件事实所涉及的专业问题提出意见。

具有专门知识的人在法庭上就专业问题提出的意见，视为当事人的陈述。

人民法院准许当事人申请的，相关费用由提出申请的当事人负担。

——《最高人民法院关于适用〈中华人民共和国民事诉讼法〉的解释》（2022年3月22日第二次修正）

根据法律规定，具有专门知识的人可以代表当事人对鉴定意见进行质证，或者代表当事人对案件事实所涉及的专业问题提出意见，这就是工程造价专家辅助人的法律渊源。

5.1　专家辅助人的服务方式

在建设工程施工合同纠纷诉讼案件中，对于工程造价专家辅助人，存在狭义视角和广义视角两种服务方式。

5.1.1 狭义视角

从狭义的视角来看，工程造价专家辅助人只对鉴定意见进行质证，发表专业意见，即工程造价专家辅助人是一个独立的个体，针对鉴定意见的既成事实和既定意见，在事后发表专业看法和专业意见进行质证，属于事后的消极补救行为。

工程造价专家辅助人对鉴定意见发表意见分为四个阶段。

第一个阶段是征求意见稿阶段。在鉴定人向当事人双方出具工程造价鉴定书征求意见稿时，工程造价专家辅助人针对征求意见稿，从专业的角度进行梳理，形成详细的书面意见。一般情况下，这个阶段专家辅助人形成的书面意见通常是反馈给当事人和代理律师，由代理律师把当事人和律师对征求意见稿的意见进行统一汇总后，再通过代理律师以当事人的名义，把完整的书面意见提交给委托人再转给鉴定人。这个阶段的专家辅助人属于隐名咨询服务方式。

第二个阶段是正式意见书阶段。在鉴定人向当事人双方出具了正式鉴定意见书后，就进入庭审对鉴定意见书的质证环节。这时，工程造价专家辅助人针对正式意见书，需要从工程造价专业的角度，形成详细的书面质证意见。对于该书面质证意见，工程造价专家辅助人应签字和加盖一级造价工程师执业印章；同时在条件允许的情形下，最好加盖一级造价工程师注册单位的公章，以工程造价专家辅助人的名义对鉴定意见在庭审过程中进行质证，同时将书面质证意见提交给审判长和合议庭、当事人双方、鉴定人。这个阶段的专家辅助人属于显名咨询服务方式。

第三个阶段是二审阶段。在一审时，工程造价专家辅助人已经对鉴定意见书进行了质证。在二审时，工程造价专家辅助人可以针对一审判决书中对鉴定意见书的采用情况涉及的相关专业事实发表专业意见，工程造价专家辅助人也可以针对鉴定意见书中明显的瑕疵和专业问题再次提出专业反馈意见。这时，对于该书面意见，工程造价专家辅助人应该签字和加盖一级造价工程师执业印章，同时加盖一级造价工程师注册单位的公章，并提交给二审法院，在二审法院同意和允许的前提下，参与二审庭审。这个阶段的专家辅助人属于显名咨询服务方式。

第四个阶段是再审阶段。在这个阶段，判决已经生效，工程造价专家辅助人可以对生效判决中对应的鉴定意见书存在明显问题，以及专业事实采纳明显存在不合理的情形进行梳理，工程造价专家辅助人梳理后形成书面意见，签字和加盖一级造价工程师执业印章，同时加盖一级造价工程师注册单位的公章，当事人将该书面意见作为一份新的证据，和其他再审资料一起提交给法院申请再审。如果人民法院同意再审和再审过程中要求工程造价专家辅助人进行庭审说明时，工程造价专家辅助人根据实际情况参与庭审或做相关解释说明。这个阶段的专家辅助人属于显名咨询服务方式，同时具有专家辅助人和专家证人的双重特点。

5.1.2　广义视角

从广义的视角来看，工程造价专家辅助人是针对建设工程诉讼案件，提供诉讼案件全过程造价咨询服务，也就是工程造价专家辅助人不是一个独立的个体，而是一个既懂工程造价专业知识，又懂法律相关理念和规定的复合化专业团队，协助当事人和律师，对诉讼案件进行未雨绸缪的谋划、布局和实施，最大化促成有利事实和鉴定意见的形成。同时针对既成事实和既定意见，针对性地发表有理有据、逻辑严谨和具有说服力的专业意见，最大限度地争取审判长的支持和维护当事人的合法利益，属于事前的积极推进行为。

从工作方式的角度划分，工程造价专家辅助人分为基础性工作、复合性工作和融合性工作。

基础性工作，是指与工程造价相关的常规建模、算量和计价等工作。例如，当事人有可能会委托专家辅助人团队，在诉讼前编制详细的结算书，在结算书的基础上提交诉讼请求；当事人也有可能委托专家辅助人团队，代表当事人和工程造价鉴定机构进行相关工程量和价的核对工作；代理律师也有可能需要专家辅助人团队在诉讼过程中，对某些事项或者争议等进行工程量和造价测算，便于选择有利的主张。

复合性工作，是指建立在工程造价基础之上，对规则的理解、合同的解读、造价工作经验和施工管理经验等与案件进行有效结合应用的工作。例如，专家辅助人可以协助当事人和代理律师，提出对自己有利的造价规则理解和合同条款解读，发现对对方不利的造价规则理解和合同条款说明；同时根据结算审核经验和施工管理经验，快速梳理和提炼工程造价鉴定容易遗漏和疏忽之处，或者容易多算和与现场不符之处，反馈给当事人和代理律师，便于在诉讼过程中进行灵活应用，弥补当事人和代理律师专业上的盲区。

融合性工作，是指需要专家辅助人从"造价 + 法律"相融合的视角，进行法律关系的判断、法律条文的造价理解和适用、相关意见和主张的专业法律相结合的文字表述、有效的庭审专业表达和质证等工作。例如，工程造价专家辅助人对于案件相关法律事实涉及的造价关系进行解读，协助当事人和代理律师更精准有效地把握法律关系和提出相应主张；工程造价专家辅助人可以协助代理律师对相关证据材料进行质证表述，既有翔实的专业质证，又有严谨的法律法规质证，统一形成有效的具有说服力的质证意见；工程造价专家辅助人在庭审过程中，需要用通俗易懂的语言表述复杂的专业逻辑，配合代理律师，让审判长快速准确地理解专业争议焦点，乃至获得审判长的专业认同和支持。

从实施阶段的角度划分，工程造价专家辅助人分为诉前评估策划、诉讼实施协助、造价鉴定实施、庭审阶段协助、二审及再审协助。

诉前评估策划。工程造价专家辅助人团队可以根据参与诉讼案件实施的经验，并结合工程造价专业知识，对案件如果进行工程造价鉴定后的鉴定意见进行研判，同时结合诉前资料，和专业律师一起进行诉讼结果评估，供当事人进行诉讼决策，避免当事人盲目进行诉讼，反而导致其陷入不利的诉讼困境以及带来诉讼风险。同时，如果当事人决定需要采取诉讼方式，工程造价专家辅助人团队可以通过对相关资料的全面评估，协助制订诉讼思路，提前让当事人针对性地完善相关证据资料和将相关潜在的诉讼风险进行规避转移后，再正式提交诉讼请求，进入诉讼程序。

诉讼实施协助。在诉讼实施的前期阶段，工程造价专家辅助人团队可以协助当事人和代理律师，提出精准而又有效的诉讼请求；同时协助进行证据材料的梳理，重点从造价的角度分析和梳理有利证据材料，避免提交不利的证据材料；协助当事人和代理律师对对方证据材料进行质证，让质证意见更加专业和精准。

例如，某建设工程施工合同纠纷案件，庭审后被告补充提供室外管网施工图等证据材料，原告专家辅助人对该证据材料从工程造价和施工管理的角度初步提出了质证意见，反馈给代理律师，具体如下：

关于室外管网图纸质证意见

1.图纸为打印的白图加盖设计院出图章，不是正常的施工图蓝图盖设计院出图章。

2.图纸只盖了出图章，不符合设计出图要求，未盖相关执业人员的执业印章，同时也未盖审图公司的审图章。

3.根据资料中的打印统计表，该图纸为2023年××月××日打印，也即庭审后，原告再去打印制作的图纸，并找设计院盖了一个出图章，而图纸上的出图日期有些标注为2019年××月，有些标注为2018年××月××日，明显不合理。

原告代理律师收到专家辅助人的协助质证意见后，在此基础上，增加了相关法律视角的质证意见内容，最终提交给审判长和合议庭的正式质证意见如下：

××集团建设工程有限公司对××有限公司庭后提供的"××室外管网图纸"证据的质证意见

尊敬的合议庭：

关于××集团建设工程有限公司(下称××建设公司)诉××有限公司(下称××公司)建设工程施工合同纠纷一案，现针对××公司庭后提交的"××室外管网图纸"证据提出以下质证意见：

首先，图纸为打印的白图加盖设计院出图章，未加盖审图公司的审图章，不符合施工图蓝图的基本要求。

其次，图纸只加盖了出图章，未加盖相关执业人员的执业印章，不符合设计出图要求。

最后，根据该证据中的打印统计表，显示该图纸为2023年××月××日打印，也就是庭审后，原告再去打印制作的图纸，然后找设计院加盖出图章，而图纸上的出图日期有些标注为2019年××月，有些标注为2018年××月××日，明显不合理。

综上，该图纸不符合证据的基本形式，××公司提供的所谓图纸形成时间是2023年，待证事实是2019年，××公司要证明室外管网工程属于××建设公司的施工范围，最起码要证明两点：

第一，2019年设计院出具了这样一份图纸。按照建筑行业"终身责任制"的规定，设计院必须对图纸严格存档备查，除非图纸的形成时间晚于2019年，否则可以直接调档案，不需要后补图纸；第二，××公司曾经提供过图纸给××建设公司。

××公司现在提供一份开庭后形成的图纸，来证明几年前的待证事实，不符合证据的基本形式。如果要作为鉴定证据，我们认为××公司应当提供设计院存档的，由第三方审图公司盖章的室外管网图纸，而不是现在这份图纸。

以上质证意见，恳请合议庭结合本案实际情况予以充分考虑。

此致

××区人民法院

××集团建设工程有限公司

委托代理人：××

××年××月××日

造价鉴定实施。如果案件需要进行工程造价鉴定，工程造价专家辅助人团队可以协助当事人和代理律师，提出有效的鉴定申请主张，同时从工程造价专业的角度，协助准备翔实完善的鉴定资料；代表当事人和鉴定机构进行工程量和价的详细核对；协助对征求意见稿进行专业意见反馈；对正式意见书进行书面质证文件反馈。

庭审阶段协助。经审判长的允许，工程造价专家辅助人可以参加庭审，对鉴定人进行质证，同时对相关专业事实发表专业意见。庭审结束后，可以协助代理律师，从专业的角度完善代理意见。

二审及再审协助。在二审过程中，工程造价专家辅助人团队可以协助当事人和代理律师，制订有效的二审诉讼策略，同时作为二审的专家辅助人，在审判长同意的情况下参与二审庭审。在再审过程中，工程造价专家辅助人可以针对案件情况涉及的专业问题和鉴定意见书提交书面专业意见，同时参与再审后的相关庭审，以及对再审过程中的相关专业问题进行分析和解读，供当事人和代理律师参考。

5.2　鉴定意见书复核的技巧

对鉴定意见书进行复核并提出专业质证意见，属于工程造价专家辅助人的关键工作之一。在实务中，鉴定机构向委托人提交征求意见稿或者正式意见书后，委托人给当事人双方反馈意见或者提交质证意见的时间通常较短，因此需要工程造价专家辅助人在较短的时间内，快速复核和发现鉴定意见书的问题，并形成完整、全面的反馈意见或质证意见。

一般情况下，工程造价专家辅助人可以从鉴定资格、鉴定程序、专业问题、法律问题和竞合问题等五个方面进行快速全面的复核，针对性地提出质证意见。

5.2.1　鉴定资格的复核

鉴定资格的复核，主要是对鉴定意见书中署名的鉴定人和签章的鉴定机构进行复核，复核其是否满足《造价鉴定规范》的规定和相关管理文件的要求，同时对鉴定机构是否存在不能接受委托的情形，鉴定机构和鉴定人是否存在需要回避的情形，具体详见"第 1 章工程造价鉴定的程序"中"1.3 鉴定委托""1.4 鉴定机构和鉴定人"的相关描述。

关于鉴定组织的复核，例如，某建设工程施工合同案件，专家辅助人对鉴定意见书缺少复核人提出如下质证意见：

鉴定意见书缺乏鉴定审核人，不符合《造价鉴定规范》的规定

根据《司法鉴定程序通则》（司法部令第 132 号）第三十五条规定：

第三十五条　司法鉴定人完成鉴定后，司法鉴定机构应当指定具有相应资质的人员对鉴定程序和鉴定意见进行复核；对于涉及复杂、疑难、特殊技术问题或者重新鉴定的鉴定事项，可以组织三名以上的专家进行复核。

复核人员完成复核后，应当提出复核意见并签名，存入鉴定档案。

同时根据《造价鉴定规范》第 3.4.4 条的规定："3.4.4　鉴定机构应按照工程造价执业规定对鉴定工作实行审核制。"同时根据该规范附录 Q 的说明："……当鉴定人只有两人时，鉴定人不能担任鉴定审核人……"

本案鉴定意见书只有鉴定人 ×× 和鉴定人 ×× 两名鉴定人签字盖章，缺少鉴定审核人签字盖章，不符合《造价鉴定规范》的规定。

关于鉴定人资格的复核，例如，某建设工程施工合同案件，专家辅助人对鉴定意见书缺少安装工程鉴定人提出如下质证意见：

鉴定意见书缺乏安装工程专业鉴定人，不符合《造价鉴定规范》的规定

根据《造价鉴定规范》第 3.1.1 条的规定：

3.1.1　鉴定机构应在其专业能力范围内接受委托，开展工程造价鉴定活动。

造价工程师专业分为土木建筑工程、交通运输工程、水利工程和安装工程，鉴定人和鉴定机构应该在对应的专业范围内从事司法鉴定业务。

根据鉴定意见书的鉴定人资格附件资料并查询住房和城乡建设部主办的"全国建筑市场监管公共服务平台（四库一平台）"，可以得知本案鉴定人 ××、鉴定人 ××、审核人 ×× 均为土木建筑工程一级造价工程师，本案存在建筑工程和安装工程两个专业，鉴定人中缺乏安装工程一级造价工程师，不符合《造价鉴定规范》的规定。

关于鉴定签章的复核，例如，某建设工程施工合同案件，专家辅助人对鉴定意见书中鉴定机构公章与鉴定人注册证书所示单位不一致，提出如下质证意见：

鉴定意见书中鉴定机构公章与鉴定人注册证书所示单位不一致，不符合规定

鉴定意见书中，鉴定机构处所盖公章为"×× 工程造价咨询有限公司 ×× 分公司"，鉴定人签章处显示鉴定人的注册单位为"×× 工程造价咨询有限公司"，鉴定机构公章与鉴定人注册证书所示单位不一致，不符合规定。

例如，某建设工程施工合同案件，专家辅助人对补充鉴定意见书中鉴定人未签字盖章，提出如下质证意见：

补充鉴定意见书的落款签章不符合《造价鉴定规范》的规定

根据《造价鉴定规范》第 6.2.1 条和第 6.2.2 条的规定：

"6.2.1 鉴定意见书一般由封面、声明、基本情况、案情摘要、鉴定过程、鉴定意见、附注、附件目录、落款、附件等部分组成：

......

9　落款：鉴定人应在鉴定意见书上签字并加盖执业专用章，日期上应加盖鉴定机构的印章（格式参见本规范附录 Q）；

......"

"6.2.2　补充鉴定意见书在鉴定意见书格式的基础上，应说明以下事项......"

因此，补充鉴定意见书上鉴定人应该签字并加盖执业专用章，本案补充鉴定意见书只有鉴定机构公章，没有鉴定人签字并加盖执业专用章，不符合《造价鉴定规范》的规定。

5.2.2　鉴定程序的复核

鉴定程序的复核，主要是对鉴定意见书形成过程中鉴定的范围、鉴定的依据、现场勘验进行复核。其中，鉴定的范围要严格与鉴定委托书一致，不能扩大或者缩小；鉴定的材料必须经过质证，未经过质证的材料不能作为质证的依据；现场勘验要符合相关的程序，现场勘验人必须是具有相应资格的鉴定人等，具体详见"第 1 章　工程造价鉴定的程序"中"1.2　鉴定申请"、"3. 鉴定的依据"、"4. 现场的勘验"和"第 2 章　法律问题和专业问题"中"1.1　鉴定的范围"的相关描述。

鉴定范围的复核。例如，某土石方工程施工合同案件，专家辅助人对鉴定意见书中遗漏土石方工程量的鉴定范围，提出如下质证意见：

三、关于鉴定范围遗漏 × 区 × 大道导致土石方工程量少计

根据庭审笔录第 11 页的记录：

"审：被告实际施工的工程范围？

原：分包合同内的是 N×× 和 N×× 部分，合同外 N×× 和 N×× 部分，×× 区 ×× 大道沟槽土石方开挖。"

×× 区审计局 ×× 跟审结［20×］×× 号审核结果不包含 ×× 区 ×× 大道沟槽土石方开挖，在原告提交的证据文件"×× 组团 ×× 标准分区部分基础设施建设 PPP 项目分包结算审核表"中明确列明："×× 区 ×× 大道沟槽土石方开挖工程量为 ××m³"，同时在 ×× 年 ×× 月 ×× 日的分包月结算单（项目二部）中注明，×× 区 ×× 大道沟槽土石方实物量为 ××m³。

目前，鉴定意见书中没有考虑 ×× 区 ×× 大道沟槽土石方开挖，属于鉴定范围遗漏导致工程量少计算 ××m³。

对鉴定机构于 ×× 年 ×× 月 ×× 日出具的"关于'×× 建工集团有限公司与重庆 ×× 建设工程有限公司建设工程合同纠纷'司法鉴定意见反馈回复"第 ×× 条的回复说明如下：

"×× 区 ×× 大道沟槽土石方属于合同外内容，除了月结算单内体现 ××m³ 外，其他未见相关施工图纸、沟槽开挖及验收资料；无法对工程量进行鉴定，请进一步提供有效算量计价资料。"

首先，在原告已经对 ×× 区 ×× 大道沟槽土石方工程施工内容和工程量自认的情况下，鉴定机构应该按照原告自认的工程量进行计算，而不能苛求和以"其他未见相关施工图纸、沟槽开挖及验收资料；无法对工程量进行鉴定"为由在鉴定意见书中不计算已经实际施工和发生的工程量。

其次，即使鉴定机构认为××区××大道沟槽土石方具体工程量有待商榷，根据《造价鉴定规范》第 5.11.1 条的规定："鉴定意见可同时包括确定性意见、推断性意见或供选择性意见。"鉴定机构也应在鉴定意见中对××区××大道沟槽土石方工程量进行单列，作出选择性意见表述，由人民法院进行选择判断。目前，鉴定机构单方面以未见相关图纸和资料等为由，忽视原告的自认和实际情况，认定××区××大道沟槽土石方工程不予计算，不合理也不合规。

××区××大道沟槽土石方工程量漏计对工程造价的影响金额为：××元。

鉴定依据的复核。例如，某建设工程施工合同案件，专家辅助人对鉴定意见书中单方面采信未达成一致意见的证据资料纳入确定性意见，提出如下质证意见：

外运及渣场费计入确定性意见不合理

目前，鉴定意见书对外运及渣场费，运距按照 20.5 km 计算，渣场费按照××元/m³ 计取，共计工程造价：××元计入确定性意见。

根据鉴定单位对××房地产开发有限公司异议的回复，鉴定意见书对土石方外运运距 20.5 km 计算的依据为：《关于土方外运的联系函》和《××房地产开发有限公司××号回函》计算。

首先，《关于土方外运的联系函》，××建设集团公司向××房地产开发有限公司提出对即将施工的外弃土方运距和弃土场处置费进行核价的申请。

其次，《××房地产开发有限公司××号回函》中，明确回复："我公司在贵公司施工过程中对余土外运距进行核实确认……"在回复中，××房地产开发有限公司明确表示等到××建设集团公司在对土石方外运施工的过程中，根据实际情况再来进行核实确认，该函件并不是说××房地产开发有限公司对××建设集团公司报送的土方运距 20.5 km，弃土场处置费××元/m³ 的确认。

根据生活常识和施工常识，土石方还没有开始施工，发包人都还不知道承包人会将土石方外运到何处，当然无法对土石方外运运距和弃土场处置费进行核实确认，只有等土石方施工了才能进行具体核实确认。

最后，针对××建设集团公司提出土方外运的联系函××房地产开发有限公司在××建设集团公司施工过程中，和监理单位采取跟随土石方运渣车实地测量的方式，确认了土方外运的运距为 6.3 km，具体详见《××土方外运核实单》。

综上，本项目外运及渣场处置费应该按照 6.3 km 计算进入确定性意见，或者分别根据 20.5 km 运距和 6.3 km 运距计算后，做出两种选择性意见供委托人判断使用，鉴定意见书直接根据××建设集团公司单方面尚未达成合意的鉴定资料按照 20.5 km 计算进入确定性意见不合理。

按照 20.5 km 运距计算，外运及渣场费工程造价为：××元。

按照 6.3 km 运距计算，外运及渣场费工程造价为：××元。

两者之间相差金额为：××元。

现场勘验的复核。例如，某建设工程施工合同案件，专家辅助人在庭审过程中，对鉴定人提出与现场勘验有关的质证意见，具体笔录如下：

××市××中级人民法院审理笔录

……

审：请原告出庭的专家辅助人、鉴定人向法庭出示证件

专家辅助人：××

鉴定人：××

审：请专家辅助人代表原告提问。

专：对鉴定报告的意见进行陈述（详见书面复核咨询书 ××-××-2023）

审：陈述的 ×× 点意见有无超出原告对质证意见的范畴？

专：××、××、××、×× 是超出了质证意见的范畴。

原：同意专家辅助人的意见。

审：专家辅助人有无向鉴定人提问的？

专：对于鉴定意见书的 ×× 页的第 ×× 项鉴定意见认为，根据现场踏勘只施工了腻子没有施工乳胶漆，具体是根据现场勘验哪一条的记录证明未施工的？

鉴：根据现场勘验时的情况进行鉴定的。

审：有无现场勘验笔录？

专：现场勘验笔录第 ×× 页最后一个位置，勘验笔录并未明确表述乳胶漆未施工，鉴定机构直接认定乳胶漆未施工，容易让法庭产生理解偏差。

专：鉴定意见书的 ×× 页的第 ×× 项，鉴定机构是基于什么依据认为该部分外墙保温未施工，是基于主观判断还是图纸说明还是现场踏勘，请明确？

鉴：该范围不是我们肉眼可以看到的范围，施工单位认为是做了的情况，需要提供相应的照片。

专：根据基本专业常识和生活常理，外墙保温必须形成一个整体才能产生能效，因此，不会存在外墙某个区域不施工保温的情形。

……

5.2.3　专业问题的复核

专业问题的复核，主要是从工程造价专业的角度，站在对当事人一方有利的视角，对鉴定意见书中工程量少算或多算、定额套取错误或不合理、相关取费文件的执行是否准确、清单适用错误或不合理、材料价格确定错误或不合理、其他专业逻辑、推理和计算问题等进行复核，具体详见"第 2 章　法律问题和专业问题"中"2　专业问题的理解"的相关描述。

工程量的复核。例如，某建设工程施工合同案件，专家辅助人在庭审过程中，对鉴定意见书中电渣压力焊接头数量，提出如下质证意见：

关于电渣压力焊的接头数量不准确

电渣压力焊，是将两钢筋安放成竖向对接形式，利用焊接电流通过两钢筋间隙，在焊剂层下形成电弧过程和电渣过程，产生电弧热和电阻热，熔化钢筋，加压完成的一种压焊方法，具体如下图 ××（图略）所示。

对于房屋建筑，在设计要求的电渣压力焊接连接的钢筋型号范围之内，是每层竖向构件的每一根竖向钢筋，对应一个焊接接头，因此对于电渣压力焊接头数量的计算非常简单，只需要根据施工图逐层数竖向构件钢筋的根数，对应的就是电渣压力焊的接头数量。

施工图《结构设计总说明》注明："受力筋直径大于等于 14 小于 22 的钢筋采用焊接或机

械连接；受力筋直径大于等于22的钢筋采用机械连接；直径小于14的钢筋可采用绑扎搭接接头。"

同时，根据鉴定机构对××公司关于征求意见稿的回复说明如下：

负2层至5层：$\phi 14 \sim \phi 20$的钢筋，即14、16、18、20的钢筋采用电渣压力焊。

6层至屋顶层：$\phi 12 \sim \phi 20$的钢筋，即12、14、16、18、20的钢筋采用电渣压力焊。

根据设计施工图，按照上述鉴定意见书对应的电渣压力焊对应范围说明，对竖向构件逐层逐根进行统计，得出本项目电渣压力焊的接头共计××个，目前鉴定意见书中电渣压力焊的接头为××个，电渣压力焊接头数量相差××个，具体统计计算式和对比分析详见附件××。

根据鉴定意见书的计价文件，电渣压力焊组价后的造价约为：××元/个，电渣压力焊的接头多计算工程造价为：××元。

根据电渣压力焊的连接方式，每一层的一个电渣压力焊对应一根竖向钢筋，多计算××根电渣压力焊的接头，导致多计算了××根竖向钢筋。根据本项目电渣压力焊连接的钢筋范围为12、14、16、18、20的竖向钢筋，选择居中的钢筋16进行测算，层高按照3m考虑，多计算××根竖向钢筋对应的钢筋工程量约为：××t。（注：上述钢筋量测算不包含竖向钢筋根数多算后可能会导致的箍筋工程量多算的情形。）

根据鉴定意见书的计价文件，1t钢筋组价后的造价约为：××元/t，电渣压力焊多计算接头后导致多计算竖向钢筋数量部分工程造价为：××元。

由于鉴定机构未提供鉴定意见书对应的建模算量底稿，上述为根据设计施工图和鉴定意见书的计算原则进行的逐层逐根手动全部计算反馈。通过计算得出的电渣压力焊接头数量与鉴定意见书中数量相差巨大，由此导致工程造价多算金额高达××百万元，建议鉴定机构针对上述情况对算量模型和提量文件、计价文件等进行再次复核，慎重做出鉴定意见，同时也向审判长提出申请，要求鉴定机构提供鉴定意见书的建模算量底稿，便于通过底稿分析找出具体差异之处，确保鉴定意见书结论的公平公正。

在庭审后，鉴定机构针对该问题出具书面回复意见给审判长和合议庭，具体如下：

关于庭审被告专家辅助人提出的电渣压力焊接头数量不准确事宜，我司再次根据移交的鉴定资料进行核对后，鉴定意见数量无误。从被告专家辅助人提供的数量看，应该是仅计算柱和剪力墙竖向钢筋，其他梁、板等构件未计算。

针对鉴定机构的上述回复意见，在专家辅助人的协助下，被告对鉴定机构的该回复意见再次提交质证意见给审判长和合议庭，具体质证意见如下：

鉴定机构回复认为被告专家辅助人提出的电渣压力焊数量不准确事宜，是因为专家辅助人计算电渣压力焊数量时只计算了柱和剪力墙竖向钢筋，其他梁、板水平构件未计算。

根据住房和城乡建设部颁布的《钢筋焊接及验收规程》（JGJ 18—2012）第4.6.1条明确说明如下：

4.6.1 电渣压力焊应用于现浇钢筋混凝土结构中竖向或斜向（倾斜度不大于10°）钢筋的连接。

根据规范规定和施工常识，梁和板等水平构件钢筋不能进行电渣压力焊，因此鉴定单位认为电渣压力焊的数量不准确是因为专家辅助人未考虑梁板构件的理由不成立。

……

综上，被告认为鉴定机构在没有事实和法律依据的情况下，作出了不合法的主观鉴定，有违鉴定规范的相关规定。同时，其对专家辅助人提出的质疑并未提供相应依据及明确答复，其补充说明存在明显不专业表述。故请求审判长和合议庭责令鉴定单位提供相应的事实依据以及鉴定底稿。

定额子目套取的复核。例如，某建设工程施工合同案件，专家辅助人在庭审过程中，对垂直运输定额子目的系数换算问题，提出如下质证意见：

负×× 层至×× 层（商业）垂直运输遗漏根据定额规定乘以系数 0.95

根据重庆 2008 计价定额总说明："十三、凡使用混凝土输送泵或混凝土输送泵车的工程，其混凝土输送使用量达到建筑物上升工程现浇混凝土总量 40% 以上时，其工程垂直运输定额乘以系数 0.95。"

本项目使用商品混凝土，商品混凝土使用输送泵泵送，输送泵使用量明显达到混凝土总量的 40%，鉴定意见书×× 层到屋顶、×× 层到×× 层部分计价文件垂直运输费用已经乘以 0.95 系数，负×× 层到×× 层商业部分计价文件垂直运输费用漏乘 0.95 系数，具体如下图所示（图略）。

负×× 层到×× 层商业部分计价文件垂直运输费用漏乘 0.95 系数，导致工程造价多计算金额为：×× 元。

取费文件执行的复核。例如，某建设工程施工合同案件，专家辅助人在庭审过程中，对住宅工程质量分户验收费用的问题，提出如下质证意见：

地下室和商业部分的住宅工程质量分户验收费的计取不符合规定

根据重庆市城乡建设委员会发布的《关于计取住宅工程质量分户验收费用的通知》（渝建〔2013〕19 号）的规定：

二、住宅工程质量分户验收费用按住宅单位工程建筑面积计算，费用标准为 1.35 元/平方米。

四、住宅单位工程建筑面积是指进行住宅工程质量分户验收的每户住宅及相关公共部位，不包括商业用房、办公用房、地下室、车库等公共部位建筑面积。

根据规定，商业用房、办公用房、地下室、车库等公共部位建筑面积不计取分户验收费。

目前鉴定意见书中，对于车库及商业部分单独计取了分户验收费用，具体如下图所示（图略），导致多计算工程造价金额为：×× 元。

清单适用的复核。例如，某建设工程施工合同案件，被告委托的专家辅助人在庭审过程中，对合同清单是否包含税金的问题，提出如下质证意见：

合同清单综合单价不包含税金，税金应该单独计算

根据施工合同第 3 页第五条第①款的规定：综合单价中包括直接费、其他直接费、安全文明施工费、现场管理费、企业管理费、财务费用、检测实验费、竣工资料费、劳动保险费、组织和技术措施费、材料的二次专用费、一次或多次机械设备进出场费、分包人施工过程中的材料损耗及试验用材料损耗费用、工程资料费、利润、规费、工人个人保险金等费用，没有注明综合单价包含税金。

根据施工合同附件 1《工程量清单综合单价报价表》，单独注明本项目税费适用简易计税，按照税前报价 × 3% 计算。

根据本项目工程分包月结算单所示，也在土石方工程按照综合单价 ×× 元 /m³ 之外，再单独额外计取了 3% 的税金。

根据原告提交的证据文件"×× 组团 ×× 标准分区部分基础设施建设 PPP 项目分包结算审核表"中，也明确列明税金按 3% 额外单独计算。

同时根据《建设工程工程量清单计价规范》（GB 50500—2013）第 2.0.8 条的规定，综合单价是指完成一个规定清单项目所需的人工费、材料和工程设备费、施工机具使用费和企业管理费、利润以及一定范围内的风险费用，并不包含税金。

因此，根据施工合同约定以及规范规定并结合实际履约情况，同时原告也通过证据自认，本项目税金要单独按照 3% 计算。目前，鉴定机构仅以施工合同附件 1《工程量清单综合单价报价表》的清单部分说明中描述："此全费用综合单价：包括人工费、材料费、机械费、措施费、管理费、利润、风险费、安全文明施工费、竣工档案编制费、规费、税金等所有费用"为由，单方面认定税金不能单独计算，与施工合同约定的本意、实际履约和原告的自认以及基本事实明显背离，明显不合理也不合规。

税金的漏计对工程造价的影响金额为：×× 元。

与此同时，即便鉴定机构认为税金不能单独计量，那也属于对本项目合同约定条款存在不同的理解。根据《造价鉴定规范》第 5.3.5 条的规定，鉴定机构对此也应该作出的是选择性意见，供人民法院判断，而不能单方面直接扣除税金。

材料价格的复核。例如，某建设工程施工合同案件，专家辅助人对商品混凝土材料价格计取采保费的问题，提出如下质证意见：

执行造价信息价格的商品混凝土对采购保管费的计取不合理

根据重庆 2008 费用定额第 19 页说明：

2. 由发包方提供材料到承包方指定地点，发包方收取采购及仓管费的 1/3，承包方收取采购及仓管费的 2/3。

根据 2008 费用定额的上述说明，采购保管费包含两部分，一部分是采购费，另一部分是现场保管费，其中：采购费占采购保管费的比例为 1/3，现场保管费占采购保管费的比例为 2/3。

由于商品混凝土为混凝土搅拌站直接使用罐车将混凝土运输到施工现场后就进行泵送，承包人不需要对商品混凝土进行现场保管或者仓储。因此，对于商品混凝土，承包人只能计算采购保管费中的采购费部分，计算采购保管费的 1/3，即 3%×1/3=1%。

经分析，目前鉴定意见书对执行造价信息的商品混凝土价格，均按照 3% 计取了商品混凝土的采购保管费，对应多计算的工程造价约为：×× 元。

其他专业逻辑、推理和计算的复核。例如，某建设工程施工合同案件，专家辅助人对按实计算费用额外多计算安全文明施工费的问题，提出如下质证意见：

关于 ×× 等按实计算费用计取安全文明施工费不合理

根据 ×× 认质认价说明，相关价格包含各项费用，结算中仅计取定额税金。

目前鉴定意见书中，把 ×× 费用等列入按实计算费用。根据工程取费表所示（具体详见下图 ××，图略），按实计算费用计入了税前造价，安全文明施工费按照税前造价计算，导致 ×× 费用额外多计取了安全文明施工费，多计算工程造价金额为：×× 元。

5.2.4　法律问题的复核

法律问题的复核，主要针对本应由委托人做出判断的法律问题，但是鉴定意见书进行了判断，导致存在"以鉴代审"的情形，具体详见"第 2 章　法律问题和专业问题"中"2 法律问题的理解"的相关描述。

法律问题的复核。例如，某土石方工程施工合同案件，专家辅助人对鉴定方法的问题，提出如下质证意见：

关于鉴定方法的选择不合理

根据最高人民法院《关于人民法院民事诉讼中委托鉴定审查工作若干问题的规定》（法〔2020〕202 号）第 2 条的规定：

2. 拟鉴定事项所涉鉴定技术和方法争议较大的，应当先对其鉴定技术和方法的科学可靠性进行审查。所涉及鉴定技术和方法没有科学可靠性的，不予委托鉴定。

本项目鉴定方法存在间接扣减法，即 ×× 区审计局对原告 ×× 建工集团有限公司审计结果扣减案外第三人 ×× 建筑有限公司和 ×× 建设有限公司的施工方量，或者是月结算单法，即按照原告 ×× 建工集团有限公司与被告 ×× 建设工程有限公司办理的分包月结算单中明确的施工方量。两种鉴定方法导致的鉴定结果差异巨大，而且争议较大，根据相关规定，应当对鉴定方法的科学可靠性进行审查，如果鉴定方法没有科学可靠性的，不应该委托鉴定，如果已经委托鉴定，鉴定的结果也不适宜采信。

目前鉴定意见中没有体现鉴定方法的争议，没有阐述对鉴定方法的可靠性审核或者相关专业论证，属于不合理。

同时根据《重庆市高级人民法院关于建设工程造价鉴定若干问题的解答》（渝高法〔2016〕260 号）第 12 条的规定：

12. 建设工程造价鉴定过程中，当事人、鉴定人对鉴定方法提出异议的，应当如何处理？

建设工程造价鉴定过程中，当事人、鉴定人对鉴定方法有异议的，应当向人民法院提交书面意见，并说明理由。人民法院应当在听取当事人、鉴定人意见后，对当事人、鉴定人提出的异议进行审查。异议成立的，书面告知鉴定人变更鉴定方法；异议不成立的，书面告知当事人、鉴定人异议不成立，鉴定人仍应根据人民法院确定的鉴定方法进行鉴定。

本案鉴定过程中，被告 ×× 建设工程有限公司多次书面对鉴定方法提出异议，认为应按照原告与被告签订的月结算单进行鉴定。目前，对于该异议的书面回复和处理意见等，在正式鉴定意见中无相关描述和体现。

根据《重庆市高级人民法院对外委托鉴定工作管理规定（试行）》（渝高法〔2020〕48 号）第三十二条的规定：

第三十二条　对于当事人争议较大、所涉及鉴定专业问题难以判定，审判组织可以将鉴定文书通过司法技术部门提交第三方评价机构审查。第三方评价机构根据人民法院的委托要求，对提交的鉴定意见进行专业技术审查，出具咨询意见。

本案当事人对鉴定方法争议非常大，而且不同的鉴定方法对鉴定结果影响也很大，建议人民法院请第三方评价机构对本案鉴定方法的科学可靠性进行审查。

5.2.5　竞合问题的复核

竞合问题的复核，主要针对法律问题和专业问题相竞合的情形，需要专家辅助人分析后进行判断。如果鉴定意见书的结论对己方当事人有利，那么对于该竞合问题可以不提出质证意见，如果鉴定意见书的结论对己方当事人不利，那么对于该竞合问题需要进行质证，争取将问题转变为法律问题，在鉴定意见书中进行单列，提升争取空间，由审判长进行最终判断，具体详见"第2章　法律问题和专业问题"中"2　法律问题和专业问题的竞合"的相关描述。

竞合问题的复核。例如，某建设工程施工合同案件，专家辅助人对外墙彩色饰面砂浆造价计算的问题，提出如下质证意见：

外墙彩色饰面砂浆工程造价计入确定性意见不合理

目前鉴定意见书对外墙彩色饰面砂浆，按照××元/m²，共计工程造价：××元计入确定性意见。

根据鉴定单位对××房地产开发有限公司异议的回复，鉴定意见书计算外墙彩色饰面砂浆的依据为：根据竣工图及认质认价资料计算。

根据本项目实际情况，对于外墙彩色饰面砂浆工程造价部分，不应直接纳入确定性意见，应作为选择性意见单列，由委托人判断使用，具体理由如下：

理由一

根据材料认质认价单明确注明（具体详见下图××，图略），外墙为彩色饰面砂浆，颜色、厚度、做法同样板墙。

理由二

根据××年××月××日第××次监理例会会议纪要中（具体详见下图××，图略），再次明确外墙饰面做法为水泥浆和彩色饰面砂浆，在施工过程中应按照《墙体饰面砂浆》（JC/T 1024—2019）标准执行施工。

理由三

××年××月××日，××房地产开发有限公司向××建设集团公司提出（具体详见下图××，图略），外墙饰面材料未复检和报验，且外墙施工材料不是双方确认的水泥基彩色饰面砂浆，要求××建设集团公司根据建设程序对外墙饰面材料进行复检和报验。

××年××月××日监理单位在监理通知单中明确指出目前外墙工程使用材料为质感腻子，与认质核价要求的水泥基彩色饰面砂浆材料不符（具体详见下图××，图略）。

理由四

现场施工材料上粘贴的合格证书明确显示，本项目实际施工现场使用饰面砂浆执行的标准为《合成树脂乳液砂壁状建筑涂料》（JG/T 24—2018），与认质认价和监理会议纪要明确的彩色饰面砂浆执行的标准《墙体饰面砂浆》（JC/T 1024—2019）不同（具体详见下图×，图略）。

综上所述，本项目××建设集团公司是否采用认质核价对应的彩色饰面砂浆存疑，在施工过程中××房地产开发有限公司和监理公司明确向××建设集团公司提出现场使用的饰面砂浆为普通质感腻子，不是彩色饰面砂浆，并且在要求××建设集团公司对饰面材料根据建设程序要求进行复检和报验的情况下，××建设集团公司一直未提供相关饰面材料的合格证、复检和报验资料等，鉴定资料中也没有上述资料，鉴定意见书直接根据认质认价单和竣工图说明将外墙彩色饰面砂浆部分工程造价计入确定性意见不合理。

根据《造价鉴定规范》第5.11.4条的规定以及《重庆市建设工程造价鉴定执业指引（试行）》"第三章　鉴定工作指引"关于鉴定实施明确规定如下："……鉴定资料彼此矛盾，鉴定人应及时提请委托人认定，并按照委托人认定的鉴定资料作为鉴定依据；如委托人未及时认定，或委托人认为需要鉴定人按照争议的鉴定资料出具多种鉴定意见的，鉴定人将该部分有争议的鉴定资料分别鉴定并将鉴定意见单列,供委托人判断使用。"

5.11.4 当鉴定项目合同约定矛盾或鉴定事项中部分内容证据矛盾,委托人暂不明确要求鉴定人分别鉴定的,可分别按照不同的合同约定或证据,作出选择性意见,由委托人判断使用。

因此,本案关于饰面砂浆,应根据 ×× 建设集团公司提供的鉴定资料按普通质感腻子计价和根据 × 建设集团公司提供的鉴定资料按彩色饰面砂浆计价,出具两种选择性意见,供委托人在查清事实的基础上进行判断使用。

5.3 专家辅助意见书面表达

工程造价专家辅助人对鉴定意见书的质证意见,通常情况下需要以书面的形式呈现。如何有效地进行书面意见表达,在进行质证的同时,能更好地让鉴定人接受意见,主动调整鉴定意见书的错误或者瑕疵之处;能让审判长和合议庭快速准确地理解专业问题所在,并能通过书面表达增强审判长和合议庭对己方当事人有利的自由心证,在最终的判决中选择和采纳对己方当事人有利的结果,需要工程造价专家辅助人在书面表达意见时重点关注。

一般情况下,对于书面表达意见,专家辅助人需要关注如下六个方面的情形,分别是:函数映射原理;逻辑清晰,推理严谨;深入浅出,通俗易懂;结构可视化,专业可信化;因人而异,因时而不同;举一反三,融会贯通。

5.3.1 函数映射原理

函数映射原理,是指我们对鉴定意见书的质证意见内容,需要与鉴定意见书的某项具体内容一一映射对应,这样才能有助于鉴定人和审判长精准地聚焦具体问题,也才能避免因意见模糊或者不具体映射对应,虽然质证意见对应问题可能客观存在,但是最终却是"叫好不叫座"的尴尬局面。在实务中,存在五种常见的质证意见违背函数映射原理的情形。

1)情形一:只提原则看法,不提具体解决方案

质证意见中只是纯粹情绪化地对鉴定意见书中涉及的相关原则问题提出看法,但是又不明确指出鉴定意见书该原则具体的不合理之处和进行详细的论证分析,同时也不提出己方明确的新的有关具体原则的解决方案和对应的支撑依据与论证分析。这种空洞情绪化原则质证意见通常不会得到鉴定人的认可和支持,鉴定人只会将它当作当事人的一种情感宣泄而已。

例如,某建设工程施工合同纠纷案件,当事人一方对鉴定意见书的质证意见如下:

关于对《工程造价鉴定意见书(×× 鉴—JD—×ד2023)征求意见稿》的反馈意见

重庆 ×× 工程咨询有限公司:

收到贵公司《工程造价鉴定意见书(×× 鉴—JD—×ד2023)征求意见稿》,经征求

委托人××意见，现反馈意见如下，供贵公司审定时参考。

场地平整没有详细、明确的施工图，且原告××所提供的简易的平面和断面示意图，无详细做法和尺寸，且图纸模糊无法识别，仅根据现场查勘无法判断场地平整和硬化的造价，也不能确认钢材款的具体金额。其理由是：

1. "简易的平面和断面示意图"在××所出示的证据目录中没有，在庭审质证中也没有该证据。故不能依据未经质证的该"平面图和断面示意图"做出鉴定结论。

2. 现场勘验中没有对场地平整隐蔽部分进行勘察也没有其他证据证明隐蔽工程量，不能做出鉴定结论。

3. 根据××所提供的钢筋、石子、水泥、河砂、混凝土等供货称重单、地磅单、收款收据不但重复，且真实性无法确认，且根据其出示的银行付款凭证不能一一印证。故场地平整和硬化的造价无法计算。

4. 由于没有工程相关设计图、竣工图，施工的不规范，则计价的原则不能参考国家及地方相关定额计价。

5. 仅根据钢材进货量（付款凭证没有一一对应），而没有钢材用于场地平整和硬化的具体计量，不能认定钢材款金额。

综上，我们认为根据现有质证的证据，不足以适用"间接推导的方式"进行计算。望贵公司本着合法、独立、客观和公正原则做出科学、严谨的鉴定结论。

此致

××的代理人：××

××年××月××日

鉴定机构收到当事人的上述反馈意见后，在正式鉴定意见书中做出如下回复说明。

对被告关于征求意见稿反馈意见的回复

对被告关于《工程造价鉴定意见书（××鉴—JD—××—2023）征求意见稿》的反馈意见，经过鉴定组的逐一复核之后具体回复如下：

1. "简易的平面和断面示意图"在××所出示的证据目录中没有，在庭审质证中也没有该证据。故不能依据未经质证的该"平面图和断面示意图"做出鉴定结论。

回复：

1）××年××月××日鉴定材质质证笔录第×页记录如下：

"证据3：混凝土使用量统计（原件）、购买水泥、混凝土磅单（原件）及部分付款凭证（××万元）（原件）、施工图纸（原件）"，质证笔录中记录的"施工图纸（原件）"即为"简易的平面和断面示意图"。

2）委托人提供的鉴定资料中有简易的平面示意图1张、简易的断面示意图1张。

3）由于"简易的平面和断面示意图"无详细做法和尺寸，且图纸模糊无法识别，鉴定过程中实际也未使用"简易的平面和断面示意图"作为依据计算相关工程量。

2. 现场勘验中没有对场地平整隐蔽部分进行勘察也没有其他证据证明隐蔽工程量，不能做出鉴定结论。

回复：

对于工程量的计算，具体详见鉴定意见书"六、鉴定说明"章节中的"（三）关于工程量计算方式的说明"的相关内容阐述。

3. 根据××所提供的钢筋、石子、水泥、河砂、混凝土等供货称重单、地磅单、收款收据不但重复，且真实性无法确认，根据其出示的银行付款凭证不能一一印证。故场地平整和硬化的造价无法计算。

回复:

1) 关于相关票据重复事宜,具体详见鉴定意见书"六、鉴定说明"章节中的"(五)关于票据采用的说明"的相关内容阐述。

2) 关于票据真实性和银行付款凭证的逐一印证事宜,具体详见鉴定意见书"六、鉴定说明"章节中的"(八)关于鉴定意见的说明"的相关内容阐述。

4. 由于没有工程相关设计图、竣工图,施工的不规范,则计价的原则不能参考国家及地方相关定额计价。

回复:

关于计价的原则,具体详见《提请委托人确认鉴定方法的函》(××鉴函〔2023〕第××号)的相关内容阐述。

5. 仅根据钢材进货量(付款凭证没有一一对应),而没有钢材用于场地平整和硬化的具体计量,不能认定钢材款金额。

回复:

关于钢材工程量的计算和钢材款的认定,具体详见鉴定意见书"六、鉴定说明"章节中的相关内容阐述。

重庆××工程咨询有限公司

××年××月××日

在上述案例中,由于当事人只是对鉴定意见书中的相关原则问题进行简单说明和反馈,没有进行相应论证和分析,同时也没有提出己方的具体解决方案和依据,因此鉴定人对当事人的反馈意见也采取的是原则性回复,导致当事人的反馈意见无法起到有效的作用。

例如,某建设工程施工合同纠纷案件,当事人一方委托的工程造价专家辅助人对鉴定意见书征求意见稿的反馈意见如下:

鉴定范围漏计因工程总量减少造成的人材机及成本摊销增加

首先,鉴定委托书要求鉴定人对"案涉工程造价"进行鉴定,根据住房和城乡建设部发布的国家标准《工程造价术语标准》(GB/T 50875—2013)第2.1.1条说明:"2.1.1　工程造价指工程项目在建设期预计或实际支出的建设费用。"

而案涉工程的结算原则包括:"二、工程结算原则 6.其他因工程总量减少造成的人材机及成本摊销增加,双方酌情协商。"

其次,根据《建设工程工程量清单计价规范》(GB 50500—2013)(以下简称"2013清单计价规范")第9.6.2条的规定:

对于任一招标工程量清单项目,如果因本条规定的工程量偏差和第9.3条规定的工程变更等原因导致工程量偏差超过15%时,调整的原则为:当工程量增加15%以上时,其增加部分的工程量的综合单价应予调低;当工程量减少15%以上时,减少后剩余部分的工程量的综合单价应予调高。

结论:本项目实际施工总量远远低于施工合同约定总量,根据"终止建设工程施工合同协议书"约定和2013清单计价规范的规定,都明确要求工程量减少造成的人材机及成本摊销需要增加计算相应费用,而该增加的费用明显属于本案工程造价的范畴。目前鉴定意见书征求意见稿没有计算该部分费用,也没有进行相应的单独说明,属于鉴定范围遗漏。

我们建议:

第一，针对××建设集团有限公司和××有限公司未对合同协议书约定的"因工程总量减少造成的人材机及成本摊销增加"对应的具体费用计算方式和标准进行协商，鉴定机构可以参照《建设工程造价鉴定规范》（GB/T 51262—2017）第5.8.5条的规定，按照本项目工程总量减少对应的该项目投标报价中相应的管理费和利润金额进行相应鉴定，作为对工程总量减少造成人材机及成本摊销增加的对应考虑，对该部分鉴定金额列入确定性意见。

对于管理费和利润金额的具体计算，可以按照《造价鉴定规范》第5.8.5条的具体规定执行。

5.8.5　因发包人原因，发包人删减了合同中的某项工作或工程项目，承包人提出应由发包人给予合理的费用及预期利润，委托人认定该事实成立的，鉴定人进行鉴定时，其费用可按相关工程企业管理费的一定比例计算，预期利润可按相关工程项目报价中的利润的一定比例或工程所在地统计部门发布的建筑企业统计年报的利润率计算。

第二，安全文明施工费也是同样道理，对于本项目的安全文明施工费，承包人是按照合同工程总量已经进行相应的投入，不因工程总量减少而减少相应安全文明施工费的投入。因此，应该按照工程总量减少部分根据定额文件规定计算出对应的安全文明施工费金额，该部分金额也应作为工程总量减少造成人材机及成本摊销增加的对应考虑，作为确定性意见单独列明。[注：可以参考中国建设工程造价管理协会主编的《工程造价司法鉴定典型案例》（2022年版）中《对某脱贫小区建设工程停工损失及预期可得利益损失司法鉴定》一案中对此问题的处理。]

举例计算说明如下：

1）统计出××建设集团有限公司投标报价表中预算总价（A 元）中工程总量部分对应的企业管理费和利润的金额为 B 元。

2）假定鉴定机构得出的××部分工程造价为 C 元，把 C 元除以预算总价 A 元得出实际施工部分占合同总量的比例，再根据比例换算得出工程总量减少部分实际对应的企业管理费和利润金额 D，$D=B×（1-C/A）$，也即因工程总量减少造成的管理费投入损失和预期利润损失而需要补偿的金额。

3）××减少部分工程量对应的安全文明施工费按照定额文件规定相应计算，先计算工程总量减少的具体工程量 A，把工程量 A 执行定额文件之后，得出对应的安全文明施工费为 B，B 即因工程总量减少造成的安全文明施工费投入损失需要补偿的金额。

在上述案例中，当事人一方面对鉴定意见书中的相关原则问题进行了说明和论证分析，同时提出了具体的解决方案和对应依据，以及具体的计算思路和计算过程。经过充分的沟通交流，合议庭和鉴定人一致同意对当事人反馈的上述问题进行补充鉴定，鉴定人在当事人提出的具体鉴定方法基础之上，结合具体鉴定资料和相关规范规定，在对鉴定方法进行了一定调整和完善后，经过计算分析出具了补充鉴定意见。

2）情形二：意见表述中原则问题和专业问题杂糅，性质不对应统一

质证意见在对某一事项表述中，既涉及原则问题，又涉及具体的专业计算和专业理解问题，不同性质的问题杂糅到一起，一方面造成问题不聚焦，另一方面导致原则问题和专业问题的具体论述不清楚。相关论证逻辑不清晰，造成鉴定人和审判长无法有效理解和认同接受。

例如，某建设工程施工合同纠纷案件，当事人一方对于鉴定意见书的质证意见如下：

我司对 1#、2# 楼高层保温外墙、加气砌块外墙总工程量、单价均无异议，但对高层保温外墙、加气砌块外墙各自施工内容、两者分项工程量存在异议。鉴定机构、我司均认为高层保温外墙、加气砌块外墙总工程量为 ×× m²，但是鉴定机构认定的高层保温外墙工程量为 ×× m²、加气砌块外墙总工程量为 ×× m²；而我司认定的高层保温外墙工程量为 ×× m²、加气砌块外墙工程量为 ×× m²，再按照高层保温外墙、加气砌块外墙工程固定单价分别计算工程造价，由此产生了 ×× 元差异。

我司认为产生差异的主要原因是对实际施工内容的不同理解。保温深化施工图纸上面明确标明 1#、2# 楼外墙需要按照保温工程施工，所以鉴定机构按照加气砌块外墙施工来计算与实际不符。而我司实际上对上述几乎全部区域（除 ×× m²）进行高层保温外墙施工。

在上述案例中，当事人的反馈意见包含两个方面，一方面是关于实际施工内容和图纸理解的原则问题，另一方面是关于工程量具体计算的问题。当事人将两个不同性质的问题杂糅到一起表述，相关表述笼统而又模糊，论证说理不清晰，相关佐证资料缺失，这样的表述没有说服力，很难获得鉴定人的认同。

3) 情形三：不考虑鉴定计算逻辑，只阐述对比分析结果

当事人的质证意见表述，没有考虑鉴定人的具体计算逻辑，也没有建立在鉴定人具体计算逻辑基础之上去进行质证，而是纯粹站在己方的计算思路和逻辑，罗列出相关工程量和价的对比分析结果，造成质证意见的反馈逻辑，与鉴定意见书的计算逻辑不一致，两个不同的逻辑风马牛不相及。在实务中，鉴定人对这样的质证意见表述基本忽略不计，甚至都不会详细阅读。

例如，某建设工程施工合同纠纷案件，当事人一方对鉴定意见书的质证意见如下：

工程量计算有错误，鉴定意见书如下：

(1) 工程预算表序号 ×× 行—定额号 AF280：现浇钢筋，×× t，我方核实工程量为 ×× t，工程量少算 ×× t。

(2) 工程预算表序号 ×× 行—定额号 AL0001：水泥砂浆、墙面、墙裙、砖墙抹灰，×× m²，我方核实工程量为 ×× m²，工程量少算 ×× m²。

(3) 按实计算费用表序号 ××—外墙面砖，×× m²，我方核实工程量为 ×× m²，工程量少算 ×× m²。

……

上述案例中，当事人对于鉴定意见书的质证意见，只是阐述鉴定意见书的工程量，当事人计算得出的工程量，差异量是多少，没有按照鉴定意见书的计算逻辑，指出鉴定意见书存在的具体问题，这样的质证意见基本上不会得到鉴定人的认可。本案中鉴定人对当事人的上述质证意见统一回复如下：

工程量根据设计施工图以及相关鉴定资料，按照施工合同的约定进行计算。

4）情形四：复杂问题没有拆解，一次集中表达

对于某些复杂的问题，在当事人的质证意见表述时，一次性地将该问题涉及的各种观点全部集中表述，没有根据具体的审理过程进行针对性表述，导致原本有利的质证意见，由于一次性提出了过多的见解、思路，干扰了鉴定人的判断，甚至还间接给鉴定人制造了自我辩解的空间和思路，反而不能给己方当事人带来预期的结果，有时甚至带来不利的影响。

例如，某建设工程施工合同纠纷案件，当事人一方委托的专家辅助人对于鉴定意见书的质证意见如下：

认质核价的 C50 混凝土材料价格调整不准确

根据 ×× 房地产公司 ×× 年 ×× 月 ×× 日的工作联系函所示：本项目 C50 商品混凝土按照认质认价 490 元 /m³ 作为结算价。

目前鉴定意见书中，对于 C50 商品混凝土按照 505 元 /m³ 进行材料调差（具体如下图 ×× 所示，图略），导致多计算工程造价金额为：×× 元。

其他论述：

论点一

经过分析，鉴定意见书对 C50 混凝土按照 505 元 /m³ 调差，可能是对混凝土认质认价的价格额外乘以了 3% 的采购保管费，490×（1+3%）=504.7 元 /m³ ≈ 505 元 /m³。

首先，认质认价为市场价格核价，认定的价格已经包含全部费用，那么这个价格就是最终的结算价格，不应该再计取其他费用。

其次，在 ×× 建设集团公司报送的 C50 混凝土核价资料中，明确为对混凝土价格认质认价，并没有注明在认质认价之外要单独额外再计算 3% 的采购保管费。

再次，在 ×× 房地产公司的核价说明中，对混凝土进行实地询价后明确 C50 混凝土按照 490 元 /m³ 进入施工决算，言外之意不再计取其他费用。

最后，在编号 ×× 的认质认价资料中，再次明确 C50 混凝土价格为 490 元 /m³，同时明确 300 mm×2 mm 止水钢板认质认价为 19 元 /m，鉴定意见书对该止水钢板的材料调差直接使用的认质认价 19 元 /m，也没有单独计算采购保管费。

注：300 mm×2 mm 止水钢板认质认价为 19 元 /m，每米重量为 7 850×0.3×0.002=4.71 kg，折合每米单价为 19/4.71=4.034 元 / kg，与鉴定意见书中的材料价格完全一致。

综上所述，对于 C50 商品混凝土应该按照认质认价的价格直接进入结算，不再单独计算采购保管费。

论点二

假定鉴定意见书认为 C50 混凝土按照认质认价后还要计算采购保管费，那么也属于对施工过程中的核价资料说明存在不同的理解，根据《重庆市高级人民法院关于建设工程造价鉴定若干问题的解答》（渝高法〔2016〕260 号）第 13 条规定，鉴定人应该对不同的理解向委托人提出认定，如果委托人未进行认定的，鉴定人可以按照不同的理解出具两种选择性意见，或者对该争议事项进行单独列明，不应该直接按照单方面的理解进入确定性意见。

13. 建设工程造价鉴定中，鉴定人认为需要对合同或者合同条款的效力、合同条文的理解、证据的采信等问题作出认定的，应当如何处理？

建设工程造价鉴定中，鉴定人应当对与建设工程造价相关的专门性问题出具鉴定意见。鉴定人在鉴定中认为需要对合同或者合同条款的效力、合同条文的理解、证据的采信等法律性问题作出认定的，应当向人民法院提交书面意见，并说明理由，由人民法院作出认定。人民法院对相关问题作出认定后，应当书面答复鉴定人。

人民法院认为暂时难以对合同或者合同条款的效力、合同条文的理解、证据的采信等法律性问题作出认定，需要在庭审后结合其他证据作出综合认定的，可以要求鉴定人出具多种鉴定意见或者将有争议的事项予以单列。

论点三

即便假定委托人认为上述争议存在，而且认定 C50 混凝土认质认价材料需要单独计取采购保管费，根据重庆 2008 费用定额第 19 页说明：

2. 由发包方提供材料到承包方指定地点，发包方收取采购及仓管费的 1/3，承包方收取采购及仓管费的 2/3。

根据重庆 2008 费用定额的上述说明，采购保管费包含两部分，一部分是采购费，另一部分是现场保管费，其中：采购费占采购保管费的比例为 1/3，现场保管费占采购保管费的比例为 2/3。

由于商品混凝土为混凝土搅拌站直接使用罐车把混凝土运输到施工现场后就进行泵送，承包人不需要对商品混凝土进行现场保管或者仓储。因此，对于商品混凝土即便要计算采购保管费，那么承包人也只能计算采购保管费中的采购费部分，计算采购保管费的 1/3，即 3%×1/3=1%，对应 C50 商品混凝土材料调差的价格为：490×（1+1%）=494.9 元 /m³。

在上述案例中，专家辅助人在指出鉴定意见书 C50 商品混凝土材料调差不准确的同时，又额外表述了关于采保费的计算、证据材料的理解、合同条文的理解、证据材料的采信以及商品混凝土浇筑工艺的解读等多个维度多个视角的意见，把一件原本非常清晰明了的事情，变成了一个复杂的问题进行阐述，反而给鉴定人制造了辩解的空间，也给对方当事人提供了质证的思路和依据，最终反而对己方当事人不利。

因此，对于本案例，专家辅助人在鉴定意见书中只需要指出鉴定意见书中 C50 商品混凝土材料价格未按照合同约定的认质认价价格调整即可，后续的内容可以不在此处质证意见书中表述：如果鉴定人采纳了专家辅助人的上述质证意见，那么后面的内容就完全没有存在的必要，如果鉴定人没有采纳专家辅助人的上述质证意见，给出了相应的解释意见，那么专家辅助人和代理律师可以根据鉴定人的解释意见再次进行针对性的说理和质证即可。

5）情形五：同一类型问题多次表述，没有归纳合并

在某些时候，鉴定意见书中涉及多个单体工程时，专家辅助人的质证意见是分别对多个单体的建模算量计价等进行表述，当多个单体的建模算量计价存在同样类型的问题时，质证意见没有对该同类型问题进行归纳合并后集中表述，而是在不同的单体质证意见中重复多次表述：一方面造成质证意见篇幅过多，容易给鉴定人带来一些不好的心理层面的影响；另一方面在庭审过程中多次重复同样问题的表述，导致庭审过程拖沓，也容易让审判长和庭审参与各方人员感受不佳。

因此，对于同一类型的问题，尽量归纳合并后集中表述，同时，在能清晰表达意思和逻辑推理关系的前提下，尽量简洁简单，减少质证意见的篇幅。

5.3.2 逻辑清晰，推理严谨

逻辑清晰，推理严谨，是指我们对鉴定意见书的质证意见内容，要有清晰的逻辑关系，严谨的推理过程，不能自说自话没有逻辑关系，不能简单意见陈述没有推理论证和分析过程。

在实务中，我们经常使用演绎法和归纳法两种逻辑关系，但是在对鉴定意见书的质证中，建议使用演绎法进行逻辑表达。对于演绎法在鉴定意见书质证中的具体表现形式，又可以分为三段论表达方式和五段论表达方式。

1）三段论表达方式

三段论表达方式，是参考演绎法的典型推理逻辑：大前提—小前提—结论，按照鉴定意见书情形、专业规范的要求、正确计算的结果三个方面，对具体的质证问题进行详细表述。

鉴定意见书情形，是指鉴定意见书对某个事项具体的计算或者处理现状，一般要对鉴定意见书的具体内容进行摘抄表述，同时截图作为附件说明。

专业规范的要求，是指合同上的具体约定，或者定额文件和清单规范的要求，或者相关主管部门政策文件的要求，或者法律法规的规定，或者设计规范、施工规范和验收规范的规定，或者设计施工图说明，或者鉴定资料的载明，或者现场实际勘验情况等，一般需要在质证依据中把上述具体的依据说明进行抄录表述，同时将对相关资料的对应表述截图作为附件说明。

正确计算的结果，是指通过专业规范的要求表述后，指出鉴定意见书对某个事项的计算和处理有误，同时按照专业规范的要求计算出相应的结果，指出正确计算的结果与鉴定意见书目前结果之间的差异金额。

例如，某建设工程施工合同纠纷案件，当事人一方委托的专家辅助人对于鉴定意见书的质证意见如下：

板负筋长度计算有误

（1）鉴定意见书的情形：

鉴定意见书对应的计量模型中，板负筋长度按软件默认计算，计量模型中默认的板负筋标注长度从支座中心线算起（具体如下图××所示，图略）。

（2）我方主张依据论述：

根据鉴定资料中设计施工图中结构设计施工图《××板配筋图》（图号：××）中文字说明第8条："8.除图中注明偏心或边平齐外，梁均沿定位轴线居中布置；图中板面钢筋伸出长度从梁边算起。"（具体如下图××所示，图略）

（3）我方主张计算结果：

根据设计施工图的要求，板面钢筋伸出长度从梁边算起，在计量模型中的相应计算设置处修改板负筋长度计算方式，修改后计算设置如下图所示（具体如下图××所示，图略）。

修改设置前板负筋的工程量为××t（具体如下图××所示，图略）。

修改设置后板负筋的工程量为××t（具体如下图××所示，图略）。

按照设计施工图要求进行计算，板负筋的工程量相比目前鉴定意见书要增加 ××t，对应增加工程造价为 ×× 元。

2）五段论表达方式

五段论表达方式，是在三段论表达方式的基础上，为了便于鉴定人和审判长理解，增加部分内容表述，具体包含专业概念阐述和专业规范要求、鉴定意见书现状、现状有误缘由分析、正确计算思路和方式、正确计算结果及附件。

专业概念阐述和专业规范要求，是指在专业规范要求的基础上，增加部分专业概念的阐述和专业术语的解释，便于鉴定人和审判长理解。

鉴定意见书现状与三段论中的鉴定意见书情形表述的内容一致。

现状有误缘由分析，对鉴定意见书存在有误之处的原因进行分析，便于鉴定人更好地理解问题出现的原因，接受质证的意见，修改错误之处。尤其是在当下很多项目的工程造价鉴定过程中，具体从事建模算量计价基础工作的人员与鉴定意见书上签章的鉴定人不一致，在签章和出庭的鉴定人没有对建模算量和计价等基础工作进行全面熟悉和复核的情形下，质证意见书中把鉴定意见书中有误的原因进行分析，更有助于出庭鉴定人快速理解和接受质证意见。

例如，某建设工程施工合同纠纷案件，在二审过程中，当事人一方委托的专家辅助人对于一审的鉴定意见书出具专家辅助人意见，作为新证据提交给二审审判长和合议庭，具体相关意见如下：

超高降效费用未按照施工合同约定的定额文件规定调整人工费价差，导致工程造价少计算 ×× 元

1. 施工合同约定

根据施工合同补充协议的约定（P×× 页）：

2. 使用定额：建筑工程执行重庆 2008 年《重庆市建筑工程计价定额》及定额配套文件；安装工程执行重庆 2008 年《重庆市安装工程计价定额》及定额配套文件，若以上定额无子目的，经甲方书面同意后可参照装饰、修缮、园林、市政定额中相近的子目确定最终结算价。（合同签订日期之后颁布的相关文件不予采用）

根据 2010 年 4 月份发布的《2008 年重庆市建设工程计价定额综合解释》P13 页解释说明如下：

2.12　其他工程

2.12.1　建筑物超高降效人工费、超高降效机械费，是否可调整价差？

答：建筑物超高降效人工费允许调整，超高降效机械费不作调整。

根据 2008 重庆市建筑工程计价定额超高降效的定额子目，具体如图 5.1 所示。定额子目中超高降效的人工费按照"项"计算，在计价时，需要根据定额综合解释的说明，先把按项计算的超高降效人工费换算为工日，然后再按照施工合同的约定对超高降效的人工费进行调差。

三、建筑物超高人工、机械降效

工作内容: 1. 上下楼耗时、上楼工作前休息及自然休息增加时间。
2. 增加垂直运输影响时间。
3. 人工影响的机械降效。
4. 高层水加压。

计量单位:100m²

定　　额　　编　　号				AM0032	AM0033	AM0034	AM0035	AM0036	AM0037
项　　目　　名　　称				檐口高度(m以内)					
				30	40	50	60	70	80
基　　　　价　　(元)				406.52	750.42	1301.93	1840.90	2377.62	2922.39
其中	人　工　费　(元)			374.75	687.50	1012.50	1499.75	2009.25	2531.25
	材　料　费　(元)								
	机　械　费　(元)			31.77	62.92	289.43	341.15	368.37	391.14
编　号	名　　称	单位	单价	消　　　耗　　　量					
人工 00020101	超高降效人工费	元		374.750	687.500	1012.500	1499.750	2009.250	2531.250
机械 75020201	超高降效机械费	元		31.770	62.920	289.430	341.150	368.370	391.140

图5.1　超高降效定额子目（来自重庆2008计价定额）

如假定檐口高度为30 m，建筑面积为100 m²，则需要选用的定额子目为：AM0032，每100 m² 超高降效人工费为374.75元，综合人工单价为25元/工日，折算为工日数量为：374.75/25=14.99工日，则根据定额综合解释第2.12.1条的说明，并按照施工合同约定，超高降效人工费调差增加金额为14.99×（50–25）+14.99×42=1 004.33元。

2.鉴定意见情况

根据鉴定意见书中的计算明细，具体如图5.2，根据图5.2所示，鉴定意见书套取AM0032定额子目后，没有手动点击计价软件中的工日转换，造成计价软件无法按照定额综合解释第2.12.1条的说明自动换算超高降效人工数量，导致计价软件将超高降效人工费仍旧按照"项"作为一个整体计算，具体如图5.3所示，导致计价软件不能按照定额综合解释第2.12.1条的说明和施工合同的约定调整超高降效人工费的价差。

根据定额综合解释第2.12.1条的说明，在计价软件中进行超高降效人工费手动换算的具体操作情况和换算结果如图5.4、图5.5所示。

工程预算表

工程名称：19#楼主体工程（一层及以上楼层）

第1页　共1页

序号	定额编号	项目名称	单位	工程量	单价(元)	合价(元)	人工费(元)		材料费(元)		机械费(元)	
							单价	合价	单价	合价	单价	合价
1	AD0008	多层建筑综合脚手架 檐口高度(m)12以内	100m²	1.11	427.92	477.05	120.25	134.06	262.55	292.69	45.12	50.30
2	AD0008	多层建筑综合脚手架 檐口高度(m)24以内	100m²	47.64	744.33	35461.30	218.50	10409.76	478.06	22775.69	47.77	2275.85
3	AM0005 *0.95	多、高层 檐口高度(m以内)20 子目*0.95	100m²	23.04	1190.53	27433.86					1190.53	27433.86
4	AM0006 *0.95	多、高层 檐口高度(m以内)30 子目*0.95	100m²	25.71	1323.00	34018.70	45.84	1178.70			1277.16	32840.00
5	AM0032	超高人工、机械降效 檐口高度(m以内)30	100m²	25.71	406.52	10452.97	374.75	9636.06			31.77	816.91

图5.2　鉴定意见书超高降效定额子目套取情况（来自鉴定意见书第××页）

人工、材料、机械台班用量统计表

工程名称：19#楼主体工程（一层及以上楼层）　　　　　　　　　　　第 1 页　共 1 页

序号	编码	工、料、机名称	单位	数量	备注
1	00010101	综合工日	工日	468.8977	
2	00020101	超高降效人工费	元	9636.0592	
3	02010103	缆风桩木	m³	0.144	
4	02050201	竹脚手板	m²	200.5091	
5	03050109	钢丝绳 Φ8	kg	13.0528	
6	16011401	防锈漆	kg	299.3232	
7	2001	临设摊销钢材	t	0.1914	
8	2002	临设摊销原木	m³	0.3827	
9	2003	临设摊销水泥	t	0.6835	
10	2004	临设摊销标准砖	千块	3.5077	
11	35060101	脚手架钢材	kg	4136.0881	
12	36030201	安全网	m²	315.2011	

图 5.3　鉴定意见书超高降效人工费汇总情况（来自鉴定意见书第 ×× 页）

图 5.4　计价软件手动调整超高降效人工工日换算按钮

图 5.5　计价软件手动调整超高降效人工工日后定额子目套取图示

3. 差异缘由分析

鉴定意见书没有按照定额综合解释的相应说明，在计价软件中对超高降效人工费进行手动换算处理。

4. 复核咨询意见

《2008 年重庆市建设工程计价定额综合解释》于 2010 年 4 月份发布，在施工合同补充协议的签订时间 2014 年 2 月 26 日之前，应该根据《2008 年重庆市建设工程计价定额综合解释》的相关说明和施工合同约定，调整超高降效人工费的价差。

5. 造价影响金额

根据施工合同约定，超高降效人工费按照定额综合解释说明进行换算调差，按照一审判决书对鉴定意见书的采信情况，相比鉴定意见书需要增加工程造价约：×× 元。

具体明细见表 5.1。

表 5.1　超高降效人工费调差影响金额计算明细表

序号	工程名称	工程造价/元（辅材调差）	超高降效人工费（A）	人工工日单价（B）	人工工日换算数量 C=B/A	超高降效人工调差金额 D=C×(25+42)	超高降效人工调差金额（含税、一审判决下浮）E=D×（1+3.41%）×（1–5%）
1	—	—	—	—	—	—	—
—	—	—	—	—	—	—	—

说明：工程造价（辅材调差）、超高降效人工费（A）、人工工日单价（B）三列基础数据均来自鉴定意见书，人工工日换算数量、超高降效人工调差金额、超高降效人工调差金额三列数据均为根据造价文件规定及施工合同约定，通过对鉴定意见书中的基础数据进行对应计算分析得出。

5.3.3　深入浅出，通俗易懂

深入浅出，通俗易懂，是指我们对鉴定意见书的质证意见内容，要使用非工程造价专业的普通人都能理解的语言，普通人都能明白的生活常识和基本逻辑原理进行阐述。在实务中，一般采取举例示范说明和生活常识逻辑解释这两种表达技巧。

1）举例示范说明

举例示范说明，是指使用简单的案例示范去说明复杂的专业问题。例如，某建设工程施工合同纠纷案件，当事人一方委托的专家辅助人对鉴定意见书钢筋工程量计算的质证意见如下：

钢筋工程量应该按照向上取整 +1 计算

鉴定意见书 P×× 对钢筋的计算设置鉴定意见表述如下：

因合同未约定，定额计价也无明确规定，计算方式有向上取整 +1、向下取整 +1、四舍五入 +1，为公平公正，按中间值四舍五入 +1 计算。若当事人双方仍不能达成一致意见，可现场钢筋扫描实测。

首先，施工合同明确约定按照重庆 2008 定额计价，在重庆 2008 建筑工程计价定额 P104 对钢筋工程量计算规则明确规定如下：

1. 钢筋、铁件工程量按设计图及理论重量以吨计算。

为了阐述钢筋工程量根据定额规定按设计图计算，应该为按照向上取整 +1 计算，举例说明如下图所示：

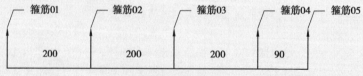

假定某混凝土梁长度为 690 mm，设计图要求梁箍筋布置间距为 200 mm，根据上图所示对梁箍筋进行排布，共计需布置 5 根箍筋。前面四根箍筋间距为 200 mm 间距，剩余 90 mm 长度也应再排布一根箍筋，否则最后的 90 mm 段长度梁没有箍筋，无法浇筑混凝土，明显是

不符合设计要求的。

如果算量软件设置按照向上取整 +1 的方式进行计算，690/200=3.45，3.45 向上取整为 4，4+1=5，向上取整 +1 的方式与按照设计图要求实际布置的数量一致。

如果算量软件设置按照四舍五入 +1 的方式进行计算，690/200=3.45，3.45 四舍五入为 3，3+1=4，四舍五入 +1 的方式比按照设计图要求实际布置的数量少 1 根。

如果算量软件设置按照向下取整 +1 的方式进行计算，690/200=3.45，3.45 向下取整为 3，3+1=4，向下取整 +1 的方式比按照设计图要求实际布置的数量少 1 根。

因此，钢筋工程量按照向上取整 +1 的计算结果，是与设计图要求和定额明确的计算规则相一致的。为了进一步明确该种计算方式的正确合理性，在重庆 2018 房屋建筑与装饰工程计价定额 P106 中明确规定如下：

1. 钢筋、铁件工程量按设计图示钢筋长度乘以单位理论质量以"t"计算。

……

（4）设计图未明确钢筋根数、以间距布置的钢筋根数时，按以向上取整 +1 的原则计算。

同时根据行业内其他权威机构的类似回复，广东省建设工程标准定额站在其官方微信公众号"广东省建设工程标准定额站订阅号"于 2023 年 3 月 7 日做出的《关于国通外贸产业城一期 A 区工程计价争议的复函》（粤标定复函〔2023〕27 号）中关于钢筋计算规则的争议明确回复如下：

四、关于钢筋计算规则的计价争议

对钢筋根数是按四舍五入 +1 还是向上取整 +1 的工程量计算规则，发承包双方产生争议。发包人认为，由第三方检测单位根据相关标准规范要求对钢筋进行检测，并确定实际施工数量，符合承包人描述施工根数则检测费用由建设单位承担，否则由承包人承担检测费用；且检测结果交设计单位进行评估，达到结构安全且不影响设计使用功能以检测根数计算，如达不到设计结构安全和使用功能，则按设计单位要求进行加固补强，所产生的费用均由承包人承担。承包人认为，根据合同约定的计算规则，依据《关于广东省建设工程定额动态管理系统定额咨询问题解答的函（第 1 期）》（粤标定函〔2019〕9 号）问题解答，钢筋根数按向上取整 +1 计算。

我站认为，钢筋根数的工程量计算规则是按设计图纸向上取整 +1 计算，而不是以检测根数计算。若项目实际施工不符合设计图纸和相关施工规范的要求，应另根据合同关于工程质量、违约等条款办理。

（注：上述内容来自广东省建设工程标准定额站订阅号）

同时，根据广东省建设工程标准定额站对钢筋争议问题的回复，再次证明工程量应该按照设计施工图计算。如果一方认为项目实际施工不符合设计图纸和相关施工规范的要求，应另外根据合同关于工程质量和违约责任等条款的约定办理，不影响造价角度按照设计施工图计算工程量和相应的工程造价。

因此，对于本案钢筋工程量应该按照向上取整 +1 计算后列入确定性意见。经过初步测算，本案钢筋工程量按照向上取整 +1 比按照四舍五入 +1 计算，钢筋工程量增加约 ××t，在鉴定意见 1 的基础上工程造价增加约 ×× 万元。

2）生活常识逻辑解释

生活常识逻辑解释，是指使用普通人能理解的生活常识和基本逻辑来对复杂的专业问题进行解释和说明。例如，某建设工程施工合同纠纷案件，当事人一方委托的专家辅助人对鉴定意见书中关于按实签证部分不下浮计算的质证意见如下：

签证收方资料中只确认了工程量需要套取定额文件计价的部分没有按照合同约定下浮3%

根据施工合同的约定:"……及相关配套文件计算下浮3%作为结算价(下浮基数扣除税金、安全文明施工费、人工费价差、规费、按实签证、认质认价费用)……"

施工合同约定"按实签证"不下浮。对于"按实签证"存在两种理解方式,第一种理解方式为"按实际发生的费用按实签证",也就是"费用按实签证",签证单上注明有实际发生的价格,该价格就是结算价格,如本案鉴定资料中的如下图××所示签证(图略),明确实际发生费用2 200元。

第二种理解方式为"对实际完成工程量按实签证",也就是"工程量按实签证",签证单上注明有实际完成工程量,如本案对于电缆沟和人工挖孔桩的签证收方资料如下图××所示(图略),对于价格仍旧需要按照合同约定的计价原则套取相应定额文件计算。由于签证只是确认工程量,因此执行定额文件后仍旧需要根据合同约定下浮3%作为结算价。

因此,本案施工合同中约定的"按实签证"不下浮,是特指"按实际发生的费用按实签证"也即"费用按实签证"的部分不下浮,"对实际完成工程量按实签证"也即"工程量按实签证"部分,需要按照合同约定的计价原则套取相应定额文件计算后下浮3%作为结算价。

正向论证: 合同约定按实签证和认质认价费用不下浮,因为是实际发生和明确的费用,是市场价格,所以不下浮。而在一般情况下,执行定额文件计价要高于市场平均价格,所以才有执行定额计价后要进行一定比例下浮的合同约定,这个属于工程行业的一个基本做法。例如,目前很多项目的招投标,投标人都是在执行定额文件后下浮一定比例进行投标。

反向论证: 如果机械地理解为只要是签证收方的部分,都不进行下浮,假定施工过程中,承包人采取签证收方的形式,对整个项目的全部工程量进行了签证收方确认,根据上面的逻辑,则整个项目的全部工程量套取相应定额文件计价后,全部造价就不再需要下浮,因为整个项目工程量全部是按照签证收方的形式"按实签证"的,这样施工合同中双方关于结算下浮条款的约定就形同虚设,明显有违常理和不合理。

在本案鉴定意见书中,对于签证收方部分的内容,按照定额文件计价后没有下浮,应按照合同约定,对签证收方部分套取定额子目计价部分的内容进行下浮,对签证明确了具体费用按实计算的部分不下浮。

鉴定意见书对签证收方部分套取定额子目计价部分的内容未进行下浮,导致工程造价多计算金额约××万元。

最后,假定鉴定意见书认为只要是按实签证均不下浮,那么也属于对施工合同条款约定存在不同的理解,根据《重庆市高级人民法院关于建设工程造价鉴定若干问题的解答》(渝高法〔2016〕260号)第13条规定,鉴定人应该对不同的理解向委托人提出认定,如果委托认未进行认定的,鉴定人可以按照不同的理解出具两者的选择性意见,或者对该争议事项进行单独列明,不应该直接按照单方面的理解进入确定性意见。

5.3.4 结构可视化,专业可信化

古人有一句话,人靠衣装马靠鞍,三分长相七分打扮。即是告诉我们,专家辅助人意见除了要具备专业的内涵和实质,还要重视外在的表达形式,外在的表达形式分为两个方面,分别是结构可视化,专业可信化。

1)结构可视化

结构可视化,一方面是指表述要结构化,具有清晰的层次感和明确的逻辑感,同时能

让对方有可视化的感受，快速直观地理解表述的核心内容，也就是他人粗略一看专业意见，就能对我们整个专业意见表述的内容和结构留下一个很直观深刻的印象。

对于专家辅助人具体意见内容的结构化表述，可以参考前述"三段论表达方式"和"五段论表达方式"的实务技巧。

对于专家辅助人整体意见书面文件的结构化表述，重点关注如下三个方面：

第一方面，专业意见要有封面、目录、正文、附件，并且装订完整。

第二方面，目录和正文内容编排的顺序，结构层次要非常清晰。或者采取从总到分的结构，或者是从宏观到微观的结构。例如，首先对鉴定意见进行分析，其次对合同进行理解分析，最后对计价问题、计量问题进行分析。

第三方面，要善于通过层次分明的标题体系和对正文关键内容的加粗重点提示，来二次结构化地向他人快速提示和展现我们的专业逻辑、专业分析论证以及结论呈现等。

对于专业意见表达形式上的结构化更多的实务技巧，可以参见重庆大学出版社出版的《工程项目利润创造与造价风险控制——全过程项目创效典型案例实务》一书中"第 2 章 商务工作思维与习惯"的相关阐述。

结构可视化，另一方面是指表述要可视化，对于专家辅助人具体意见内容，我们可以采取一些简洁的思维导图、流程图、表格说明等可视化的方式对复杂的专业概念进行表述，便于鉴定人尤其是没有工程造价专业知识背景的审判长和合议庭、代理律师等快速理解和准确应用。

例如，某建设工程施工合同纠纷案件，施工合同约定执行重庆 2008 定额文件计价。在当事人一方委托的专家辅助人对于二次搬运费的计算事宜，使用了流程图的方式进行可视化的辅助表达，具体质证意见如下：

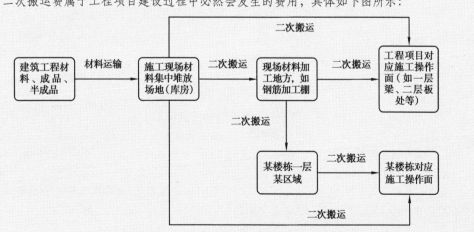

二次搬运费应该按照定额计算列入确定性意见

根据 2008 费用定额 P5 的说明：

（10）二次搬运费：是指因施工现场材料、成品、半成品必须发生的二次、多次搬运费。

二次搬运费属于工程项目建设过程中必然会发生的费用，具体如下图所示：

根据 2008 费用定额 P19 第（七）条说明如下："1.建筑工程材料、成品、半成品场内二次或多次搬运费，主城区（渝中区、大渡口区、江北区、沙坪坝区、九龙坡区、南岸区、北碚区、渝北区、巴南区）内包干使用。"

2020 年 5 月 9 日，重庆市召开重庆主城都市圈工作座谈会，官方宣布重庆主城区由 9 区扩容到 21 区，即由渝中区、大渡口区、江北区、沙坪坝区、九龙坡区、南岸区、北碚区、渝北区、巴南区 9 个中心城区，以及合川区、江津区、永川区、长寿区、涪陵区、南川区、潼南区、铜梁区、大足区、荣昌区、綦江区、璧山区 12 个主城新区构成。

同时，在重庆 2018 费用定额 P15 中说明如下："（十一）房屋建筑工程材料、成品、半成品的场内或多次搬运费已包含在组织措施费内，包干使用不作调整。"重庆 2018 费用定额对于二次搬运费不再区分主城区和非主城区，全部按照定额标准包干使用不做调整，同样佐证了二次搬运费发生的必然性和包干使用性。

对于本案的二次搬运费计算，由于重庆 2008 费用定额发布时间为 2008 年 2 月 2 日，因此对费用定额中主城区的理解要结合实际情况做扩大解释，本项目所在地璧山区属于主城新区，因此本项目二次搬运费应该按照费用定额相应标准计算后纳入确定性意见。

同时，就算本项目所在地璧山区不能定义为主城区，根据重庆 2008 费用定额的说明，非主城区的二次搬运费根据工程情况按实计算。由于二次搬运费属于必然要发生的费用，也有对应的定额规定计费标准，因此就算施工过程中没有办理相关按实签证资料，对于二次搬运费也应该参照定额规定标准计算后纳入推断性意见，由人民法院根据情况酌情考量具体二次搬运费金额，而不能将二次搬运费简单地按照定额标准的 50% 计算和完全不计取的两种"有和无"对立的方式作为选择性意见。

2）专业可信化

专业可信化，一方面是指专业化，是指相关表述要专业，主要体现在如下几个细节处：

第一个细节，表述的语言要专业，不能口语化和随意化。

第二个细节，表述论证的基础素材来源，是需要经过当事人双方质证的材料，不能依据委托人单方面提供的材料进行论证分析。如果存在使用委托方单方面提供的材料，则需要和代理律师沟通，请代理律师向法院补充提交证据材料并完善质证程序后，再进行引用和分析。

第三个细节，专家辅助人的说理和论证分析都要有对应的依据来源，不能出现主观判断和主观推测的情形，也不能出现没有依据，直接由事实到结论的表述。

例如，某建设工程施工合同纠纷案件，施工合同约定执行重庆 2008 定额文件计价。当事人一方委托的专家辅助人对人工费调差的计算事宜，进行专业化的质证意见表述如下：

人工费价差违反合同约定进行了下浮

施工合同专用条款第 17.5.1 结算原则第 4 条约定如下：

4.人工费调差按照 63 元／工日（土石方人工、土建市政装饰人工、安装人工、机械人工）作为竣工结算调差的调整价进行调整。

同时根据施工合同约定，人工费价差不下浮。例如，重庆 2008 建筑工程计价定额中土建人工定额基价为 25 元／工日，根据合同约定人工费价差部分（63-25=38 元／工日）应该全额计算，不下浮。

工作内容：1. 自拌混凝土：搅拌混凝土、水平运输、浇捣、养护等。
　　　　　2. 商品混凝土：浇捣、养护等。

计量单位：10 m³

定　额　编　号					AF0005	AF0006	AF0007	AF0008
项　目　名　称					薄壁柱		构造柱	
					自拌混凝土	商品混凝土	自拌混凝土	商品混凝土
基　　价（元）					**2 288.65**	**1 977.73**	**2 357.74**	**2 050.70**
其中	人　工　费（元）				549.25	336.75	640.50	409.75
	材　料　费（元）				1 680.23	1 640.98	1 658.07	1 640.95
	机　械　费（元）				59.17		59.17	
编　号	名　　称		单位	单价	消　耗　量			
人工	00010101	综合工日	工日	25.00	21.970	13.470	25.620	16.390
材料	80021404	混凝土 C30（塑、特、碎 5～20、坍 35～50）	m³	16.67	10.150			
	80021504	混凝土 C30（塑、特、碎 5～31、坍 35～50）	m³	161.49			10.150	
	01020101	商品混凝土	m³	160.00		10.200		10.200
	36290101	水	m³	2.00	8.950	3.950	8.990	3.990
	75010101	其他材料费	元		1.081	1.081	0.966	0.966
机械	85060202	双锥反转出料混凝土搅拌机 350L	台班	93.92	0.630		0.630	

目前鉴定意见书的鉴定意见1中，在按照"直接费"下浮的基数中，包含了部分人工费价差，而在下浮计算时又未对该人工费价差进行基数扣除，导致部分人工费价差违反合同约定进行了卜浮。

费用代号	名称	计算基数	基数说明	费用类别	备注
A	直接费	A1+A2+A3+A14	直接工程费+组织措施费+允许按实计算费用及价差+未计价材料	定额直接费	
A1	直接工程费	A11+A12+A13	人工费+材料费+机械费	直接工程费	
A11	人工费	A111+A112	定额基价人工费+定额人工单价（基价）调整	人工费	定额基价人工费，对应定额25元／工日
A111	定额基价人工费	RGF	人工费	人工费	
A112	定额人工单价（基价）调整	RGF*(2.48-1)	人工费*(2.48-1)	调整人工费	渝建发（2016）71号
A12	材料费	CLF	材料费	材料费	
A13	机械费	A131+A132	定额基价机械费+定额机上人工单价（基价）调整	机械费	人工费价差，对应62-25=37元／工日价差部分
A131	定额基价机械费	JXF	机械费	机械费	
A1311	定额机上人工费	DEJJJSRGF	机械费+机上人工费		
A132	定额机上人工单价（基价）调整	DEJJJSRGF×(2.39-1)	定额机上人工费×(2.39-1)	调整机上人工费	
A14	未计价材料	ZCF+SBF	主材费+设备费	主材费	
A3	允许按实计算费用及价差	A31＋32＋A33＋A34	人工费价差+材料费价差+按实计算费用+其他		
A31	人工费价差	RGJC	人工价差	人工价差	
A32	材料费价差	CLJC+ZCJC+SBJC+JXJC	材料费价差+主材费价差+设备费价差+机械费价差	材料费价差	
A33	按实计算费用	ASJSF	按实计算费	按实计算费	
A34	其他	对应合同约定63-62=1元／工日的人工费价差			
B	间接费	B1+B2	企业管理费+规费	间接费	
B1	企业管理费	A111+A12+A131	定额基价人工费+材料费+定额基价机械费	企业管理费	
B2	规费	A111+A12+A131	定额基价人工费+材料费+定额基价机械费	规费	
C	利润	A111+A12+A131	定额基价人工费+材料费+定额基价机械费	利润	
D	建设工程竣工档案编制费	A111+A12+A131	定额基价人工费+材料费+定额基价机械费	档案管理费	
E	住宅工程质量分户验收费	E1+E2	住宅工程质量分户验收费+扣不应计入分户验收的面积	住宅工程质量分户验收	
E1	住宅工程质量分户验收费	建筑面积×1.35×DZMXS	建筑面积×1.35×单子目分摊系数		

E2	扣不应计入分户验收的面积 下浮基数只扣减了 A31 对应的 1 元/工日的人工费价差，未扣减前面 A112 对应 的 37 元/工日的价差	-60.11×1.35	-架空层面积×1.35	
F	安全文明施工费	F1+F2	安全文明施工费-合格+安全文明施工费-优良及市级安全文明工地（增加20%）	安全文明施工费
F1	安全文明施工费-合格	DZMXS×S合HJ-A33	单子目分摊系数×税前造价-按实计算费用	
F2	安全文明施工费-优良及市级安全文明工地（增加20%）	DZMXS×S合HJ-A33	单子目分摊系数×税前造价-按实计算费用	
G	进项税额	JXSJ	进项税额	进项税额
H	税前工程造价	A+B+C+D+E+F-G	直接费+间接费+利润+建设工程竣工档案编制费+住宅工程质量分户验收费+安全文明施工费-进项税额	
I	销项税额	H-A33	税前工程造价-按实计算费用	税金
J	下浮	A-a3-a14	直接费-允许按实计算费用及价差-未计价材料	
	工程造价	H+I+J	税前工程造价+销项税额+下浮	工程造价

具体原因解析如下：

重庆 2008 定额为 2008 年 2 月 1 日印发实施，2008 建筑工程计价定额中建筑人工定额基价为 25 元/工日，2016 年 3 月 3 日，重庆市城乡建设委员会颁布《重庆市城乡建设委员会关于调整建设工程定额人工单价的通知》（渝建发〔2016〕71 号），调整建设工程定额人工单价，调整方式如下：

（一）定额人工单价调整，按原定额人工单价乘以调整系数进行计算。

定额人工单价调整系数

工 种	定 额		
	2006 概算定额	2008 计价定额	2011 轨道定额
土石方人工	2.94	2.41	1.51
建筑、市政、维修人工	2.82	2.48	1.55
装饰人工	—	3.04	—
安装、机械人工	2.58	2.39	1.49
仿古、园林绿化人工		2.39	—
盾构人工			1.49

注：1. 调整后的定额人工单价内容未变，包括基本工资、工资性补贴、生产工人辅助工资、职工福利费、生产工人劳动保护费。

2. 每工日劳动时间为 8 小时。

（二）调整后的定额人工单价与原定额人工单价之差额按价差处理，不作为计取组织措施费、企业管理费、利润、规费和建设工程竣工档案编制费的基数。

（三）调整后的定额人工单价若与建筑市场人工单价不同时，其价差仍可参照重庆市建设工程造价管理机构发布的工程所在地的信息价或市场价格进行调整。

对于建筑人工，定额人工单价由 25 元调整为 2.48×25=62 元。同时在文件中明确说明："调整后的定额人工单价与原定额人工单价之差额按价差处理"，也就是说定额人工单价由 25 调整到 62 之间的 37 元/工日的差额仍旧按照人工费价差处理。因此，在渝建发〔2016〕71 号文件颁布后，人工费价差实质上分为两个部分：

第一个部分为 2008 定额规定的基价 25 元/工日到渝建发〔2016〕71 号文件规定的 62 元/工日之间的人工费价差；

第二部分为渝建发〔2016〕71 号文件规定的 62 元/工日到施工合同约定的人工费单价

之间的价差（本案施工合同约定为 63 元 / 工日）。

计价软件在编制程序时，已将上述文件内置到程序中。因此，在下浮计算时，要将上述两部分人工费价差均在下浮计算基数中扣除，目前鉴定意见书中，下浮基数中对人工费价差均只扣除了上述的第二部分人工费价差，没有扣除第一部分人工费价差。关于人工费价差的下浮基数准确扣减方式如下：

G	进项税额	JXSJ	进项税额	进项税额
H	税前工程造价	A + B + C + D + E + F - G 第二部分人工价差	直接费+间接费+利润+建设工程竣工档案编制费+住宅工程质量分户验收费+安全文明施工费-进项税额	
I	销项税额	H-A33	税前工程造价·按实计算费用	税金
J	下浮	A-a3-a14-A112-A132	直接费-价计按实计算费用且及价差-未计价材料-定额人工单价（基价）调整-定额机上人工单价（基价）调整	
	工程造价	H + I+J	税前工程造价+销项税额+下浮	工程造价

第一部分人工价差

目前鉴定意见书中，均存在上述人工费价差违反合同约定进行下浮的问题，经过初步测算，对人工费价差违反合同约定下浮导致工程造价少计算的金额约为：××万元。

专业可信化，是指相关表述要专业，也就是他人看到专业意见时，内心会产生一种自然而然的信任感，建立良好的第一印象，可信化主要体现在如下三个细节：

第一个细节，专业意见整体要简洁、大方、美观，阅读要舒适、流畅。

第二个细节，专业意见没有错别字，用语比较客观、中性、诚恳。

第三个细节，造价专家辅助人具有一定的资历、行业经验和影响力，相关资格证书和执业注册证书等可以作为附件装订一并提交。

对于专业意见表达形式上的专业可信化更多的实务技巧，可以参见重庆大学出版社出版的《工程项目利润创造与造价风险控制——全过程项目创效典型案例实务》一书中"第3章　商务文字表达与实务"的相关阐述。

5.3.5　因人而异，因时而不同

在不同的阶段、不同的场景，专家辅助人意见书的阅读者不同，需要说服的对象也不同。因此，专家辅助人意见要根据不同的阶段不同的场景，结合说服对象的具体情形，进行相应的调整和表述。

1）征求意见稿阶段

在征求意见稿阶段，专家辅助人意见书的阅读者是鉴定人，意见书的核心目的是说服鉴定人，接受己方的观点，对鉴定意见书的相关内容和结论进行修改。因此，在这个阶段，意见书的表达方式要站在便于鉴定人接受的角度进行考虑，侧重造价专业本身，以鉴定人习惯的造价语言和造价逻辑对相关问题进行表述。

首先，鉴定人属于技术人员，喜欢数据化，因此书面意见对于数据的计算和分析表述要详尽，可以把需要修改或者重新计算对应的计算式作为附件提供，便于鉴定人采纳意见后直接选用计算式调整相关数据。

其次，鉴定人对繁文缛节的表述和反复说理比较反感，因此，对于问题的表述需要言简意赅，避免出现为了指出问题显示己方的专业，故意把意见表述得非常翔实和论证分析前呼后应，这样就会在实务中出现"赢了面子，丢了里子"的尴尬情形。所以，在征求意见稿的意见反馈中，能用专业说理表述的，就不再引用合同条款约定理解表述；能用合同条款理解表述的，就不再用法律条文适用表述；能用法律条文适用表述的，就不再用法理解读表述。

例如，某建设工程施工合同纠纷案件，施工合同约定执行重庆 2008 定额文件计价。当事人一方委托的专家辅助人对于人工挖孔桩护壁混凝土计算事宜的质证意见如下，鉴定人收到反馈意见后，在正式鉴定意见书中按照专家辅助人的意见调整了相应的计算结果。

人工挖孔桩护壁混凝土工程量未按定额规定计算

根据 2008 建筑工程计价定额 P64 关于桩基础的工程量计算规则规定如下：

混凝土护壁工程量按设计断面周边增加 20 mm，以 m^3 计算。

根据设计施工图所示，本项目人工挖孔桩护壁上口厚度 175 mm，下口厚度 100 mm，护壁平均厚度为 （175 mm+100 mm）/2=137.5 mm，根据定额规定，护壁混凝土工程量的计算厚度为：137.5+20=157.5（mm）。

根据对鉴定意见书中护壁混凝土计算明细分析得出，护壁混凝土目前按照（175 mm+100 mm）/2=137.5 mm 计算（具体详见下图××，图略），没有按照定额规定设计周边断面增加 20 mm 计算，导致护壁混凝土工程量少算，经过重新计算（具体计算书详见附件××），护壁混凝土少算工程量导致工程造价少算金额为：×× 元。

2）正式意见书阶段

在正式意见书阶段，专家辅助人意见书的阅读者是出庭的鉴定人、一审审判长和合议庭成员，专家辅助人意见书的目的一方面是通过质证让审判长和合议庭充分理解问题核心，争取审判长做出对己方有利的庭审提问和自由心证建立形成，或者对相关观点和意见的采纳；另一方面是通过质证，让鉴定人再次正视或者充分理解相关问题，争取鉴定人出具补充鉴定意见，对相关计算结果进行修正、调整或者重新计算。

因此，在正式意见书阶段，专家辅助人意见书的说服主要对象是审判长和合议庭，其次才是鉴定人，所以在表述上要兼具法律说理性和专业说理性的风格，重点关注审判长和合议庭理解接受的同时，兼顾鉴定人的理解和感受。例如，某建设工程施工合同纠纷案件，当事人一方委托的专家辅助人对屋面变更计量的专家辅助人意见形成过程如下：

案例

关于屋面变更计量的辅助人意见

【案例背景】

某建设工程造价鉴定项目，施工合同约定为总价包干，对于变更增减部分执行当地定额和相关配套文件，即结算造价 = 合同包干总价 ± 变更部分 + 其他。

鉴定资料中存在一份设计变更单，具体描述如下：

本项目 ×× 中 ×× 厂房单体屋面保温材料由"120 厚硬泡聚氨酯保温层"变更为"120 厚模塑聚苯板（EPS）"，干密度为 22 kg/m³。

鉴定机构根据该设计变更单，执行当地定额文件后，相关计量计价结果如下：

序号	编号	子目名称	工程量		价值（元）		其中（元）		
			单位	数量	单价	合价	人工费	材料费	机械费
		框架结构厂房屋面保温变更				−535 156.96	−31 261.94	−503 895.03	
1	借 2–30 换	屋面保温　硬泡聚氨酯现场喷发　厚度（mm）50　实际厚度（mm）：120	100 m²	−53.61	12 651.43	−678 262.14	−37 379.01	−640 883.13	
2	借 2–32 换	屋面保温　干铺聚苯乙烯板厚度（mm）120	100 m²	53.61	2 669.3	143 105.18	6 117.07	136 988.1	

原告委托的造价专家辅助人在复核鉴定意见书时，对该厂房设计施工图中的屋面投影面积采用 CAD 进行了匡算，得出屋面投影面积刚好为 5 361 m²。但是该厂房存在屋面采光窗和排烟窗，这些位置不需要铺设保温材料，因此在计算屋面保温材料工程量时，需要扣减相应的屋面采光窗和排烟窗面积。

由于变更前的"120 厚硬泡聚氨酯保温层"定额套取单价高，变更后的"120 厚模塑聚苯板（EPS）"定额套取单价低，鉴定意见书直接把屋面投影面积作为保温材料面积，没有扣减屋面采光窗和排烟窗面积，导致工程造价少算。

原告委托的造价专家辅助人从造价的角度，梳理了第一版专家辅助人意见，准备在开庭审理时进行庭审质证，具体表述如下。

1. ×× 厂房屋面变更计量时工程量计算有误

鉴定意见书中，对 ×× 厂房屋面保温变更，变更扣减的硬泡聚氨酯屋面保温面积为 5 361 m²，变更增加的干铺聚苯乙烯板屋面保温面积为 5 361 m²，具体如下图所示。

序号	编号	子目名称	工程量		价值（元）		其中（元）		
			单位	数量	单价	合价	人工费	材料费	机械费
		框架结构厂房屋面保温变更				−535 156.96	−31 261.94	−503 895.03	
1	借 2–30 换	屋面保温　硬泡聚氨酯现场喷发　厚度（mm）50　实际厚度（mm）：120	100 m²	−53.61	12 651.43	−678 262.14	−37 379.01	−640 883.13	
2	借 2–32 换	屋面保温　干铺聚苯乙烯板厚度（mm）120	100 m²	53.61	2 669.3	143 105.18	6 117.07	136 988.1	

经过对 ×× 厂房屋面保温面积的具体计算，变更扣减的硬泡聚氨酯屋面保温面积应该为 4 784.28 m²，变更增加的干铺聚苯乙烯板屋面保温面积为 4 784.28 m²。由于变更前减

少的硬泡聚氨酯屋面保温定额套取单价高，为 12 651.43 元 /m³，变更后增加的干铺聚苯乙烯板屋面保温定额套取单价低，为 2 669.3 元 /m³，因此，鉴定意见书多扣除了变更前的硬泡聚氨酯屋面面积，少增加了变更后的聚苯乙烯板屋面保温面积，导致 ×× 厂房屋面变更计量时，整体多扣除了工程造价。

在开庭审理之前的内部交流中，当造价专家辅助人把上述问题的专业逻辑与原告代理律师分享后，原告代理律师提出，上述的表述方式有点乱，一会减少，一会增加，一会定额单价高，一会定额单价低，虽然我们造价专业人员可能一看就明白，但在庭上讲述时，审判长可能会听不明白，建议将表述调整一下，只表述一个方面或者一个主题，次要或者可能会干扰审判长理解的地方，简要处理或者省略，同时可以对相关数据来源和逻辑分析再增加相关表述，重心是如何让审判长快速有效地理解原理并认同结论。

经过律师的分析后，该造价专家辅助人将上述问题调整表述如下：

1. ×× 厂房多扣除了屋面保温工程量导致造价少算

鉴定意见书中，对 ×× 框架结构厂房屋面保温变更，变更扣减的硬泡聚氨酯屋面保温面积为 5 361 m²。

序号	编号	子目名称	工程量		价值（元）		其中（元）		
			单位	数量	单价	合价	人工费	材料费	机械费
		框架结构厂房屋面保温变更				−535 156.96	−31 261.94	−503 895.03	
1	借 2−30 换	屋面保温 硬泡聚氨酯现场喷发 厚度（mm）50 实际厚度（mm）：120	100 m²	−53.61	12 651.43	−678 262.14	−37 379.01	−640 883.13	
2	借 2−32 换	屋面保温 干铺聚苯乙烯板 厚度（mm）120	100 m²	53.61	2 669.3	143 105.18	6 117.07	136 988.1	

图示：屋面变更计量计价情况（来源：鉴定意见书 P××）

经过测算，×× 厂房屋面投影面积为 5 361 m²，但厂房屋面存在采光窗和排风窗，因此在计算屋面保温面积时要扣除相应的采光窗和排风窗面积。

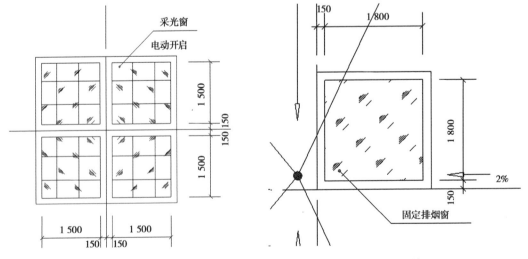

图示：屋面采光窗和排烟窗（来源建筑图，图号：05，图名：屋顶平面图）

其中，××厂房屋面采光窗：3 600×3 600，8 个；1 800×3 600，1 个。排风窗：3 600×3 600，36 个。上述面积为 576.72 m²。

因此，变更扣减的硬泡聚氨酯屋面保温面积应该为：5 361−576.72=4 784.28（m²）。

综上，屋面变更多扣除屋面保温工程量，导致 ×× 厂房少计算的工程造价估算约为：576.72×（12 651.43−2 669.3）×1.2×1.09/100=7.5（万元）。（该金额为初步估算，具体以鉴定机构根据计价软件调整具体工程量之后的计算金额为准。）

【案例解读】

造价专家辅助人在庭审上发表意见时，首要的听众是审判长，其次才是鉴定人。因此需要站在能让审判长快速理解复杂专业问题的角度，言简意赅而又逻辑清晰地表述相关问题，主要表述技巧如下：

第一，只表述一个中心问题，其他问题需要简化，或者省略，或者间接体现，避免多个问题同时表述，造成喧宾夺主而又逻辑不清晰，导致审判长理解困难。

例如，本案第一稿表述时，将变更前屋面保温做法工程量变化、定额单价以及变更后屋面保温做法工程量变化、定额单价等，四个方面的问题放在一起表述，很容易让非造价专业人士产生理解障碍，人为地将简单的问题复杂化。

第二稿表述时，只阐述变更前屋面保温做法工程量多扣减了，因此造成变更造价多扣减，导致鉴定造价少算。对于变更前屋面保温定额单价、变更后屋面保温做法工程量变化和对应定额单价等，在问题表述的正文中就省略不提，只是在最终测算造价少算金额时，通过测算计算式中采用对应数据的方式，进行间接体现。

对于审判长，只要前面的问题和逻辑理解透彻了，审判长就不会再去具体关心造价少算的测算过程，这个后期可以由鉴定机构具体计算得出。对于鉴定机构，作为工程造价同行专业人员，当造价专家辅助人提出该问题时，马上能理解问题的所在，虽然在正文表述中没有阐述变更前屋面保温定额单价、变更后屋面保温做法工程量对应变化和对应定额单价，但是当看到造价专家辅助人关于造价少算金额的测算过程时，也能通过测算数据快速理解造价专家辅助人是考虑了其他方面影响因素后综合得出的结论，就不会产生对造价专家辅助人故意遗漏其他表述的看法。

第二，对于表述的问题，指出问题的同时，还要分析问题发生的原因，这样更有助于非造价专业人士的理解，同样有助于鉴定人的认同。

例如，本案第一稿表述时，只表述了工程量差异的结果，没有表述具体差异的原因。第二稿表述时，先论证鉴定意见中保温材料工程量对应的来源之处，即来源于屋面水平投影面积。接着再论述该来源根据工程量计算规则要进行其他扣减，同时对扣减的具体工程量数据计算依据和过程进行了论述，最终得出了准确的屋面保温做法工程量。

第三，对于表述问题论证过程中，涉及的相关数据、做法、描述和摘抄等，要标注具体来源情况，一方面让审判长理解，我们所有的逻辑推理数据来源于经过质证的有效资料，而不是造价专家辅助人自己的推断和猜想；另一方面也便于鉴定人快速找到相应资料，获得鉴定人的认可。

第四，对于具体问题，在可以的情况下，尽量测算一个造价影响金额，有助于引起审判长的重视和审判过程中心证的建立，以及相关价值衡平的考量。

第五，对于问题标题的表述，要直接明了地点明中心主题和想阐述的核心诉求。

例如，本案中第一个版本的表述是工程量计算有误，但是计算有误是导致造价多算还是少算，没有旗帜鲜明地表达诉求。

第二个版本表述时，直接指出是多扣减了屋面工程量，核心诉求是多扣除屋面工程量导致造价少算，需要进行调整。

同时，第一个版本使用工程量计算有误，"有误"是一个对他人行为评价的语言，很容易让他人有一种不愉快的潜在心理影响，而第二个版本使用"多扣除"和"少算"，属于对专业计算的一个中性表述，更容易获得他人的认可。

3）二审或再审阶段

在二审和再审阶段，由于鉴定意见书已经通过质证程序，一审判决书或者生效判决书也已经对鉴定意见书进行相应采纳后做出了判决，这时专家辅助人对鉴定意见书提出的书面意见，阅读者和说服对象就只能是审判长和合议庭。专家辅助人出具意见书的目的，是通过充分详细的说理，让审判长和合议庭对鉴定意见书产生的程序和相应实体内容产生足以推翻内心心证的质疑，继而争取让审判长和合议庭做出对相关事实重新查明、对鉴定意见书进行补充鉴定或重新鉴定的决定，为己方当事人获得有利判决打下基础。

案例

关于砂石涨幅补贴计算的辅助人意见

【案例背景】

某建设工程项目，施工合同约定执行××定额文件计价，材料按照造价信息价格调差。在施工过程中，由于砂石材料价格涨幅过大，发包人和承包人已签订补充协议，对砂石执行涨幅补贴100万元包干。

在造价鉴定过程中，鉴定意见书对于砂石材料调差的计算，按照两种理解方式做出了选择性意见。

选择性意见一：砂石材料价格按照定额基价计算+100万元涨幅补贴。

选择性意见二：砂石材料价格按照定额基价计算+按照施工合同对造价信息价格与定额基价价格进行材料调差+补充协议约定100万元涨幅补贴。

【一审阶段】

在一审阶段，承包人一方当事人委托的专家辅助人对鉴定意见书对于砂石涨幅补贴计算的方式提出质证意见，认为应按照"砂石材料价格按照定额基价计算+按照施工合同对造价信息价格与定额基价价格进行材料调差 + 补充协议约定的 100 万元涨幅补贴"做出确定性意见,不应该做出选择性意见。鉴定人在庭审质证过程中维持正式意见书的选择性意见结论,一审判决书最终采纳了"选择性意见一:砂石材料价格按照定额基价计算 +100 万元涨幅补贴"做出了相应的判决。

一审专家辅助人详细质证意见如下:

砂石涨幅 100 万元补贴应该单独计算列入确定性意见

根据当事人双方于 ×× 年 ×× 月 ×× 日签订的补充协议约定:

由于砂石涨幅过大,经双方友好协商,达成一致意见。对砂石执行涨幅包干补贴 1 000 000 元(壹佰万元),此补贴款项进入按实计算费用进行结算。

为了便于审判长从工程造价角度理解材料调差和从市场经营角度理解材料涨幅补贴,绘制对应示意图如下:

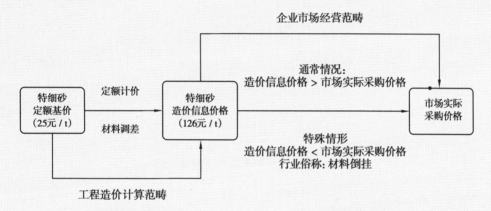

结合本案对上图解析如下:

×× 计价定额中,特细砂定额基价为 25 元 /t,施工合同约定对应的造价信息价格为 126 元 /t,126 − 25 = 121(元 /t)即是工程造价按定额计价时的材料调差。

造价信息价格为相关行政主管部门公布的造价计算角度理论价格,施工企业实际采购的市场价格与造价信息价格不同。一般情况下施工企业实际采购的市场价格要低于造价信息价格,也就是一般情况下按照定额计价的项目通常要结算下浮的原因之一。但是,在某些特殊情形下,市场价格短时间变化非常大,而造价信息一般是每月公布一次,导致造价信息的价格可能会严重低于当期市场实际采购的价格。同时由于造价信息价格的变化会影响国家众多相关建设项目造价,因此在某些实际市场价格涨幅特别大的特殊情形下,造价信息价格的公布也会采取非常审慎的态度,尽量保持造价信息价格逐渐平缓变化而不是随市场价格急剧变化,这样就导致了建筑行业在某些特殊情形下造价信息价格低于市场实际采购价格的"材料价格倒挂"现象发生。

本项目建设过程中就出现了市场材料价格,尤其是砂石价格剧烈变化增加的情形,所以才有了补充协议中所说的"砂石涨幅过大",此处即是指砂石市场采购价格涨幅变化大。而施工合同明确约定造价计算按照对应的造价信息价格进行材料调差,市场价格高于造价信息价格导致材料价格倒挂,由于材料价格倒挂过大,施工企业无法承担相应亏损风险,因此才有了签订补充协议对砂石涨价进行额外补贴的双方合意。

因此,对于砂石涨幅 100 万元的补贴,应按照鉴定意见书中鉴定意见 2 的处理方式,在按照施工合同约定原则进行相应造价计算之外,单独计算 100 万元砂石涨幅补贴,计算结果列入确定性意见。

对于鉴定意见书中的鉴定意见1，认为定额基价与造价信息之间的材料价格不能按照合同约定的造价计算原则进行调差，直接在定额基价的基础上考虑100万元的砂石涨幅补贴，这明显是不合理的。

首先，对材料价格按照造价信息与定额基价进行调差，属于正常的按照合同约定进行造价计算的范畴；砂石材料涨幅补贴是市场经营风险变化过大时双方达成的一种对风险共同承担和分担的行为，把两个不同范畴的行为和概念带有主观臆断性地糅合到一起，属于不合理。

其次，对砂石材料价格根据施工合同约定的结算原则，按照造价信息与定额基价进行砂石材料调差，正常材料调差金额约209万元（具体统计明细见下表××，表略）。言外之意，在本身砂石材料市场价格涨幅巨大导致"材料价格倒挂"的情况下，砂石材料按照合同约定的结算原则进行正常的材料调差金额就已经达到209万元，远远超出补充协议约定的砂石涨幅补贴包干100万元。这也直接证明鉴定意见1认为砂石涨幅100万元的补贴是对市场价格与定额基价之间全部材料价差调整和市场价格涨幅变化的涵盖，明显是不符合基本的生活常识和逻辑推理的。

【二审阶段】

一审判决后，承包人一方提出上诉，在上述庭审过程中，承包人一方委托的专家辅助人，再次对砂石涨幅补贴计算的方式提出专家辅助人书面意见，供审判长和合议庭参考，具体书面意见如下：

关于"××建设有限公司与××房地产开发有限公司建设工程施工合同纠纷一案"（二审）专家辅助人意见

案号：××

××高级人民法院：

××工程咨询有限公司（注：为××法院对外委托司法鉴定机构名录之中）接受××建设有限公司的委托，委派××（一级造价工程师、高级工程师、××建设工程造价专家、××造价协会造价纠纷咨询专业委员、具有法律职业资格证书），对"××建设有限公司与××房地产开发有限公司建设工程施工合同纠纷一案"（二审）的相关造价专业问题发表专家辅助人意见，供审判长和合议庭参考。

一、本案砂石造价＝合同约定价＋发承包特别约定的补充协议100万元，而砂石合同约定价＝定额基价＋定额价差209万元。故一审判决书扣除定额价差209万元，不符合施工合同约定，不符合造价规范，不符合实际履行情况，也与常理相悖。

1. 从合同约定看，本案砂石造价＝合同约定价＋发承包特别约定的补充协议100万元。

（1）施工合同专用条款"××结算原则"约定，除钢材、混凝土、核价材料以外的其他材料费，均按《××工程造价信息》××地区信息公布价作为结算价，故砂石合同约定造价＝定额基价＋定额价差209万元。

（2）后因砂石价格涨幅过大，发承包又特别约定异常涨幅部分的调价为100万元。

故本案砂石造价＝合同约定造价（即定额基价＋定额价差209万元）＋发承包特别约定异常涨幅部分的调价为100万元。

2. 从造价构成的规范性文件看，本案砂石造价＝合同约定价＋发承包特别约定的调价协议100万元。

（1）《建设工程工程量清单计价规范》（GB 50500—2013）第9.8.2条规定的调价原则是，"承包人采购材料和工程设备的，应在合同中约定主要材料、工程设备价格变化的范围或幅度；当没有约定，且材料、工程设备单价变化超过5%时，超过部分的价格应按照本规范附录 A 的方法计算调整材料、工程设备费"。

此表明，若主合同未对价格变动幅度进行约定，若变动幅度超过 5%，则对超过部分要进行调价。

(2) ××市建委××建××号文件《关于进一步加强建筑安装材料价格风险管控的指导意见》第二条规定："建设工程发承包双方已经签订了施工合同，且合同中未对主要材料价格风险幅度以及调整办法进行约定或者约定不具体的，发承包双方应按照《建设工程工程量清单计价规范》（GB 50500—2013）承包人采购材料和工程设备的，应在合同中约定主要材料、工程设备价格变化的范围或幅度；当没有约定，且材料、工程设备单价变化超过 5%时，超过部分的价格应进行调整"的规定进行充分协商调整，并签订补充条款或补充合同。

此规范性造价文件表明，原合同对材料计价标准有约定，但未约定(因材料价格异常波动)涨幅幅度过大的调整办法时，可对涨幅过大部分的价格进行补充约定。

本案正是基于××年××月××日《施工合同》对砂石材料计价标准有约定，但未约定（因材料价格异常波动）涨幅过大的调整办法，发承包双方对涨幅过大部分，于××年××月××日进行调差而签订补充协议。

3.从实际履行看，本案砂石造价也是按照（合同约定价＋发承包特别约定的补充协议100 万元）进行工程进度款报送、审批、支付。

(1) ××年××月××日发包人和承包人在签订砂石涨幅补贴 100 万元之前，施工方是按照原合同价（定额基价＋定额价差）报送工程进度款，发包方也是按照原合同价（定额基价＋定额价差）审核和支付工程进度款（具体详见证据资料××）。

(2) ××年××月××日因砂石价格涨幅过大，发包人和承包人在签订砂石涨幅补贴 100 万元后，施工方仍然按照原合同价（定额基价＋定额价差）报送工程进度款，发包方也是按照原合同价（定额基价＋定额价差）审核和支付工程进度款（具体详见证据资料××）。

4.从××费用定额及制表看，本案补充协议的砂石涨幅 100 万元进入"按实计算费用"栏，与"材料费""材料费价差"各自独立，互不覆盖。即砂石造价＝合同约定价＋发承包特别约定的调价协议 100 万元。

(1) ××费用定额"第四章　建筑安装工程定额计价费用标准及计算程序"的规定，"允许按实计算费用及价差"包含"人工费价差""材料费价差""按实计算费用"三部分（具体如下图××所示，图略）。

(2) 本案鉴定报告的制表也是按照"允许按实计算费用及价差"栏，由"人工费价差"栏、"材料费价差"栏、"按实计算费用"栏及"其他"栏等四部分，各自独立，互不覆盖（具体如下图××所示，图略）。

因此，根据发包人和承包人对于涨幅补贴 100 万元进入"按实计算费用"的特别约定，同时结合××费用定额文件的规定，砂石涨幅补贴 100 万元进入"按实计算费用"栏，单独结算，与合同约定"定额材料价差"栏，不重复。

5.一审判决书扣除定额价差 209 万元，与理相悖。

(1) ××年××月××日签订《施工合同》时，砂石价差 209 万元就已经确定。

因为《施工合同》约定砂石造价按《××工程造价信息》××地区信息公布价作为结算价，按照施工图的材料用量，便能确定砂石定额价差为 209 万元。不仅如此，鉴定机构在鉴定意见中同样测算出，按××地区信息公布价，砂石定额价差为 209 万元（具体详见鉴定意见书 P××）。

(2) 自××年××月××日签订《施工合同》后，在实际履行中，由于砂石价格异常猛涨，此补充协议的涨幅补贴 100 万元，就是指超过合同约定价款之外涨幅过大部分的补贴款。

因此，砂石材料按照合同约定的结算原则进行正常的材料调差金额 209 万元，远远超出补充协议约定的砂石涨幅补贴包干 100 万元。承包人不可能选择放弃正常的砂石定额价差 209 万元，而去选择涨幅补贴 100 万元，这不符合常理。

【案例解读】

在二审过程中，专家辅助人紧紧以如何让二审审判长和合议庭对一审判决书中关于鉴定意见书的采纳为中心，站在法律人的视角进行多个维度的说理。

第一步是关于合同的说理，说明施工合同结算原则和补充协议是针对两个不同事实进行约定，补充协议的约定不是对施工合同结算原则的变更和调整。

第二步是从规范文件的角度，论证分析补充协议签订的合理性和必要性。

第三步是从实际履约的角度，论证分析当事人双方也是按照施工合同结算原则和补充协议分别单独履行，再次从履约角度论证第一步阐述的施工合同结算原则和补充协议是针对两个不同事实约定，论证第二步阐述的补充协议签订之后，双方也是按照补充协议如实履行的。

第四步是从定额文件构成和鉴定意见书构成进行专业论证，证明补充协议约定的砂石涨幅补贴 100 万元按实计算，与定额文件规定的材料调差，是两个不同的概念，而且可以同时存在。

第五步是从朴素生活常理进行反向论证分析，补充协议的涨幅补贴是独立于定额文件规定的材料调差之外单独计算的费用。

站在审判长的角度，会从法律思维的视角进行思考，对于一件事情的分析，施工合同是当事人双方的合意，在施工合同不违背法律法规强制性规定的前提下是最优先的；接着才是法律法规和规范性文件的规定；然后才是当事人双方实际履约情况，是否是按照施工合同和双方合意在履约，履约行为是否满足法律法规和规范性文件的规定和相应要求；最后再是从专业分析角度和生活常识的角度，进行对应分析论证，对前述的观点进行补强论证。先法律思维后专业思维，而不是先专业分析后法律适用，这就是二审或再审阶段专家辅助人意见书面表达时的关键之处。

5.3.6　举一反三，融会贯通

金庸先生在《笑傲江湖》一书中描述独孤九剑的最高剑法是"无招胜有招"，受此启发，我们作为专家辅助人，有了对书面意见表达的基本方法后，需要在具体建设工程施工合同纠纷案件中，举一反三，把基本方法进行融会贯通后灵活应用。

案例

关于某施工合同造价鉴定意见书的专家辅助人意见

【案例背景】

某工程项目，发包人与承包人签署施工合同，合同约定执行重庆 2008 定额文件计价。

鉴定过程中，对于部分隐蔽工程是否按照设计施工图计算、施工合同约定的结算下浮等事项，发包人与承包人在鉴定过程中有不同的主张，鉴定机构按照当事人双方不同的主张，对上述事项分别出具了选择性意见。

【质证意见】

在鉴定意见书的质证环节，原告承包人委托的专家辅助人对于造价鉴定意见书提出如下质证意见：

一、隐蔽工程做法应该按照施工图计算列入确定性意见

本案施工合同专用条款第 17.6.2 条约定："结算方式：施工图预算加变更及现场签证资料。"同时，选取重庆 2008 计价定额关于工程量计算规则的说明进行示例，如 P64 页关于桩基础的计算规则约定如下：

1. 机械钻孔灌注混凝土桩工程量按设计桩长以延长米计算，若同一钻孔内有土层和岩层时，应分别计算。

2. 混凝土护壁工程量按设计断面周边增加 20 mm，以立方米计算。

3. 砖砌挖孔桩护壁按实际体积以立方米计算。

根据合同约定和定额规定，应该严格完整地按照设计施工图要求计算相应工程量进入结算，对于设计施工图未表述但是根据定额规定要按实计算工程量的，应该按照现场签证等资料计算后进入结算。

同时，在《重庆市高级人民法院关于建设工程造价鉴定若干问题的解答》（渝高法〔2016〕260 号）第 11 条中明确规定如下：

11. 建设工程造价鉴定中，鉴定方法如何确定？

建设工程的计量应当按照合同约定的工程量计算规则、图纸及变更指示、签证单等确定。

与上述表述类似，在鉴定意见书 P×× 页明确说明如下：

计算优先顺序：（1）审核过程中现场踏勘双方签字资料；（2）图纸会审及技术洽商；（3）施工图；（4）竣工图。

综上所述，本项目已经按照设计施工图和施工合同约定完成相关施工内容，同时经过参建各方和相关建设主管部门的验收合格，对于隐蔽工程及其他相关工程内容，应该按照合同约定和规范要求根据图纸（包含变更、图纸会审、洽商等）、签证等计算工程量和相应造价，进入造价鉴定的确定性意见。

如果仅仅是以被告重庆 ×× 有限公司提出意见和看法，认为已经验收合格项目设计

施工图描述的隐蔽工程没有施工或者是低于设计施工图要求施工，鉴定机构在造价鉴定过程中，不严格按照合同约定和鉴定规范要求进行独立的鉴定判断，而是简单根据被告重庆××有限公司提出意见的部分按照两种方式计算造价，列为选择性意见，是明显不合理的。

首先，在造价鉴定过程中，如果一方当事人只要单方面对验收合格的工程提出意见就应该把该部分造价单列作为选择性意见，按照这个逻辑推理，一方当事人还可以提出主体结构没有按图施工，安装工程没有按图施工或者低于施工图做法，乃至整个工程其他范围都没有按图施工。这种情况下鉴定机构势必就要把整个项目工程造价按照一方当事人的异议分别计算，列为选择性意见，那么工程造价鉴定也就会陷入永远没有确定性意见，只有选择性意见或者推断性意见的逻辑悖论之中，这样也就会导致人民法院无法通过委托专业机构进行造价司法鉴定获得相应的有效专业结论，无法有效的定分止争。

其次，一方当事人如果认为隐蔽工程没有按图施工或者低于施工图标准施工，当事人可以通过其他方式或者另案向人民法院起诉追究另外一方当事人的质量违约责任和损失赔偿责任等，这与工程造价鉴定是两个不同范畴的事宜。鉴定机构把一方当事人应该通过其他范畴和法律方式解决的问题，与造价鉴定工作相混合，是不妥当的。

最后，根据"谁主张谁举证"的基本原则，被告重庆××有限公司认为已经通过验收工程的部分隐蔽工程内容没有按图施工或者低于施工图做法，应该承担举证责任。根据《重庆市高级人民法院对外委托鉴定工作管理规定（试行）》（渝高法〔2020〕48号）第二十八条的规定："……专业机构应当严格按照委托鉴定事项出具鉴定意见，不得超越委托鉴定事项和执业范围提出鉴定意见，不得对证据采信、法律适用等问题出具意见。"在重庆××有限公司没有提供充分有效的证据、同时在没有经过人民法院同意的前提下，鉴定机构对重庆××有限公司关于部分隐蔽工程的意见和看法进行采纳而出具两种选择性意见，是明显不合适的。

二、结算应该按照定额基价下浮 3% 列入确定性意见

根据重庆 2008 费用定额 P17 页所述（具体详见下图 ××，图略），定额基价为按重庆 2008 计价定额套取定额子目计算的实体项目和技术措施费，同时根据费用定额 P13 页表述（具体详见下图 ××，图略），组织措施费和间接费、利润等均以定额基价为取费基数，因此定额基价不包含组织措施费和间接费、利润等。

为了便于审判长理解根据施工合同约定的结算原则，梳理本案按照重庆 2008 定额结算对应的造价构成原理和计算逻辑关系如下图所示。

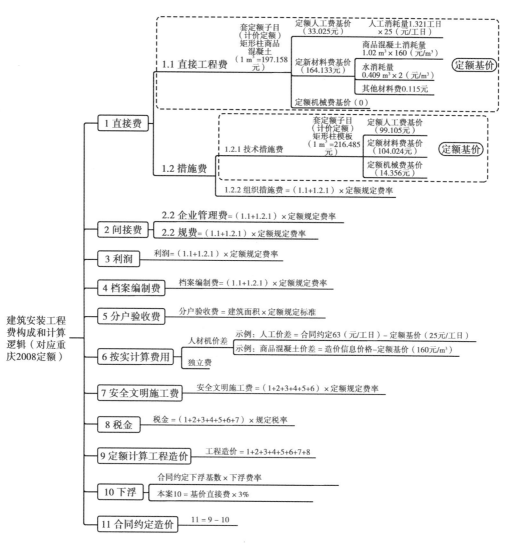

根据上图所示并结合重庆2008定额规定，定额基价为直接套取定额子目获得的直接工程费＋技术措施费，其余组织措施费、企业管理费、规费、利润、档案编制费等均是以定额基价即直接工程费＋技术措施费作为取费基数根据规定费率计算，分户验收费根据建筑面积单独计算，人材机价差按照施工期间相应造价信息的价格与计价定额编制时所列基价的价差调整，安全文明施工费按照税前造价计算。

本案根据施工合同专用条款第17.5.1条结算原则约定如下：

1. 执行二〇〇八年《重庆市建筑工程计价定额》……《重庆市建设工程费用定额》及相关解释、配套政策文件，土建、安装工程按基价直接费下浮3%进行结算（人工费价差，机械、材料费价差，未计价材料，核价材料及按实计算费用，税金，规费，安全文明施工费用不下浮）。

根据施工合同约定及重庆2008定额规定，本案下浮的基数明确为"基价直接费"，基价是定额基价的简称，"基价直接费"就是直接套取重庆2008计价定额基价计算的实体项目和技术措施项目，也就是对应的建筑安装工程费用组成中的"直接工程费+技术措施费"。

假定计算 1 m³ 矩形柱商品混凝土的工程造价：

下浮的金额 = [（1 m³ 矩形柱商品混凝土实体定额基价 197.158 元（直接工程费）+ 1 m³ 矩形柱模板技术措施费定额基价 216.485 元（技术措施费）] × 3%，除此之外的组织措施费、企业管理费、规费、利润、档案编制费等根据定额规定按照定额基价相应计算。

综上所述，对于本案的结算下浮约定，应该直接明确的按照定额基价，也就是"直接工程费+技术措施费"下浮 3% 后列入确定性意见，对于下浮的计算不存在选择性意见或者推断性意见。

目前鉴定意见书的鉴定意见 1 中，把施工合同约定的"基价直接费下浮 3%"理解为"直接费下浮 3%"，由于直接费包含了"直接工程费+技术措施费+组织措施费"，也就是"直接费=定额基价+组织措施费"，鉴定意见 1 中按照"直接费下浮 3%"，导致不属于定额基价的组织措施费也下浮了 3%，明显违背合同的约定和定额的规定，具体如下图所示。

序号	费用代号	名称	计算基数	基数说明	
一	A	直接费	A1+A2+A3+A14	直接工程费+组织措施费+允许按实计算费用及价差+未计价材料	
1	A1	直接工程费	A11+A12+A13	人工费+材料费+机械费	
1.1	A11	人工费	A111+A112	定额基价人工费+定额人工单价（基价）调整	
1.1.1	A111	定额基价人工费	RGF	人工费	
1.1.2	A112	定额人工单价（基价）调整	RGF*(2.48-1)	人工费*(2.48-1)	
1.2	A12	材料费	CLF	材料费	
1.3	A13	机械费	A131+A132	定额基价机械费+定额机上人工单价（基价）调整	
1.3.1	A131	定额基价机械费	JXF	机械费	
1.3.1.1	A1311	定额基价机上人工费	DEJJJSRGF	定额基价机上人工费	
1.3.2	A132	定额机上人工单价（基价）调整	DEJJJSRGF*(2.39-1)	定额基价机上人工费*(2.39-1)	
1.4	A14	未计价材料	ZCF+SBF	主材费+设备费	
2	A2	组织措施费	A21 + A22 + A23 + A24 + A25 + A26 + A27	夜间施工费+冬雨季施工增加费+已完工程及设备保护费+二次搬运费+包干费+工程定位复测费、点交及场地清理费+材料检验实验费	

图中标注："直接费中包含了组织措施费"

七	G	进项税额	JXSJ	进项税额	
八	H	税前工程造价	A + B + C + D + E + F - G	直接费+间接费+利润+建设工程竣工档案编制费+住宅工程质量分户验收费+安全文明施工费-进项税额	
九	I	销项税额	H-A33	税前工程造价×按实计算费用	9
	J	下浮	A-a3-a14	直接费-允许按实计算费用及价差-未计价材料	-3
十		工程造价	H + I+J	税前工程造价+销项税额+下浮	

图中标注："下浮基数中直接费未扣减组织措施费"

经过初步测算，鉴定意见 1 将"基价直接费下浮 3%"不当地理解为"直接费下浮 3%"，导致组织措施费不当下浮 3%，造成工程造价少计算约 ×× 万元。

目前鉴定意见书的鉴定意见 2 中，把合同约定的"按基价直接费下浮 3% 进行结算（人工费价差，机械、材料费价差，未计价材料，核价材料及按实计算费用，税金，规费，安全文明施工费用不下浮）"，理解为只有括号中明确的内容"人工费价差，机械、材料费价差，未计价材料，核价材料及按实计算费用，税金，规费，安全文明施工费用"不下浮，除此之外的"定额基价以及组织措施费、管理费、利润、档案编制费、分户验收费"等均要下浮。

鉴定意见 2 中的理解完全偏离了合同约定，没有按照最基本的文义解释理解合同内容，采取了主观片面和完全猜测下的不当扩大解释。

首先合同中已经明确约定了"按基价直接费下浮"，根据最基本的文义解释和理解，也就是"基价直接费"之外的相关费用不下浮，按照定额文件规定计算。

其次"按基价直接费下浮"正文与后面括号中的内容是一个主次关系，并不是并列关系。也就是括号中次要的内容是在主要内容的大前提下所做的补充，因此对次要内容不能做出突破或者违背主要内容的解释。

"人工费价差，机械、材料费价差，未计价材料，核价材料及按实计算费用，税金，规费，安全文明施工费用不下浮"这个次要内容是基于"按基价直接费下浮"大前提下的补充。所以，以括号中的次要内容没有明确说明"组织措施费、管理费、利润、档案编制费、分户验收费不下浮"，就推翻合同约定的大前提和主要内容"按基价直接费下浮"，认为括号中没有明确说明不下浮的"组织措施费、管理费、利润、档案编制费、分户验收费"等费用，也要参与下浮，这明显是不合理也不符合最基本的逻辑关系的。

【案例解读】

本案专家辅助人在书面质证意见表达中，没有固守特定的方式，而是针对不同的问题采用了不同的表述方法。

例如，对于隐蔽工程做法应该按照施工图计算列入确定性意见的表述，整体采取正反两方面相结合说理的方式。正面的角度，从合同约定、定额规定、人民法院的相关指导文件等三个维度进行说明。反面的角度，顺应鉴定意见的思路推导出普通人都能理解的逻辑悖论，同时又从性质区别和司法程序上论述鉴定意见处理得不合理。

例如，对于结算应该按定额基价下浮 3% 列入确定性意见的表述，使用思维导图和示范数据的图表形式，先阐述定额计价的构成逻辑和相关专业名称术语的概念和理解，将复杂的造价计算逻辑和过程简单明了化。接着再结合施工合同的约定，按照合同理解的解释方法并结合专业概念，对鉴定意见书的不合理之处逐一说理和阐述。

5.4　专家辅助人庭审的实务

专家辅助人一方面要重视书面文件的表达，另一方面也要重视庭审过程中的口头表达，对于专家辅助人参与建设工程诉讼案件庭审活动，主要从庭审的准备、庭审的陈述、庭审的提问三个方面重点关注。

5.4.1 庭审的准备

1）出庭申请

专家辅助人参加庭审前，需要当事人向人民法院或者仲裁庭提出申请，在获得人民法院或者仲裁庭同意后，专家辅助人才能参加庭审活动。在实务中，一般当事人或者代理律师是同时向人民法院或者仲裁庭，提出申请鉴定人出庭和申请专家辅助人出庭，相关申请文件也是打印装订在一起的。有时人民法院或者仲裁庭在收到申请文件后，可能只留意到放在表面的鉴定人出庭申请书，会习惯性地认为后面的文件为相关附件材料，导致开庭时审判长误以为当事人没有申请专家辅助人开庭，影响专家辅助人参与庭审质证活动环节。因此，当事人或者代理律师向人民法院或者仲裁庭提出专家辅助人出庭申请后，一定要和审判长或者书记员进行电话沟通，对专家辅助人出庭的必要性和相关程序性问题进行再次沟通确认，避免信息偏差导致后续庭审受到阻碍。

当事人申请专家辅助人出庭的申请书示范如下：

申请专家辅助人出庭的申请书

申请人：××，注册地：××，统一社会信用代码：××。

法定代表人：××。

申请事项

请求贵院依法通知申请人的专家辅助人××（身份证号：××）出庭对本案的××号《鉴定意见书》涉及的造价鉴定专业问题对鉴定人提出质询，同时对相关造价专业问题发表意见。

事实与理由

贵院审理的××一案，贵院依法委托了××（以下简称"××公司"）对案涉及的工程造价进行了司法鉴定，××公司于××年××月××日作出了××号《鉴定意见书》，申请人已申请鉴定人出庭接受质询。由于鉴定意见书中涉及相关问题系造价鉴定方面的专业知识，根据《民事诉讼法》第八十二条、《最高人民法院关于适用〈民事诉讼法〉的解释》第一百二十二条的规定，特申请专家辅助人××出庭辅助申请人对鉴定人就异议问题提出质询，同时代表申请人对相关造价鉴定专业问题发表意见。

特此申请

申请人：×× 公司

×× 年 ×× 月 ×× 日

附：

相关法律条文

专家辅助人 ×× 注册证书

专家辅助人 ×× 职称证书

……

2）资料准备

台上一分钟，台下十年功。庭审是一种高度紧张的智力对抗行为，因此需要专家辅助人在庭审前将庭审过程中可能需要涉及的相关资料进行详细的准备，做到庭审过程中随用随取。在实务中，专家辅助人庭审前需要准备下述五个方面的资料。

第一个方面的资料，是专家辅助人意见书书面文件，一般打印装订成册，并加盖相应的执业印章和注册机构公章。

如果是人民法院审理的案件，专家辅助人意见书至少需要准备 6 份，己方当事人 1 份，对方当事人 1 份，鉴定人 1 份，书记员 1 份，审判长 1 份，自己留底 1 份。如果是合议庭审理的，则需要准备 8 份，两名审判员各准备 1 份。

如果是仲裁机构审理的案件，专家辅助人意见书至少需要准备 8 份，己方当事人 1 份，对方当事人 1 份，鉴定人 1 份，书记员 1 份，仲裁庭三人每人各 1 份，自己留底 1 份。

第二个方面的资料，是个人相关资格证书和资质证书。在实务中，可以制作一份个人自我简介，在庭审发言前将专家辅助人意见书和自我简介一起交给审判长和合议庭成员，便于审判长和合议庭快速了解专家辅助人，建立专业信任。个人资格证书和资质证书应该复印装订在专家辅助人意见书的后面作为附件，此处主要是指专家辅助人要随身携带身份证件、一级造价工程师注册证书、相关职称证书等原件，以备审判长当庭核验。

对于专家辅助人自我简介，可以参考如下格式，采用特种纸张打印，拿在手中有厚重感，切忌使用普通 A4 纸打印后折叠交给审判长。

工程造价专家辅助人基本情况简介

姓　　名	××
工作时间	××
任职单位	××
毕业院校	××
专业职称	××
执业资格	××
其他资格	××
社会兼职	××
学校兼职	××
鉴定业绩	××
	××
	××
辅助人业绩	××
	××
	××
专业著作	××

第三个方面的资料，是鉴定意见书，包含征求意见稿以及鉴定机构对当事人异议的回复文件。一般情况下，鉴定意见书和征求意见稿的原件在当事人处，专家辅助人需要复印一份完整的复印件，或者把原件扫描转换为 PDF 文档后重新打印制作一份，同时对需要在庭审中翻阅的重要内容，进行标记或者页面折叠，便于查找和展示。

第四个方面的资料，是相关证据和佐证材料。

首先，对鉴定意见书中引用的经过双方质证的证据材料，需要单独复印，并注明证据材料来源和质证时间。

其次，对于相关专业规范性文件，例如清单计价规范、造价鉴定规范、造价鉴定指引手册等，最好准备两本正式的规范出版书籍，一本当庭提交给审判长，一本专家辅助人庭审使用。因为对于专业规范，审判长和合议庭寻找比较困难，直接提交正式的规范出版书籍，在解决审判长资料寻找的同时，也让审判长对专家辅助人间接产生良好的专业印象。

再次，对于相关行业和专业政策文件，例如住房和城乡建设部发布的《房屋建筑和市政基础设施工程危及生产安全施工工艺、设备和材料淘汰目录》，财政部和建设部发布的《建设工程价款结算暂行办法》（财建〔2004〕369号）等，需要在官方网站下载后打印或者直接在官方网站打印制作2份，同时注明来源的官方网址，1份当庭提交给审判长，1份专家辅助人庭审使用。

最后，对于相关主管部门组织出版的专业书籍，例如最高人民法院民事审判第一庭编写出版的《最高人民法院新建设工程施工合同司法解释（一）理解与适用》，广东省造价协会主编出版的《工程造价改革实践——广东省数字造价管理成果》，造价鉴定规范编制组主编出版的《建设工程造价鉴定规范（GB/T 51262—2017）理解与适用》，中国建设工程造价管理协会主编的《工程造价司法鉴定典型案例》等，专家辅助人需要准备一本正式的出版书籍出庭适用，同时复印专业书籍的封面页、版权页和具体引用说理的完整内容页，提供一份相应的复印件给审判长，在经济允许的前提下，专家辅助人也可以提供一本正式出版的书籍给审判长。

第五个方面的资料，是辅助工具设备。

专家辅助人在出庭过程中，可能还需要使用到相关辅助工具设备。例如，笔记本电脑和造价专业建模算量和计价的软件加密锁，便于向审判长直观展示相关计算过程和计算逻辑，也便于某些特殊情形下质证过程中与鉴定人当庭核对。例如计算器，便于在庭审过程中，快速对相关数据进行重新排列、组合和计算后给出相应意见。例如U盘，便于将相关文件复制给书记员进行记录使用。例如矿泉水，某些案件的审理过程时间长，专家辅助人说话时间过长后会口干舌燥，需要喝水；或者某些激烈对抗的环节，需要通过喝水来缓解紧张的情绪，梳理思路和重新组织发言等。

5.4.2　庭审的陈述

庭审的陈述，是指庭审过程中，专家辅助人按照提交给审判长的专家辅助人意见书书面文件，把书面文件的内容在庭上进行陈述和讲解。对于庭审的陈述，需要重视如下三个方面。

第一个方面，庭审陈述要自信沉稳。庭审现场是一个非常庄严肃穆的环节，专家辅助人既要尊重审判长和合议庭，同时也要对自己充满专业自信，不能因过于尊重而在庭审过程中表现出畏手畏脚，或者犹疑、徘徊和退缩的情形。专家辅助人的陈述发言语速不能过快，要保持沉稳的心态，使用匀速的语言平静而又坚定地阐述自己的意见，同时发言的声音不能太小，像蚊子嗡嗡作响；发言的声音也不能太大，像学生琅琅读书。

第二个方面，庭审陈述意见要旗帜鲜明。专家辅助人对于陈述的内容，先要旗帜鲜明地表明自己的观点，接着才是对自己观点的论证分析。在实务中，最忌讳的是专家辅助人洋洋洒洒地发表了一番意见后，审判长和鉴定人等人听完后，却不知道专家辅助人具体的观点是什么。对于意见观点的表述，精准的同时要便于他人理解记忆，最好是使用一句话阐述意见观点，这句话中同时包含问题原因和结果，例如鉴定意见书一层柱构件钢筋搭接节点设置与设计施工图要求不一致，导致钢筋工程量少算 ×× 吨。

第三个方面，对书面意见核心内容进行陈述。专家辅助人的陈述，不能直接按照提交给审判长的书面文件进行照本宣科的念读，而是应该基于书面文件之上进行演讲式的陈述发挥。

首先，如果完全按照书面文件念读，专家辅助人的发言时间会很长，而且枯燥无味，严重影响审判长和庭审参与人员的心情和接受效果。其次，按照书面文件念读，会造成重点不突出，说理逻辑展现不强烈，不便于审判长快速地理解和接受专业意见。

因此，专家辅助人应根据意见书的内容和逻辑表述，对具体观点和核心内容进行陈述，同时留意审判长和合议庭的反应，及时调整书面文件的内容和增加其他口语化和便于理解的语言来灵活阐述解释相关书面文件的内容。在实务中，对于某些重要或者复杂的专业问题，陈述完成后可以友好地向审判长和合议庭提问：我是否阐述清楚了？还有哪些地方是需要我补充说明的？当审判长发问需要专家辅助人再次对某个细节或者事项做说明时，这时专家辅助人就需要结合实际情况，在书面文件内容的基础上进行相应的延展陈述。

5.4.3　庭审的提问

庭审的提问，是指庭审过程中，专家辅助人代表当事人，对鉴定人就鉴定意见书中的相关问题进行提问式质证。

对于庭审的提问，专家辅助人需要注重如下两个方面。

第一个方面是充分尊重鉴定人。

对于提问的方式，如果提问人不内心自我克制，会不经意间给他人带来一种居高临下的感觉，在他人内心深处激发微妙的不利于提问人的心理影响因素。所以，专家辅助人在对鉴定人提问时，要保持充分尊重鉴定人的自我内心要求。首先，表述的语言多使用中性的专业词语，避免使用感性的带有强烈感情色彩的主观评价用语，例如"以鉴代审"的表述，例如"事实不分"的批判，例如"不负责任"的定性等。其次，提问时要面对鉴定人，在鉴定人回答时要看着鉴定人，同时做记录。

第二个方面是提前预判鉴定人的回答。

在庭审之前，专家辅助人可以梳理提问大纲，通过代理律师发给鉴定人提前熟悉和准备。这既是表示对鉴定人的尊重，也是让鉴定人提前熟悉问题并进行准备，能从正常专业角度来思考问题和回答问题，不至于造成专家辅助人在庭上提问后，由于庭审的紧张环节，导致鉴定人在完全没有充分理解问题和熟悉相关资料并进行专业思考后进行回答，纯粹是为了回答而回答，导致鉴定人回复结果完全无法预测，而且还会脱离专业基础。鉴定人的答复一旦进入庭审笔录各方签字后，后期就很难调整，对鉴定人和当事人都会带来相应的风险和影响。

专家辅助人对于提问大纲的内容，可以提前预判鉴定人不同回答的可能性。在此基础之上，专家辅助人对应梳理相应反驳语言或者延伸提问的问题清单。专家辅助人对于预判的鉴定人回答可能性和反驳语言以及延伸提问的问题进行相应整理，形成庭审提问的辅助参考资料，在庭审过程中保证自己的发言专业而又严谨，淡定而又沉稳，同时便于庭审过程中书记员的记录，也会在审判长和合议庭心中留下一个良好的专业形象，对后期审判长采纳己方的观点，做出有利于己方当事人的判决，打下潜移默化的基础。

世事洞明皆学问

前后历经两年的时间，我完成了本书的初稿，第一时间把书稿的详细框架目录发给了X老师。

X老师来自广东，是一名资深的造价前辈，虽然已经退休，但仍旧非常关注造价工程师的成长和造价行业的发展。我与X老师三年前在武汉给某企业进行培训时相识，X老师当时主讲的"EPC项目的投资管理与控制"内容，系统而又实务，至今让我印象深刻。

在工作中，我遇到相关专业问题时，经常向X老师请教，也会交流一些和造价职业有关的看法。X老师看了书稿的框架目录后叮嘱我，一定要在书稿的后面讲一讲，对于我们造价工程师，在日常的造价工作中，尤其是在做司法领域的工程造价鉴定时，要特别重视鉴定成果的质量，提升造价工程师和造价咨询行业在社会上的声誉，否则造价工程师的路会越走越窄。

应该是在八年前，出版社的林青山社长，第一次和我提出了出版"造价＋法律"结合专业书籍的想法，收到本书的书稿后，林社长非常重视，同时特意安排了具有丰富法律专业背景的陈力老师负责该书的编辑工作。

2024年春节放假的前一天，陈力老师还在和我不断地沟通书稿编辑过程中的相关问题。最后陈力老师和我说，感觉书稿的结尾部分内容是戛然而止，让人意犹未尽，是否需要增加一篇后记。

陈力老师一眼就看出了我的"小心思"。我写该书稿时的本意，是认为"造价＋法律"属于一个广阔而又深远的领域，而我又是一个初出茅庐者，所以是想把本书当作一个引子，更多更好的内容，交给造价行业的同仁、法律领域的前辈们来书写……

X老师和陈力老师都不约而同地提出了后记这个要求，于是在春节后上班的第一天，我认真思考了一下，从我过去一年在进行工程造价鉴定和参与诉讼案件所做的工作随笔总结中，选择了其中五篇内容，作为本书后记的内容。

首先，想通过不同角度的总结来进一步阐述工程造价鉴定不仅是一门专业技术，而且还是我们需要从多个维度去思考、去打磨、去研究和去探索实践的思维艺术。

其次，想通过来自工作之余的随笔小总结，来诠释我们造价工程师这个职业，只要用心地去观察和实践，身边的一切都有值得我们学习和成长之处。世事洞明皆学问，造价工程师不只是简单的建模算量和计价；人情练达即文章，造价工程师有着广阔的职业道路和发展前景。

最后，想通过向优秀的造价前辈学习，向专业律师学习，向人民法官学习，向案件本身学习，向市场主体学习，来诠释我们作为基层的造价工程师这个年轻群体，我们也在努力一点一滴地成长，我们也希望通过平凡普通的专业工作，给客户带来更多的价值，让造价工程师能受到市场的尊重，让造价咨询这个行业越来越好。

（一）得失就在寸心间

——2024年1月12日在北京参加由某鉴定机构组织的案件鉴定询问会议后，返回重庆的飞机上总结

某建设工程施工合同纠纷诉讼案件，我作为原告当事人的专家辅助人，来到北京第一次参加了由鉴定机构代替委托人，组织当事人进行的正式鉴定工作启动前的鉴定询问。

虽然在工程造价鉴定规范中有鉴定机构代替委托人进行鉴定询问的规定，但是在实务中，特别是在西部地区的造价鉴定实务中，鉴定机构视在鉴定过程中与当事人双方进行当面沟通交流为大忌，唯恐避之不及。通过参与这次北京鉴定机构组织的鉴定询问，我感触颇深。其实，鉴定机构做好鉴定询问，能有效地推动鉴定工作的开展，同时为鉴定结果尽量公平公正打下良好的基础。

通过参与鉴定询问实务，我从不同的角度，总结了如下的工作的技巧。

1. 从鉴定机构的角度

第一，注意程序的合规。首先，鉴定机构要征得委托人的同意后才能进行鉴定询问。其次，鉴定机构对于参加询问的当事人，要求提前出具相应的授权委托书。最后，鉴定机构在正式开始询问时，要逐一核对当事人双方参与人员身份，一方当事人有旁听人员，要询问另一方当事人是否同意，另一方当事人不同意时，提醒旁听人员不能参与询问会议。

第二，注意询问问题的设置。首先，鉴定机构要结合鉴定资料提前梳理询问问题的清单，询问问题不能重复，不能交叉。其次，鉴定机构要提前将询问问题发给当事人双方熟悉和准备，并提醒当事人将相应回答提前梳理为书面文件，提高正式鉴定询问的效率。

第三，注意全面阅读庭审笔录。前期委托人进行案件庭审，形成的庭审笔录中，对相关鉴定资料真实性已经认定的，或者经过质证程序当事人已经认可的鉴定资料，鉴定机构不能就该资料再次提问和要求另一方当事人质证。这样既会造成程序的违规，又会将既定的事情再次复杂化和矛盾化，同时鉴定机构还自己给自己人为地增加了工作障碍。

第四，注意询问的技巧。询问过程中，当事人矛盾激烈时，鉴定人要及时化解。鉴定

人需要掌握询问的主导权，同时又要善于让当事人双方发言，充分尊重当事人。对某些争议事项，鉴定人要善于抓住时机，促成双方形成一致意见。

第五，注意询问记录的方法。对于鉴定询问笔录的记录人，在如实记录各方发言的同时，在当事人某些明显情绪化的发言时，可以适当停顿，让当事人发泄情绪之后再进行记录。

2. 从当事人的角度

第一，当事人收到询问问题清单后，首先从当事人、律师、外聘专家辅助人三个视角，各自分析询问问题，再内部讨论形成一致意见，同时确保律师和当事人对询问问题和回复意见理解清晰透彻。

第二，参加鉴定询问会议时，建议以律师和当事人为主进行发言，造价专家辅助人和其他人员不发言。一方当事人如果有造价专家辅助人发言，另一方当事人会特别慎重和提防，反而对原本双方有可能达成一致意见的事项，由于一方认为该问题对方是造价专家辅助人表态，该问题的造价利益影响肯定就很大，自己一方就更加不能轻易放弃，而是将自己的不同意见坚持到底。

第三，当事人内部要提前做好沟通。在鉴定询问过程中，在台下旁听的人员，对台上发言人的回复和表述认为不准确，或者记录人记录的内容有偏差时，不建议直接当场插话发言，这样会给鉴定人和对方留下不好的印象。

旁听人员可以在己方内部微信群提醒台上的发言人，参与询问的发言人要留意手机消息，收到内部群的意见反馈时，及时向主持鉴定询问的鉴定人提出，进行相应表述修改和笔录修正。

第四，少即是多，点到为止。鉴定人对某事项的询问和讲解是对某一方当事人有利时，这时该方当事人不能引用鉴定人的观点和论述重复说。这样会导致对方当事人的反感和质疑，有可能鉴定人说理后对方当事人准备同意了的，由于自己一方着急表态和附和，对方反而不同意了。

第五，鉴定询问完成后的笔录签字阶段，当事人对于笔录内容要逐字核对，不能掉以轻心。建议先签字的当事人，等待另一方当事人签字完成后再同时离开，避免己方签字完成先离开后，对方当事人看着己方已经离开，没有了紧迫感，慢条斯理地检查笔录内容，结果看着看着又不断地修改笔录中己方发言，导致原本达成一致意见的内容，由于一方修改意见又变成了不一致。所以，鉴定人在鉴定询问完成后的签字环节，要掌握好节奏和紧迫氛围感，敦促双方同时签字同时离开，不能在鉴定询问室停留，也不能让某一方当事人和鉴定人有询问后的交流。

得失寸心知，一件简单的鉴定询问事情，仔细去思考和琢磨，有很多值得学习和提升的地方。

（二）重视事实之是

——2023 年 5 月 26 日学习朱兰春、李志刚关于"法官思维与律师思维"系列对谈后总结

在实践中，一个工程项目的结算工作，不同的造价人员办理，最终的结果会有差异，有时差距还很大。这就如律师行业，同样一个诉讼案件，不同的律师代理，其结果有时也是大相径庭的。

经办人员专业技能的区别，实践经验的多寡，会导致结果的差异，但这些其实不是导致差异的决定性因素。引起根本性差异的，有时其实是我们忽视的，或者不愿意投入时间和精力去做的基础性工作，也就是对项目或者案件基础事实的详细调查和系统梳理。

就如朱兰春律师在"法官思维与律师思维"系列对谈中所指出的：

在裁判者来看，大部分案件的主要争议，其实不是法律适用，而是事实查明。换言之，个案中的常理，其实就是事理。把事实纹理查清楚了，背后道理自然浮现。理论之美，在于让人一头雾水；事实之实，才能让人返璞归真。

所以，回到工程造价领域，造价工程师在办理工程项目结算时，结算筹划、结算技巧、专业技能、对审策略、争议解决方法等固然重要，但在结算编制前期对整个工程项目实施过程的相关事实进行全面系统性梳理和粉碎性掌握，这是后面所有技巧和方法存在和建立的根基。如果造价工程师不在前期进行系统事实梳理，那么在后期的结算对审、结算二审以及国家审计中，同样需要反过来重新回顾。只不过那时候的事实梳理会成为回忆录式的被迫行为，往往是亡羊补牢，为之晚矣。

也正是基于此，要想办好工程项目的结算，造价工程师不能只坐在办公室，根据委托方和他人提供的一堆资料，听着委托方和他人带有强烈自我感情色彩的相关情况介绍之后，循规蹈矩地算算量、套套价就把结算办完。造价工程师需要主动深入一线，到项目施工现场，带着田野调查的心理准备和实际行动，用三分之一的时间梳理事实，用三分之一的时间编制结算，再用三分之一的时间对审和解决争议，这样办理的项目结算才能让项目效益最大化，并且能经得起时间的检验。

亦如朱兰春律师所总结的：

没有穿透思维，迟早被带进沟里。在这个碎片化的时代，以后的核心竞争力是专注。现在的人容易被科技、手机影响，没有持续的专注，那想上台阶不可能。

（三）归纳意味着委婉提醒和间接尊重

——2024 年 1 月 11 日在重庆飞往北京出差的飞机上总结

出差路途上，我随身携带了邹碧华法官的《要件审判九步法》一书。这次再看时，邹法官在书中讲述的一个关于归纳法在庭审中应用的案例，让我深深地触动。

这是邹法官去旁听一个案件的庭审。这个案件旁听的人很多，代理律师在人多的场合

下，产生了很强的表现欲。有了表现欲导致代理律师情绪激动，把一件事情反复说、重复说，这样代理律师的发言就显得逻辑性不强。

于是主审法官多次打断了代理律师的发言，提醒他讲述内容重复了，要言简意赅阐述重点。

代理律师听到主审法官打断了他的发言，并且说发言内容重复，在这么多人面前代理律师觉得很没面子。尤其是主审法官说要阐述重点，在旁听的人看来，言外之意是代理律师将事情都还没有说清楚。

于是，代理律师内心就非常不满，反而越说越多，主审法官也就不断地打断和提醒代理律师。最后代理律师当众反驳，说话是代理律师的权利，不能剥夺。主审法官说没有剥夺代理律师说话的权利。双方的争论开始全面升级，充满了火药味。

邹法官针对这种情形，提出了可以采取归纳法解决，既不把简单事情激化为矛盾，又能有效地解决问题。

归纳法，也就是当代理律师表述事情不清楚或者重复讲述时，主审法官可以把代理律师说的内容，归纳出一、二、三点，然后再问代理律师，除了这几点，你还有哪些要说的？

通过上述的归纳法表述，实质上是告诉代理律师，他说的内容主审法官已经全部听明白了，代理律师不需要对上述内容再重复表述了。

借助归纳法的表述，可以带来三个方面的效果。

第一个方面的效果，主审法官向代理律师传达了一个信息，就是主审法官在认真地听代理律师发言，表示了主审法官对代理律师的尊重。

第二个方面的效果，从旁听者或者其他人视角来看，代理律师所说的内容，主审法官已经听明白了。有代理律师的当事人在参加旁听时，当事人也会觉得自己的代理律师尽职尽责了。

第三个方面的效果，主审法官间接提醒了代理律师，可以不需要再说该内容了，接下来需要将注意力放在其他内容上。这样既确保了庭审效率，又让各方拥有一个平缓的情绪。

一个用来推理论证的基本逻辑方法，邹法官却灵活应用成为一个有效的庭审技巧，这就是邹法官通过该案例告诉我们的，学习和做工作要举一反三，融会贯通。

同时，这个案例也告诉我们，在与人交流的过程中，如果对方在进行归纳阐述时，其实这就是在告诉我们，我们的讲述重复啰唆没有逻辑；或者是对方接着有事情要处理，交流就到此为止；或者是这个话题到此结束，接下来该讨论下一个话题了。

（四）庭审随手记

——2023 年 11 月 15 日在新疆某人民法院参与建工诉讼案件庭审中午休息时总结

①诉讼过程中涉及主张的，除了主张，同时需要明确主张的具体事项和对应金额，不能只提出模糊笼统的主张。如果模糊，审判长会提问或者追问，当事人和代理律师如果一

时答不上来，或者无法解释计算逻辑，则给他人印象不佳；如果随意说一个金额，则落子无悔，后期风险会很大。

②涉及电子证据的，如邮件，证据材料提交时，除了打印邮件截图内容，还需要把邮件的附件文档全部内容打印，同时在重点地方做标记，如果是图纸可以刻盘做摘录，微信聊天记录同样如此。

③庭审过程中"白纸黑字"的表述，会给审判长和合议庭带来非常不好的印象。有理时这样说，会让审判长觉得得理不饶人尖酸刻薄；无理时这样说，会让审判长觉得胡搅蛮缠强词夺理。有理不在声高，说服在于点到为止。尤其是代理律师和专家辅助人，更不能说这样的话。当事人在某些情感宣泄的时候可以这样说，但还是要区分具体的场景。

④证据资料一般最少要复印3份，其中给审判长庭上看的那份证据材料，对于重点事项和说明需要折叠或做标记，便于审判长阅读。

⑤庭审发言时需要引用的规范，提前准备正式的规范出版书籍，同时把关键页进行复印，审判长需要时随时提供。

⑥发言时适当停顿，给审判长思考时间。如果审判长打断询问，应及时停止发言并积极回应。

⑦对于审判长当庭询问的事项，在不能确定或者回答影响较大时，可以回答在庭后核实之后再书面答复，不可贸然当场确定回复。

⑧审判长在对出庭人员进行核实时，当事人和代理律师要主动向审判长提示，自己一方有专家辅助人参加。

有的审判长认为专家辅助人属于证人范畴，不能参加庭审过程，只能参加鉴定意见书的质证环节。有的审判长认为专家辅助人属于具有专门知识的人，可以代表当事人对专业问题陈述意见发表看法和对鉴定意见书进行质证，因而可以参加全部庭审过程。

⑨对于证据材料，不建议使用手机自带的 App 扫描后打印。手机 App 扫描后会对材料进行裁剪从而发生变形，打印出来时相关人员的签字有时会发生变形。如果在庭审过程中，由于手机 App 扫描打印出现上述情形，在质证过程中，对方当事人或者代理律师提出证据材料复印件和原件相关人员签字笔迹不一致时，轻则会让证据材料失去证明力，重则会让审判长觉得一方当事人伪造证据材料，后果非常严重。

因此，对重要证据文件的扫描打印，建议使用复印机自带扫描功能进行原件直接扫描后打印，或者使用原件直接复印，这样不会产生偏差。

⑩在高级别法官或者法院领导作为审判长主持庭审时，不要轻易表述"以鉴代审"或者"以审代鉴"的说法，只要阐述事实，说明违背鉴定规范或者相关法律法规和司法部门规定即可，不情绪不展开不延伸。

⑪专家辅助人代表当事人进行质证，专家辅助人可以一个问题一个问题地质证，专家辅助人也可以把问题先全部阐述完成，鉴定机构对应全部答复，专家负责人再根据鉴定机

构的答复统一质证，两种方式给审判长的心态影响不一样，各有利弊，应根据场景灵活应用。

⑫作为鉴定人，根据要求不可以全程参与庭审过程。如果审判长在开庭时没有提及，鉴定人可以主动向审判长请示，这样能赢得审判长的良好信任，以及当事人的间接专业信任。同时也从公正的角度，避免鉴定人由于参加庭审，受庭审过程中当事人和审判长的相关表述、说辞和神情等影响，导致鉴定人产生共情或者情感倾向，继而影响鉴定人的专业判断和庭审表述。

（五）他山之石，可以攻玉

——2023 年 8 月 9 日学习邹碧华法官所著《要件审判九步法》后总结

随着行业发展的变化以及各种因素的交织影响，建设工程领域的造价争议纠纷呈现出频发、多点、大金额、高影响的趋势。

一方面是造价争议不断地涌现，另一方面是造价争议通过行业内专业路径进行解决的方式、方法、路径和结果等不尽如人意。这样导致项目建设过程中造价争议不能得到有效的解决，争议问题越积越多，小问题累积成大问题，最终反噬建设项目本身。当事人各方只有被迫通过诉讼或者仲裁程序去解决，原本简单的专业问题最终给各方带来的是谁也无法预料或者不愿看到的不利和双输乃至多输的局面。

这种情形的发生，固然有外在客观的现实因素，但同时，也与工程造价从业人员自身长期的思维逻辑有关。

长期的造价专业工作习惯，导致造价人员习惯性地单纯和片面地从造价专业技术本身和某些只言片语的单纯技术解读出发，去理解造价争议和解决造价争议。这种思考问题的方式，不管是作为当事人一方或者是解决造价争议的第三方，很容易陷入只见树木不见森林、只看某点而不考虑整体的视角，让造价争议解决的过程和结果过于简单粗暴。当事人各方对造价争议解决，既感受不到程序上的正义，也理解不到完整全面的论证说理分析，就会内心排斥或者不接受造价争议解决的结果。

在某种程度上，造价争议的解决，与诉讼过程中法官的审判诉讼案件，其内在思维逻辑是相通的。

就如邹碧华法官在《要件审判九步法》中总结的那样，一个案件得到相对公平合理的审判，可以拆分为固定权利请求、确定权利请求基础规范、确定抗辩权基础规范、基础规范构成要件分析、诉讼主张的检索、争点整理、要件事实证明、事实认定、要件归入并做出裁判。

同样地，一个造价争议纠纷的解决，就如一个诉讼案件的完成审判，作为承包人的造价人员，需要从权利请求、基础规范、基础规范构成要件、要件事实梳理等环节进行思考和主张。作为发包人的造价人员，可以从抗辩权基础规范、抗辩权基础规范构成要件、要件事实等进行反驳和主张。作为造价争议解决的第三方造价人员，需要从固定权利请求、确认基础规范、分析规范构成要件、争点整理、要件事实认定和归入等环节进行综合梳理和评定。

用这样的思考方式去分析和解决造价争议问题，是承包人造价人员、发包人造价人员、第三方造价人员三方在同一个频道和思维逻辑上的阐述和表达，相对来说更为全面和客观。就算某一方的主张最终没有得到支持，至少可以通过上述完整齐全的论证和分析，让一方最大限度地感受到说理和逻辑推理的完整性和全面性，继而大大提高从内心真正接受的可能性。

所以，跳出造价本身，向法官和律师学习，从法律严谨的程序和全面整体的逻辑思维来反观和思考我们的造价工作本身，会给造价工程师带来很多积极和有价值的思考与启发。

李红波

2024 年 2 月 19 日

参考文献 CANKAO WENXIAN

［1］邹碧华.要件审判九步法［M］.北京：法律出版社，2010.

［2］广东省工程造价协会.工程造价改革实践：广东省数字造价管理成果［M］.北京：中国建筑工业出版社，2022.

［3］规范编制组.《建设工程造价鉴定规范 GB/T 51262—2017》理解与适用［M］.北京：中国计划出版社，2021.

［4］中国建设工程造价管理协会.工程造价司法鉴定典型案例：2022 年版［M］.北京：中国建材工业出版社，2022.

［5］吴咸亮，等.建设工程结算诉讼实务与案例解析［M］.2 版.北京：中国建筑工业出版社，2022.

［6］最高人民法院民事审判第一庭.最高人民法院新建设工程施工合同司法解释（一）理解与适用［M］.北京：人民法院出版社，2021.

［7］李红波.工程项目利润创造与造价风险控制：全过程项目创效典型案例实务［M］.重庆：重庆大学出版社，2021.

［8］天同律师事务所编委会.天同办案手记［M］.北京：中国法治出版社，2021.

［9］朱兰春.法官如何裁判：最高人民法院民事审判要旨与思维［M］.2 版.北京：中国法制出版社，2021.

［10］刘江.工程造价鉴定十大要点与案例分析［M］.北京：中国建筑工业出版社，2023.